山东省职业教育规划教材
供职业教育各专业使用

齐鲁传统文化

主　编　杨光军　姚洪运
副主编　陈秀香　孙晓东　李　鸿　张利利　华　霞
编　者　（按姓氏汉语拼音排序）
柴沙沙（滨州职业学院）
陈秀香（滨州职业学院）
董章静（高唐职业教育中心学校）
高利华（滨州职业学院）
华　霞（山东现代学院）
李　鸿（滨州职业学院）
李宗徒（菏泽家政职业学院）
刘　燕（滨州职业学院）
孙晓东（山东省烟台护士学校）
吴玉磊（山东省青岛卫生学校）
杨光军（滨州职业学院）
姚洪运（济宁职业技术学院）
张长强（高唐职业教育中心学校）
张利利（济南护理职业学院）

科学出版社
北京

内 容 简 介

本书在总体介绍中华文明的东方源点、齐鲁文化的发展与传播的基础上,深入探讨了齐鲁传统文化中的重要方面,包括孔孟儒学、齐鲁兵学、稷下争鸣、科技、文学、艺术、海河文化、民俗文化等。本书图文并茂、体例丰富、语言通俗、内容翔实、可读性强,强调理论与实践的统一,注重学生实践能力的培养。

本书可供职业教育各专业使用,也适合作为广大学生和教师乃至社会人士增强齐鲁传统文化素养的读本。

图书在版编目(CIP)数据

齐鲁传统文化/杨光军,姚洪运主编. —北京:科学出版社,2019.4
山东省职业教育规划教材
ISBN 978-7-03-057446-6

Ⅰ.齐⋯ Ⅱ.①杨⋯ ②姚⋯ Ⅲ.文化史 - 山东 - 职业教育 - 教材
Ⅳ.K295.2

中国版本图书馆 CIP 数据核字(2018)第105981号

责任编辑:张立丽 钟 和/责任校对:张凤琴
责任印制:赵 博/封面设计:图阅盛世

科学出版社 出版
北京东黄城根北街16号
邮政编码:100717
http://www.sciencep.com

北京汇瑞嘉合文化发展有限公司 印刷
科学出版社发行 各地新华书店经销

*

2019 年 4 月第 一 版 开本:787×1092 1/16
2019 年 4 月第一次印刷 印张:13 3/4
字数:279 000

定价:59.80 元
(如有印装质量问题,我社负责调换)

山东省职业教育规划教材质量审定委员会

Preface 前 言 ▶

　　山东是中华文明的重要发祥地之一。一大批杰出的思想家、政治家、文学家和发明家生于兹，长于兹，孔子、孟子、墨子、庄子、孙子、管子、荀子等大家交相辉映，儒家、道家、法家、兵家等各种学说在此碰撞交流，形成了博大精深的齐鲁文化。特别是孔子创立的儒家学说，成为中国几千年优秀传统文化的主干和精髓，在中国历史上发挥了重要作用，对世界文明产生了深远影响。

　　为落实中共中央办公厅、国务院办公厅《关于实施中华优秀传统文化传承发展工程的意见》文件精神，根据山东省教育厅的安排，我们编写了《齐鲁传统文化》这本教材。编写本书旨在引导学生了解丰富多彩的齐鲁传统文化，增进学生对传统文化价值的理解和认识，激发学生学习传统文化的浓厚兴趣，提升其文化素养和思想品德。作为炎黄子孙，必须以学习和继承优秀传统文化为己任。学生时期是人生观、世界观、价值观形成的关键时期，通过学习齐鲁传统文化，认识其核心精神及在中华优秀传统文化中的重要地位，可以帮助学生理解传统文化的意蕴，树立正确的人生观、世界观和价值观，坚定文化自信，特别是坚定对传统文化、对家乡文化的自信，为未来的人生奠基。

　　本书共设置中华文明的东方源点、齐鲁文化的发展与传播、孔孟儒学、齐鲁兵学、稷下争鸣、科技、文学、艺术、海河文化、民俗文化等十个专题，前两章为总的概述，后八章是分述。各专题之间既相对独立，自成体系，又前后关联，互相照应。在教学过程中可根据学校和地方实际各有侧重和取舍。本书具有如下特点：

　　1. 根据职业院校学生知识结构和认知特点，结合一线教学实际和需要，精心设计和选取教学内容。摒弃过精过深的知识，又吸收新的研究成果，最大限度地把学术成果通俗化。

　　2. 设有景点指南栏目，把文化学习和旅游景点结合起来，有利于实现历史和现实的融合，促进第一课堂和第二课堂的贯通，具有较强的实用性和趣味性，提高学生审美能力和情趣的同时又让学生从景点中感悟传统文化。

　　3. 体例丰富，图文并茂。章首加入引言，章尾设有小结，每节内容前设有导学，突出了章节重点，引导学生带着问题学习。除了景点指南，还穿插了知识链接、名言警句等栏目，以开拓学生视野。每章内容后设有自测题以达到巩固教学的目的。书中还加入了大量精美的图片，使传统文化以更加生动活泼的形式呈现出来。

4. 根据内容需要，合理设置和专题密切相关的实践活动，或实地参观考察，或观看影片，或开展朗诵比赛等，实现教学做一体，让学生在实践中增进对齐鲁传统文化的理解，提升实践能力。

文化是一个民族的灵魂。我们期望这本教材能成为学生打开齐鲁传统文化宝藏的钥匙，引导学生从优秀传统文化的根系中汲取向上向善的精神力量，亲近传统，砥砺品质，完善人格，提升素养，在奋斗中成长成才。

在本书编写过程中，我们借鉴吸收了先贤前辈、各方专家的一些成果和观点，未能一一注明，在此致谢并敬请谅解。

杨光军

2019 年 2 月

Contents 目录

第 1 章

中华文明的东方源点

有人说，若说中华文化是一棵枝繁叶茂、广布荫泽的参天大树，振叶寻根，其根是齐鲁文化；若说中华文化是一条奔涌不息，蕴蓄力、自净力超凡的文明之河，溯流追源，其源也是齐鲁文化。从某种意义上说没有齐鲁文化的滋养和规引，就没有中华文化的厚重与雅正。那么，你知道齐鲁文化是怎样产生的吗？为什么说它是中华文明的东方源点？有哪些文化遗存可以证明齐鲁大地历史文化的悠久呢？下面，让我们一起来探究。

幅员辽阔、地貌多变、景致万殊、民族众多的古老中国历经岁月沉淀，不仅孕育出了灿烂多彩的中华文明，也形成了许多具有不同质态的区域文化，例如齐鲁文化、吴越文化、荆楚文化、巴蜀文化、陕秦文化、三晋文化、燕赵文化、闽台文化、岭南文化、客家文化、关东文化等。在这些绚烂多彩的文化中，齐鲁文化以其博大的思想内涵、强大的生命力和穿透力、杰出的创造者和传承者，构筑起了中华文化的基本架构和精神实质，被誉为中华文明、中华文化的东方源点。

第1节 人 文 发 祥

导学 1-1

山东素有"齐鲁之邦"之称。自古以来，齐鲁大地人杰地灵、文脉浩荡。中华民族的母亲河——黄河从这里入海；中华民族的精神象征——泰山在这里崛起；伟大的思想家、教育家孔子在这里诞生。就是在这样一块土地上，孕育出了灿烂的、经久不衰的齐鲁文化。

问题：1. 你知道齐鲁文化是怎样产生的吗？
2. 在漫长的历史时期里，齐鲁大地上曾活跃过哪些氏族和部落？他们在人类文明进程中的突出贡献有哪些？

一、齐鲁文化产生的自然环境

（一）独特的自然环境孕育了齐鲁文化

"一方水土养一方人"，一方水土也生成一种文化。人类要生存、要发展，必须依赖一定的地理环境。齐鲁大地这方"水土"特点鲜明：东临大海、西接中原、北傍燕赵、南依徐淮，是连接华北与东北、大海与中原的纽带，兼有南方、北方、沿海、内陆的各种优势；地处北温带季风气候区，春、夏、秋、冬四季分明；地形多样，山地、丘陵、平原、洼地、湖泊、海洋应有尽有。绚丽多彩的自然环境和美丽富饶的地理条件使齐鲁大地自古以来一直是中华文明最重要的中心区域之一。

　　齐鲁的疆域基本上覆盖了今山东省的全部及周边地区，从地形上可分为三大板块：山东半岛、泰沂山地、鲁西北平原。东部是风光旖旎的山东半岛；中部是"五岳独尊"的泰山和鲁、沂、蒙等山系组成的鲁中南山地；西、北部是一望无际的华北平原。优越的地理地貌类型，为齐鲁先民们提供了极为良好的空间场所和地理舞台。

　　山东半岛三面环海，在3000多千米漫长、曲折的海岸线上，形成了莱州湾、胶州湾等200余个大小不等的海湾，在渤海、黄海的怀抱中，还散布着长山列岛、田横岛、灵山岛等450多个近海岛屿，是中国海洋资源最丰富的区域之一。半岛境内群山起伏，丘陵延绵，中部方圆300余里的昆嵛山，重峦叠嶂，是中国著名的道教名山。海岱之间、物产丰富的地理环境，为人类生产生活提供了优越的条件。考古发现：早在六七千年以前，在烟台的白石村和渤海中的长山岛北庄等地，就有大量先民在从事着渔、牧、猎的生产活动，其文化发达的水平不仅与内陆同期的北辛文化、大汶口文化比肩同步，而且独具特色。

　　鲁中南山地，又称泰沂山区。山地突起，大致为西北—东南走向，绵延至鲁南大部，形成山东地理环境的又一大类型。在泰山、蒙山、鲁山、沂山四大海拔千米以上的山系之中，以泰山为最高峰，海拔达1500米。泰山是历史文化名山，自传说中炎帝黄帝开始，这里就是古代帝王宗教活动的一个中心。蒙山，是《诗经》中被称为"东山"的文化名山。鲁山是著名的淄水、沂水的发源地，其南山坡石洞中发现了距今50万年的人类遗骨——"沂源人"。沂山是宋代以来中国山岳中号称"五镇"之首的"东镇"之山。在葱郁茂密的群山林海中，古迹随处可见。泰山的北面是古青州所在地——潍淄流域；南面是古兖州所在地——汶泗流域，这两个流域都是在中华民族早期发展史上，有着重要地位的文明发源之地。

　　在泰、鲁、沂等山脉形成的高山脊背群的北面，是一大片丘陵过渡带，在蜿蜒起伏的丘陵外缘，是广袤的山麓堆积平原。这里地形南高北低，呈倾斜之状，淄水、潍水、弥河等数条大河，源自南山，呈网状交错，滚滚北流，汇入渤海。在这些河流发源的高山、丘陵地带，不仅生长着茂密的树林，而且矿产资源丰富。在河海交汇处，形成了水产资源丰饶的浅海区，为水产养殖和渔业捕捞提供了理想条件。而在山海之间的广阔地带，丘陵山地大多坡缓谷宽，土层深厚，田野肥沃，既有农桑之利，又是畜牧业和矿业生产的理想场所。泰沂高山脊背群的南面是地势逐渐趋低的丘陵地带。这个区域的河流主要有汶水、泗水、沂水、沭水等。鲁中丘陵的特点是：地势平坦，土地肥沃，河湖众多，水源丰沛，灌溉便利，草丰林茂，农桑发达，是著名的农耕之区。这里自然环境优越，是宜居之地，催生了中华早期的文明。

知识链接1-1

1. 会当凌绝顶，一览众山小。（《望岳》）
2. 孔子登东山而小鲁，登泰山而小天下。（《孟子·尽心上》）
3. 螳螂之水源出鲁山，即此。（《水经注》）
4. 岱岳西来海向东，屹然方镇一何雄。（《沂山》）

鲁西北平原，东到渤海，北接冀南，南达苏皖，略呈半圆形环抱着鲁中南山地，是我国华北大平原的主要组成部分。在黄河入海口处，形成了广袤的冲积平原——黄河三角洲。沉沙所致，这里每年都会新增陆地 2000 余公顷，因而号称"中国最年轻的土地"，是著名的自然生态区。中南部是河湖交错的鲁西平原，上百条河流之水汇聚于此，其间有著名的东平湖，水面浩瀚，水产资源丰富，是古梁山泊的余部。南面由南阳湖、独山湖、昭阳湖和微山湖四湖相连，形成了我国北方最大的淡水湖——南四湖。优越的自然条件使鲁西一度成为重要粮仓所在。

总之，齐鲁大地自古以来就是最适合人类居住和繁衍生息的热土，是人类文明起步较早的地方，也是远古时期中华文明的重心所在。因此，远在四五十万年以前，当北京猿人在周口店一带点燃文明之火的时候，东夷人的祖先沂源猿人也在鲁山的洞穴中出没。他们面对群山树海，迈出了走向文明的脚步。

（二）自然环境对人的影响

齐鲁大地山海相间、河流众多的自然环境造就了齐鲁儿女健壮的体貌。据古人类研究专家考证，中国北部地区的居民身材较高，南部地区的居民身材较矮。这种南北差异，与地理因素有很大的关系。提起山东人，很多人会联想到"人高马大""山东大汉"这样的字眼。2017 年 6 月 10 日，在济南市章丘区龙山街道焦家遗址墓葬发掘现场，考古人员通过测量人骨，发现墓葬男主人身长最高的竟然达到 1.9 米，超过 1.8 米的也为数不少。齐鲁文化研究专家刘增德考证说，从"沂源猿人"到齐、鲁建国，这个漫长历史时期的山东人，谓之"东夷"。他们身材高大魁梧，"夷"字造型（图 1-1）就是一个身材魁梧的大汉在腰部佩戴一张弓，这就是山东人元祖的形象。

图 1-1 《说文解字》中的"夷"字

自然环境不仅对人的体貌产生影响，而且对人的性格形成也起着无形的作用。汉代学者班固在《汉书·地理志》中说："凡民函五常之性，而其刚柔缓急、音声不同，系水土之风气。"强调人的性格受水土风气的影响。近人刘师培在论述自然环境与性格的关系时也指出："山国之地，地土硗瘠，阻于交通，故民之生其间者，崇尚实际，修身力行，有坚韧不拔之风。泽国之地，土壤膏腴，便于交通，故民之生其间者，崇尚虚无，活泼进取。有遗世特立之风。"（《刘申叔先生遗书·南北学派不同论》）齐、鲁分别建国后，东夷人的性格发生了地域裂变。

齐国东部为半岛，环以辽阔的海洋，有漫长的海岸线和广阔的沿海滩涂。土地虽然瘠薄，鱼盐资源却丰富。大海的宽广造就了阔达的性格；艰苦的条件培育了人们开拓进取、创新变革的精神。鲁地地处泰山之阳，丘陵蜿蜒起伏，平原一望无垠，境内的汶水、泗水便于灌溉且利于交通。土肥水美，形成了重视农业的经营思想；生活安逸，造就了崇德尚文、安于现状的儒雅风格。由于齐国重工商，齐人注重与外部的交往和对社会的依赖，视野、思维较注重内外的结合，所以，齐国多有著名的政治家、外交家、军事家的产生。鲁人重农，较重视内部关系的纷争协调，因而较易在修身齐家上做文章，成为儒家思想产生、发展的重要社会和文化土壤。鲁国多出思想家、教育家，少出政治家。

二、东夷族的主要部落及其贡献

图1-2 东夷人陶制鸟形神器——鸟图腾崇拜的表现形式

齐、鲁立国前，在今山东地区生活的土著居民是东夷人。

据《竹书纪年》和《后汉书·东夷传》记载，夷有九种。在古代，九不是实指正正好好九个，而是"数量很多"的意思。也就是说，东夷族不是一个完整的、统一的部落，而是由大大小小很多个部落组成的庞大部族和部落联盟。其中，最主要的部落有：风姓部落、姜姓部落、嬴姓部落、姚姓部落等。东夷族各部落主要以龙、蛇、凤、鸟、太阳为图腾，以鸟类图腾居多（图1-2）。

在东夷族的历史上，最为著名的部落首领有太昊、蚩尤、少昊、大舜等。

太昊，伏羲氏，风姓，以龙为图腾。据《白虎通》和《新语》记载，伏羲氏定人道，创八卦，并且还发明了五十弦的瑟和陶埙等乐器，设官分职，制礼作乐，使部落进入文明社会。

蚩尤（图1-3），姜姓，炎帝后裔，其部落由81个氏族组成。蚩尤时期，冶铜技术空前提高，制铜工具大量涌现。蚩尤用铜制作了大量的刀、戟、大弩等兵器，增强了兵器的杀伤力，是一个划时代的进步。据传说蚩尤英勇善战，威震天下，一举而兼国九，再举而并国十二。后在与黄帝的争战中，遭到惨败，死后葬在东平。再后来逐渐被神化，成为齐地八神之一的兵主武神。

少昊（图1-4），名挚，又名金天氏，黄帝后裔，嬴姓。因修太昊之法，故称少昊。其居住中心在曲阜，足迹遍及山东各地。少昊氏以凤鸟等各种鸟类为图腾（图1-5），组织严密，设官分职，井然有序，社会化程度已经达到了非常高的水平。

图1-3 蚩尤　　　　　　图1-4 少昊　　　　　　图1-5 华夏文化图腾——凤

舜，古籍中称作虞舜，姚姓。《孟子·离娄》说，舜生于诸冯，也就是今山东诸城市。据传，舜亲率东夷人大力发展农业、畜牧业、渔业和制陶业，由于舜品德高尚，治理有方，东夷族人口激增，社会发展，文化繁荣。不但出现了城邑，创造了早期的城市文明；而且完善了原始的天文历法，创造了以《大韶》为代表的音乐文化。舜死后，把君位禅让给禹，舜也成为后世儒家所歌颂的上古圣君。

知识链接 1-2　　　　　　　　　　图 腾 崇 拜

图腾崇拜是将某种动物或植物等特定物体视作与本氏族有亲属或其他特殊关系的崇拜行为，是原始宗教的最初形式，原始人相信每个氏族都与某种动物、植物或其他自然物有亲属或其他特殊关系，一般以动物居多，作为氏族图腾的动物即是该氏族的神圣标志，除特殊需要外禁杀禁食；且举行崇拜仪式，以促其繁衍。

图腾主要出现在旗帜、族徽、柱子、衣饰、身体等地方。

图腾可以分为三大类：氏族图腾——为整个氏族共有，最重要；性图腾——为某一性别所共有；个人图腾——个人所独有，不为下一代所传承。

第2节　东 方 源 点

导学 1-2

齐鲁大地独特的自然环境为上古先民们提供了赖以生存的物质条件。距今四五十万年前，被称为"沂源猿人"的先民就生活在齐鲁大地上，他们是后来的齐鲁土著居民东夷族的祖先。在漫长的史前阶段，东夷人用他们的勤劳和智慧创造的东夷文化，为山东地区带来了文明的曙光，是华夏文明重要源头之一。

问题：1. 东夷文化的发展脉络是什么样的？
　　　2. 东夷文化在各个发展阶段对中华传统文化有哪些突出贡献？
　　　3. 东夷文化与齐鲁文化有什么关系？

一、东夷文化发展的五个时期

齐鲁文化的渊源可以一直上溯到人类远古时期。经当代考古研究发现，自新石器时代开始，在齐鲁大地上形成了一个传承有序的文明进化谱系：后李文化—北辛文化—大汶口文化—龙山文化—岳石文化。就文化属性、特点而言，这些文化都属于"东夷文化"。

（一）后李文化

经考古专家测定，后李文化距今 8500～7500 年，前后延续约 1000 多年，主要分布在泰沂山系北侧的山前地带，经过正式发掘的遗址有临淄后李，潍坊前埠下，张店彭家庄，章丘小荆山、西河，邹平孙家，济南长清月庄等。后李文化遗迹主要有房址、壕沟、灰坑和墓葬等。房址多为半地穴式，平面多呈圆角方形或长方形，面积一般 30～50 平方米，大者 50 余平方米。居住面有的经过烧烤，多发现灶址和一些陶、石器等生活用具。陶器以红褐陶为主，红、灰褐、黑褐、青灰褐陶次之，制作工艺为泥条盘筑，器表多素面，器形以圜底器为主，仅发现少量平底器和圈足器。器类主要有釜、罐、壶、盂、盆、钵、碗、杯、盘、器盖和支脚等。石器数量不多，有锤、斧、铲、砺石、磨盘、磨棒、支架、刮削器、尖状器和石核等，但特点鲜明，均用黄褐色细砂岩作质料。墓葬流行长方形竖穴土坑，排列比较整齐，个别挖墓室，均未见葬具。死者头多向东，有的向北。葬式多单人仰身直肢葬。多无随葬品，少数放置蚌壳，个别见有陶支脚。由此可见后李文化时期的生产力发展已经到了一定的水平和规模，能够制造出造型古朴、质地松软、颜色多样的陶器（图1-6、图1-7），那个时期的东夷人已经过着以农业经济为基础稳定的定居生活。

图1-6　后李文化时期圆底釜　　　　图1-7　后李文化时期红陶钵

（二）北辛文化

北辛文化的年代在公元前5400～公元前4400年，距今已有7000多年的历史，主要分布于泰沂山系南、北两侧一带，包括了除胶东半岛以外的山东省大部分地区。目前，环鲁中南山地周围的兖州、曲阜、泰安、平阴、长清、济南、章丘、邹平、汶上、张店、青州、莒县、临沭、兰陵和滕州等地，都发现了其遗址。北辛文化时期的经济以农业为主，遗址出土了配套齐全的农耕工具和粟类颗粒，从翻地的石铲（图1-8）、鹿角锄，播种用的尖状角器，到收割用的蚌镰，脱粒用的石磨盘（图1-9）、石磨棒等，都对研究当时的农业生产状况起到了重要的作用。北辛文化反映的是原始农业为主的定居生活。人们用打制的石斧和磨制的大型石铲开垦翻种土地，用镢、锄等耕耘，用镰等工具收割；在北辛文化晚期发现的粟类谷物，说明当时的农业生产已具有相当水平，产量除满足人们当年食用之外，还有剩余储存起来；与农业密不可分的是家畜饲养，北辛文化各地遗址中都有大量猪骨，并伴出许多獐、鹿、羊、鱼、龟、鳖、蚌等兽骨，表明家庭禽畜饲养已有极大发展；而狩猎、捕鱼也是不可缺少的，因为当时渔猎资源丰富，耕种之余或农闲季节，进行渔猎，既是一种必要的活

图1-8　北辛文化时期石铲　　　　图1-9　北辛文化时期石磨盘

动，也是生活资料的补充来源。从北辛文化晚期墓葬众多的随葬陶器看，墓主生前已有私有财产。这说明当时的人们已真正走向定居生活，但生产力水平有限，还没有可能突破母系氏族的躯壳，应是由母系氏族社会向父系氏族社会过渡，所有制形式由氏族公有制向家族私有制转化。

（三）大汶口文化

大汶口文化距今约 6500～4500 年，延续时间约 2000 年，是山东境内发现的重要新石器时期文化。其分布地区东至黄海之滨，西至鲁西平原东部，北达渤海南岸，南到江苏淮北一带，几乎包括了今山东全省和苏皖两省淮河以北和豫东的广大地区。大汶口文化以各种特点鲜明的陶器为主要特征。陶器以夹砂红陶和泥质红陶为主，也有灰陶、黑陶、白陶、黄陶器等。大汶口文化晚期，烧窑技术有了改进，烧制出的黑陶胎厚仅 1～2 毫米。陶器的花纹精细匀称，有规整的几何图案，制作工艺比较高超（图 1-10）。大汶口文化遗址上发现了大量的墓葬，有的墓室十分宏大，随葬品很多；有的墓室很小，随葬品很少，甚至一件也没有，墓的大小反映了贫富的差距、社会地位的高低，这也说明私有制开始出现。大汶口文化另一个主要特征是在出土的陶器上发现了可能是文字的刻文，大汶口陶器文字被认为是古老的象形文字，预示着中华文明时代的来临。

图 1-10　大汶口文化时期陶器

（四）龙山文化

龙山文化是新石器时代晚期的文化遗存，因 1928 年考古学家吴金鼎在济南市历城县龙山镇发现的城子崖遗址而得名。年代为公元前 2500～公元前 2000 年，距今约 4500 年。其分布范围与大汶口文化大体一致，分布于黄河中下游的山东、河南、山西、陕西等省。龙山文化以磨光黑陶为主要特征，还有大量的石器、骨器和蚌器等。龙山文化的陶器（图 1-11）在制法上有了很大的进步，普遍使用轮制技术，因而器形相当规整，器壁厚薄十分均匀，产量和质量都有很大提高，城子崖出土的黑陶艺术品蛋壳杯的杯壁厚度只有 0.5 毫米，重量只有 50 克左右，是黑陶中的极品，不要说 4000 多年前的古人，就是今天想要烧制出这种高质量的陶器都非常困难。而从出土的龙山文化玉器看，当时的玉器（图 1-12）制作已有了很大的规模，具有较高的

图 1-11　龙山文化时期黑陶器

图 1-12　龙山文化时期玉器

艺术水平。当时的人们以农业为主兼营狩猎、打渔、畜养牲畜。从出土的有人工钻孔的龟甲、牛、鹿肩胛骨等占卜用物看，当时的人们已有用骨进行占卜的习惯。个别遗址发现小型铜制工具，说明冶炼技术有所发展。历史上夏、商、周的文化渊源，都与龙山文化有联系。

知识链接1-3   黑 陶 文 化

在城子崖之前，中国出土的古陶器大都是含沙量极高的彩陶和红陶，而以河泥为原料的黑陶是4000多年前东夷民族的独创。

黑陶是陶胎较薄、胎骨紧密、漆黑光亮的黑色陶器，黑、薄、光、硬是黑陶的四大特点。龙山文化陶器中黑陶制作最为精美。烧制黑陶时采用封窑烟熏渗炭方法，表面磨光，器表呈现深黑色光泽，朴素无华，纹饰仅有少数弦纹、划纹或镂孔。其中有一种薄胎黑陶，漆黑乌亮，薄如蛋壳，称蛋壳陶。

蛋壳黑陶是山东龙山文化最有代表性的陶器，反映了当时高度发达的制陶业的水平。以素面或磨光的最多，纹饰较少，主要有弦纹、划纹和镂孔等几种。器形较多，主要有碗、盆、罐、瓮、豆、单耳杯、高柄杯、鼎等，也有鬶。城子崖出土的黑陶艺术品蛋壳杯杯壁厚只有0.5毫米，重量只有50克左右，是黑陶中的极品。山东龙山文化鬼脸式鼎腿、圆环状鼎足最有特色，为其他文化所罕见。

（五）岳石文化

岳石文化是继山东龙山文化之后分布于海岱地区的一支考古学文化，因最早发现于山东省平度市东岳石村而得名。绝对年代为公元前1900～公元前1600年，大约距今3900年，其时代大体相当于夏代和早商。岳石文化的分布范围比较明确，以泰沂山为中心，北起鲁北冀中，向南越过淮河，西自山东最西部，河南省的兰考、杞县、淮阳一线，东至黄海之滨。比较重要的遗址有山东省的平度东岳石、牟平照格庄、青州（益都）郝家庄、章丘王推官庄、泗水尹家城、菏泽安邱堌堆和河南省的杞县鹿台岗等。

图1-13　岳石文化时期陶器

岳石文化遗址中出土的遗物有独特的造型和风格；古朴典雅、厚重实用是岳石文化时期陶器（图1-13）的主要风格，这时期的泥质陶上施加彩绘，有的红色单彩，有的红、白、黄多色彩绘；农具的改进创新和农具在全部工具中比例的上升，反映了岳石文化农业生产的发展；青铜冶铸业是岳石文化时期成就最突出的手工业部门，此时已进入早期青铜器时代。

二、城子崖遗址

城子崖位于山东省章丘市龙山镇东，武原河东岸（图1-14）。城子崖遗址是一处新石器时代晚期龙山文化遗存，总面积为22万平方米，是中国第一个由中国考古学家发现、发掘和出版考古报告的古城址。

城子崖遗址内涵丰富，延续时间长，堆积层分为 3 层，上层为周代文化层，中层为岳石文化层，下层为龙山文化层，出土了大批各时代的文化遗物。下层的龙山城址南北最长处约 530 米，东西宽约 430 米，占地面积约 20 万平方米。城址内文化层堆积丰富，有房基、水井、窑穴等。陶器以黑陶、灰黑陶为主，石器多为磨制，还有骨器（图 1-15）。

图 1-14　城子崖遗址

图 1-15　城子崖遗址出土文物

1928 年和 1930 年曾进行过两次发掘（图 1-16），首次揭示出以精美的磨光黑陶为显著特征的龙山文化（最初称之为"黑陶文化"，后以遗址命名为"龙山文化"，现在专称为"山东龙山文化"）。此外，在遗址的周围还发现一处平面为长方形的板筑夯土围墙遗迹，可能是当时的城墙基址。岳石文化的城址直接叠压在龙山文化城址之上，面积为 17 万平方米。城垣夯层规整，夯土坚实。1990 年，山东省文物考古研究所对城子崖遗

图 1-16　发掘城子崖遗址

址进行了勘探和发掘，发现城子崖遗址是由龙山文化城址、岳石文化城址和周代城址重叠而成，澄清了 60 年来有关城子崖遗址时代的争论。其中龙山文化城址面积达 20 多万平方米，为这一时期古城址之最；岳石文化城址是迄今发现的唯一一座夏代城址。

这一发现对研究中国古代城市发展和中国文明起源等问题具有十分重要的意义，并由此揭示出来的龙山文化，对于认识和研究中国的新石器时代文化起了巨大的推动作用。城子崖遗址的发掘，为中国史前城址和文明起源问题的研究提供了重要资料。城子崖龙山文化城址具有早期城市的雏形，说明当时它已经成为一个权力中心、经济中心、文化中心。岳石文化城址的发现，填补了我国城市考古的空白。在此之前，在龙山文化城址和商代文化城址之间尚未发现夏代文化城址。城子崖岳石文化城址的发现，为研究中国文明起源、中国城市发展史及夷夏关系提供了重要资料。

1994 年，济南、章丘共投资 600 多万元兴建建筑面积达 5000 多平方米城子崖遗址博物馆（图 1-17），供人们研究、观览。博物馆由中国社会科学院考古研究所著名古建筑专家杨鸿勋设计，为全国唯一的一座土堡式建筑，仿照原始社会土城之建筑风格。远远望去，门厅上方，周谷城先生题写的"城子崖遗址博物馆" 8 个苍劲有力的

大字在阳光的映照下熠熠生辉。步入馆内有三个展厅。第一展厅突出陈列了龙山西河遗址出土的文物，以红陶器（图1-18）为主，距今约8000多年。

图1-17　城子崖遗址博物馆

图1-18　博物馆内陈列的陶器

三、东夷文化与齐鲁文化

齐鲁文化的形成过程，实际上就是东夷文化、夏文化、商文化、周文化的互融过程。

夏商时期，今山东地区古国众多。许多古国就是由东夷族的氏族部落发展而来，夏王朝就是其中之一。夏代在山东的考古发现并不多，文献中记载的传说资料却很丰富。

传说大禹时曾大会诸侯，东夷的防风氏因后至而被杀，夏与东夷的联盟开始遭到破坏。东夷的首领皋陶曾被推荐为部落联盟首领，不久死去，继而又推举东夷首领伯益。由于大禹的儿子启暗中培植势力，最终取得了部落联盟的首领地位，并建立了夏朝。夏在与东夷的斗争中取得了胜利，其直接的后果是夏文化东移，进入并控制了东夷的部分地区。

夏启夺得天下后，东夷人的首领后羿发动了反抗夏统治的斗争，到夏启儿子太康时，夺取了夏政权。

知识链接1-4 后　羿

后羿，又称"夷羿""羿"，"后"是夏代君主尊号，夏朝东夷族有穷氏首领，生于今山东省济宁市。夏后仲康死后，其子相即位。不久，羿驱逐了相，自己当了君主，是为夏时代第六任君主，后被家臣寒浞所杀。

后羿善射，被帝尧封为射师，汉《括地图》曰："羿年五岁，父母与入山。其母处之大树下，待蝉鸣，还，欲取之。群蝉俱鸣，遂捐去。羿为山间所养，年二十，能习弓矢。仰叹曰：'我将射远方，矢至吾门止。'因捍即射，矢摩地截草，经至羿门，随矢去。"

太康失国，逃到同姓国斟寻避难。后羿夺取政权后，自恃善射，不理民政，沉湎于游猎之中，委政于寒浞。后来寒浞趁后羿游猎之际将其杀死，占有了后羿的妻妾和家业。寒浞杀了后羿，夺了后位，怕夏国人再跟他争夺，一定要杀死被后羿撵走的相。相逃到哪儿，寒浞就追到哪儿。后来，相终于被寒浞杀了。那时候，相的妻子正怀孕，被寒浞逼得没法，从墙洞里爬了出去，逃到娘家有仍氏部落，生下个儿子叫少康。少康成人后又被寒浞打败，投奔有虞氏。有虞氏国君见少康年轻有为，就把自己的两个女儿嫁给他，为他修建了纶邑让他居住。纶邑西有嵩山，北有具茨，南临颍水，土地肥沃，气候宜人，有田一成（方圆10里），有众一旅（500人），少康从此有了安身之地。少康便以纶邑为根据地，抚恤招纳散亡的夏遗民旧部，发展生产，积蓄力量。又纠集自己的亲信氏族及对寒浞不满的部族，合力消灭了寒浞及其余党，"整威仪东南行，求阳翟夏王之故都"，葺宫室，修钧台，视九鼎，天下诸侯纷纷拥戴。夏帝太康失国数十年后，少康终于"坐钧台而朝诸侯"，重登天子之位，历史上称之为"少康中兴"。

从太康失国到少康中兴的数十年间，东夷与夏基本上处于战争状态。考古学家王献唐先生认为："夏代防夷阵线，重心在潍县、安丘、寿光、益都一带，山东东部半岛仍然是夷区。到了夏亡以后，这条阵线全被冲破，为夷占有，主要的异族统治者是姜姓集团。"商部族起源于东方，商人先世当源于东夷太昊集团的帝喾部。《诗·商颂·玄鸟》中的"天命玄鸟，降而生商"是商部族源于东夷、信奉玄鸟图腾的直接证据。

目前，在今山东境内发现了为数不少的商代文化遗址。济南大辛庄遗址是山东境内已知面积最大的商文化遗存，这里出土了殷墟之外极为罕见的刻辞甲骨。在青州苏埠屯发掘的两座商代大墓，是迄今为止殷墟之外发现的规模最大、级别最高的商代大墓，出土的青铜钺（图1-19），是商代青铜文化的代表物。

图1-19　青州苏埠屯遗址出土的商代"亚醜"青铜钺

商朝是中国第一个有同时期文字直接记载的王朝，也是一个比较发达的奴隶制社会。商取代夏后，其初期的中心统治区域西起黄河，东至潍水，北抵济水，南达淮河流域，这一地区正是传统东夷文化的中心地带。盘庚迁殷后，其王畿地区才移至今河南境内。奴隶主贵族是统治阶级，而商王作为奴隶主阶级的总代表，统治区域内的全部土地和人民甚至贵族在名义上均属于他，这使得商王随心所欲地剥削包含部分地主、贵族阶级在内的绝大多数臣民的利益，导致最高统治阶级与被统治阶级间的矛盾日益尖锐、复杂。商朝晚期，商王帝辛（纣）少年英勇，将商的势力延伸到了东海和长江流域，但其连年的征战，极大消耗了国力，又因其随意残害王公大臣、平民百姓，进一步激化了国内矛盾。其中大臣西伯姬昌（后来的周文王）因无法容忍而表露出不满，被纣王囚禁起来，并杀其子做成肉汤逼迫他喝下。后来周人以宝马、美女贿赂纣王，才赎回了他。西伯姬昌返回自己的封地后，卧薪尝胆，时刻准备推翻纣王的统治。在这段时间里，他遇到了颇有治国韬略的姜子牙，并立其为军师。姜子牙没有辜负西伯姬昌的期望，竭力帮他治理国家，并建立了一支训练有素的精锐部队。姬昌死后，其次子姬发（即周武王）即位，在姜子牙的倾力支持下，经过几年的准备，姬发率兵会盟于孟津（今河南孟津），参加誓师仪式，这之后不满两年，周武王率戎车三百、虎贲三千、甲士四万五千与商朝留守军队和签发的奴隶、俘虏军队大战于牧野（今河南汲县），人心涣散的商军被伐纣联军彻底击溃，周军大胜，纣王于鹿台身披珠宝玉器自焚。自此，周朝建立。

即便是西周时期，齐、鲁地区仍有大量的殷商遗民。齐国据薄姑旧地，薄姑系殷族。《史记·齐太公世家》称齐太公"五侯九伯，实得征之"。这里的五侯不是五等诸侯，而是指殷东之五侯，即薄姑、徐、奄、熊、盈。因此殷商文化存在于齐。鲁国则有"殷民六族""周社""亳社"也同时存在。"周社"是周人社祭之所，"亳社"是殷人祭祀之所。鲁国阳虎政变时，"盟公及三桓于周社，盟国人于亳社"（《左传·定公六年》）。二者同时并存，说明殷人在鲁国为数不少。大量的殷商遗民，虽然处在周族的统治之下，但其生活方式仍然保存着商文化的特色。孔子临终前说："殷人殡于两楹之间……而丘也，殷人也。予畴昔之夜，梦坐奠于两楹之间。……予殆将死也。"（《礼记·檀弓上》）"子张之丧，公明仪为志焉，褚幕丹质，蚁结于四隅，殷士也。"（《礼记·檀弓上》）这都说明商文化在鲁国仍有顽强的生命力。

　　齐、鲁初封时，都是方圆不过百里的小国，随着其势力的扩张，周边东夷人居住的地区渐渐被其蚕食鲸吞，东夷人也就成了齐、鲁的国民，东夷文化也就自然而然地存在于齐、鲁。一直到春秋时期，孔子仍然对东夷文化怀有向往之情。郯国是东夷之国，鲁昭公十七年（公元前525年）郯国国君来鲁访问，孔子曾向郯君请教东夷文化的问题。《左传》记述说：郯子来朝，公与之宴。昭子问焉，曰："少皞氏鸟名官，何故也？"郯子曰："吾祖也，我知之。……我高祖少皞挚之立也，凤鸟适至，故纪于鸟，为鸟师而鸟名。凤鸟氏，历正也；玄鸟氏，司分者也；伯赵氏，司至者也；青鸟氏，司启者也；丹鸟氏，司闭者也；祝鸠氏，司徒也；鴡鸠氏，司马也；鸤鸠氏，司空也；爽鸠氏，司寇也；鹘鸠氏，司事也。五鸠，鸠民者也。五雉，为五工正，利器用、正度量，夷民者也。九扈为九农正，扈民无淫者也。自颛顼以来，不能纪远，乃纪于近，为民师而命以民事，则不能故也。"仲尼闻之，见于郯子而学之。既而告人曰："吾闻之：'天子失官，学在四夷'，犹信。"（《左传·昭公十七年》）孔子还曾有过"欲居九夷"的念头，当有人说东夷鄙陋不可居时，孔子却说："君子居之，何陋之有？"（《论语·子罕》）由此我们说，东夷文化在鲁地有着广泛的影响。

　　在齐国，东夷文化的影响更大一些。姜太公"因其俗，简其礼"的政策，实质是承认了东夷文化在齐国存在的合理性。周灭殷后，封齐于东方，将东夷势力进一步压缩在半岛一隅，于是就发生了"莱侯来伐，与之争营丘"（《史记·齐太公世家》）。莱人，就是东夷人。东夷人有自己的礼制，太公至齐后，允许东夷人保留其传统习惯，这对于缓和矛盾和社会稳定起了重要作用。东夷人有太阳崇拜之俗，齐太公的继承人丁公吕伋、乙公吕得、癸公吕慈母，均以日干为名号，这实际上是采用了东夷人的习俗。齐国有八神将的宗教信仰，据《史记·封禅书》记载："八神将自古而有之，或曰太公以来作之。齐所以为齐，以天齐也。其祀绝莫知起时。八神，一曰天主，祠天齐。天齐渊水，居临菑南郊山下者。二曰地主，祠泰山梁父。盖天好阴，祠之必于高山之下，小山之上，命曰'畤'；地贵阳，祭之必于泽中圜丘云。三曰兵主，祠蚩尤。蚩尤在东平陆监乡，齐之西境也。四曰阴主，祠三山。五曰阳主，祠之罘。六曰月主，祠之莱山。皆在齐北，并勃海。七曰日主，祠成山。成山斗入海，最居齐东北隅，以迎日出云。八曰四时主，祠琅邪。琅邪在齐东方，盖岁之所始。"由此可知，东夷文化在齐地并没受到抑制，而是在与周文化的互融中得以保存和再生。这种周文化、夏文化、商文化、东夷文化的互融，为齐鲁文化的形成提供了丰富的素养。

小　结

本章主要介绍了齐鲁传统文化的渊源及其发展轨迹，概述了齐鲁文化的源头——东夷文化的进化谱系、各阶段的历史遗存及价值，阐释了东夷文化与周文化、夏文化、商文化的关系。通过对本章内容的学习，可以了解中华文明的源头在哪里，明确齐鲁传统文化在中国优秀传统文化构成中的重要地位。

自　测　题

一、填空题

1. _____字造型就是一个身材魁梧的大汉在腰部佩戴一张弓，这就是山东人元祖的形象。

2. 齐、鲁立国前，在今山东地区生活的土著居民是_____。

3. 太昊，以_____为图腾，少昊氏以凤鸟等各种_____为图腾。

4. _____时期出土的陶器上发现了可能是文字的刻文，大汶口陶器文字被认为是古老的象形文字，预示着中华文明时代的来临。

5. _____是迄今发现的唯一一座夏代城址。

6. 齐鲁文化的形成过程，实际上就是_____文化、_____文化、_____文化、_____文化的互融过程。

二、选择题

1. （　　）的年代在公元前5400～公元前4400年，距今已有7000多年的历史。

　　A.北辛文化　　　　B.龙山文化
　　C.岳石文化　　　　D.大汶口文化

2. 自新石器时代开始，在齐鲁大地上形成了一个传承有序的文明进化谱系：（　　）

　　A.后李文化—大汶口文化—北辛文化—龙山文化—岳石文化

　　B.后李文化—北辛文化—大汶口文

化—龙山文化—岳石文化

　　C.后李文化—龙山文化—北辛文化—大汶口文化—岳石文化

　　D.后李文化—岳石文化—北辛文化—龙山文化—大汶口文化

3. （　　）时期出土的黑陶艺术品蛋壳杯的杯壁厚度只有0.5毫米，重量只有50克左右，是黑陶中的极品。

　　A.龙山文化　　　　B.岳石文化
　　C.大汶口文化　　　D.北辛文化

4. 在青州苏埠屯发掘的两座商代大墓，是迄今为止殷墟之外发现的规模最大、级别最高的商代大墓，出土的（　　），是商代青铜文化的代表物。

　　A.单脚杯　　　　　B.玉铲
　　C.青铜大钺　　　　D.鼎

5. （　　）是中国第一个有同时期文字直接记载的王朝，也是一个比较发达的奴隶制社会。

　　A.商朝　　　　　　B.夏朝
　　C.西周　　　　　　D.东周

6. 自然环境不仅对人的体貌产生影响，而且对人的性格形成也起着无形的作用。（　　）东部为半岛，环以辽阔的海洋，有漫长的海岸线和广阔的沿海滩涂。艰苦的条件培育了人民开拓进取、创新变革的精神。（　　）地处泰山之阳，土肥水美，形成了重视农业的经营思想；生活安逸，造就了崇德尚文、安于现状的儒雅风格。

A. 齐国   B. 东夷   统文化有哪些突出贡献？

C. 夏   D. 鲁国   2. 目前，齐鲁大地上有哪些文化遗

三、简答题   存？这些古迹和遗存有什么价值？

1. 东夷文化在各个发展阶段对中华传

🔺 实践教学设计

【实践题目】

参观本地区古文化遗址、博物馆

【实践类型】

参观

【实践目标】

通过参观本地区古文化遗址、博物馆等，实地感悟上古文明和始祖文化，培养学生对中华优秀传统文化的情感。

【实践方案】

时间：一天

地点：就近的古文化遗址、博物馆

流程：

一、预热。教师讲解欲参观的文化遗址和博物馆所代表的文化类型及其价值、影响。

二、参观。可以记录重点信息，在允许的情况下，拍照或摄像。

三、撰写观后感，提交。

四、教师点评。课上讨论交流后，做总结。

【实践结果】

观后感

【实践评价】

教师根据学生的参观表现及观后感的撰写情况给予评价。

得分表

（每 5 分一个档次）

项目	标准	满分	得分
参观情况	态度认真，遵守秩序	40	
观后感撰写情况	结构完整，感情饱满，内容丰富，夹叙夹议，图文并茂	60	
总分	以上各项得分相加	100	

第 2 章

齐鲁文化的发展与传播

公元前 11 世纪，周封齐、鲁，此后直至秦统一的 800 年间，齐、鲁文化经历了重要的演变期与定型期，这一进程贯穿于西周、春秋、战国三个不同的历史时期。齐与鲁两支各具特色的文化是如何相互融合的？齐鲁文化在历史推进、社会演化、文化发展中，发挥了怎样的作用？

在中国文化所属的所有地域文化中，齐鲁文化以其博大精深的体系、丰富的内涵、紧密契合社会政治和社会生活需要的特质，远远先进于其他地域文化，成为春秋战国数百年间华夏文明的代表和象征，对中华民族共同文化心理、共同民族意识的形成，以及人们的道德伦理、价值取向、审美情趣等，都产生了巨大影响。在这特定历史时期的特定地域中诞生成长起来的一大批文化巨人，成为千百年来华夏子孙的自豪和骄傲。

第 1 节 齐鲁文化的发轫与高峰

导学 2-1

齐鲁文化由齐文化和鲁文化两支亚文化系构成，齐、鲁两国地理环境和社会环境的差异，使得齐文化和鲁文化各具特色，呈现出不同的特点。但是齐、鲁两国毗邻，都建立在东夷故地上，有着共同的文化渊源和基础；齐、鲁两国都是周的封国，都推行周代礼制，实行共同的政治制度。这就决定了齐鲁文化的形成和发展过程，是齐文化和鲁文化各自形成、发展并最终走向融合的过程。

问题： 1. 齐文化、鲁文化高峰的表现分别是什么？
2. 齐鲁文化是怎样形成和发展起来的？

一、西周分封与齐文化、鲁文化的初步形成

（一）西周分封

周武王推翻殷商王朝之后，建立了新的政权——周朝，但新政权并不稳固，有随时被颠覆的危险。周从一个小邦国刚刚跃上控制殷商及其属国的舞台，无论政治、经济、军事各个方面都力不从心。在这种情况下，周朝实行分封制，将王室子弟、同姓亲族、有功之臣及商代贵族分封到各地。在全国封立 71 国，在今山东地区有齐、鲁、郯、曹、滕、郜等国。其中以齐、鲁两国最大，也最为重要。

这时，东部沿海地区的殷人和东夷人势力强大，不服统治，屡次发生反周叛乱，周王便将两个最得力的人物周公和姜太公分别封于商奄和薄姑旧地，建立鲁国和齐国，以镇抚东方殷人和夷人。于是姜子牙被封于齐地（今山东东部和北部），建都营丘（今山东淄博临淄区），建立了自己的政权；大臣周公旦（周文王之子，周武王

的弟弟，西周初年的政治家、思想家）被封于鲁（今山东西部和南部），但因留在都城辅佐周成王，便派长子伯禽管理藩国。从这个角度说伯禽才是鲁国第一位真正意义的国君。二者按制均为"方百里"之国，是周朝在东方代行统治权的两个重要阵地。

鲁国自然条件优越，适合农业、畜牧业和桑蚕业的发展，因而其经济实力很强。鲁是周朝的嫡封之国，朝廷对周公的封赐特别优厚。许多具有专业知识的人士以及重要的文献材料都可以带到鲁国，周成王赐鲁君以天子之礼，乐舞可以用八佾。这不仅使其他异姓封国望尘莫及，而且在其他姬姓封国也是仅有的。

姜子牙到了齐地后就打退了久居此地、势力强大的莱人的侵犯。等一切都稳定下来之后，姜子牙将都城定在营丘，建立齐国。

（二）春秋战国时期的齐、鲁文化

1. 齐文化

太公分封的齐地，临近渤海，土地盐碱贫瘠，不适宜农业生产。齐都营丘地处东夷腹地，存在着莱夷和五侯九伯等不安定因素。面对客观的地理条件和政治、经济、军事形势，为了迅速提高国力，姜子牙因地制宜，制定了一条符合国情的立国方针。据《史记·齐太公世家》记载："太公治国修政，因其俗，简其礼，通工商之业，便鱼盐之利。"《汉书·地理志》又载："昔太公始封，周公问："何以治齐？"太公曰："举贤而尚功。""在这条政策指引下，齐国的政治、经济、军事和文化各个方面都得到迅速发展，并一步步走上了民富国强的道路。

姜太公的继承者们奉行他的治国方针，历经武公姜寿、厉公无忌、文公姜赤、成公姜脱、庄公姜购和僖公姜禄甫等的努力，齐国的经济快速发展。公元前685年，齐桓公即位。作为一名有胆识的君主，他高瞻远瞩、任用贤人，遵循"尊贤尚功"的人才政策，涌现出管仲、鲍叔牙、隰朋、宁戚、晏婴、司马穰苴等贤相能臣。他们虽然不是公室贵族，却为齐国的发展和强大做出了贡献，这也是齐国富国强兵的基础。公元前679年，齐国与宋、鲁、陈、卫、郑、许等国歃血为盟，齐桓公正式成为盟主，齐国也成为春秋首霸。齐桓公之后，孝公、昭公、懿公、惠公、顷公、灵公、庄公……先后即位，齐国的经济停滞不前，国力有所衰退。虽然在之后的齐威王、齐宣王时期又再次雄起，但由于后继齐王的昏庸、秦国的崛起，为期800余年的齐国灭亡了，被纳入了封建专制集权的秦国之中，诸侯割据的局面也宣告结束。

齐文化是随着齐国的建立而确立，随着齐桓公称霸而形成的。齐桓公时期他以管仲为相，大力改革，成为春秋首霸。齐国地位的提升和影响的扩大，使齐文化得以快速发展并向四周辐射。齐桓公之后，对齐文化发展做出杰出贡献的首推晏婴，晏婴相齐，使处于春秋末期的齐国得以保持长期的稳定，齐文化得以进一步发展。进入战国时期，齐国的发展跨入新的历史阶段，齐文化的发展也到了兴盛时期，其突出的标志就是稷下学宫的建立。稷下学宫的"百家争鸣"推动了思想的解放，使齐国成为当时天下学术中心。在中国几千年的历史中，稷下学宫学术氛围之浓厚，思想之自由，成果之丰硕，都是独一无二的。

知识链接 2-1   齐 长 城

春秋战国时期，诸侯竞相争伐。据史载，在春秋战国间一段不到三百年的时间内，就发生过规模不同的战争四百八十余次。战争的目的是为了保存自己，消灭敌人，扩大国土，增强势力，所以这一时期出现了春秋五霸和战国七雄的称霸争雄的政治局面。齐国，南近鲁楚，西有晋宋，北邻燕赵，因鲁晋春秋时为强国，与齐形成军事上的对峙。齐鲁交界处又有泰沂山脉相隔，具备修筑长城的自然地理条件，春秋时期齐国社会经济的发展和繁荣，为修筑长城提供了经济条件。故齐国在春秋战国时期为了加强防御而修筑了长城（图 2-1）。

图 2-1　齐长城

2. 鲁文化

最初，鲁国封地并不在今山东曲阜一带，而是在今河南鲁山一带。后来，周王室为了巩固和加强朝廷对东夷地区的统治，将鲁国改封在曲阜。曲阜地处泗水上游地区，自然条件优越，适合农业、畜牧业和桑蚕业的发展，因而其经济实力很强。对于伯禽的立国方针，《汉书·地理志》里有一段记载：周公始封，太公问："何以治鲁？"公曰："尊尊而亲亲。"这条宗法原则一直贯穿在鲁国的兴亡史中。

在建国之初鲁国采取了"变其俗，革其礼，亲亲上恩"的政策，且经济实力很强。但在鲁国地区的叛乱始终没有间断，直至鲁炀公时期才彻底扫除叛乱，使鲁国站稳脚跟。在此之后的很长时期，鲁国都动荡不安，虽与齐国相比经济渐趋下风，但国势还算强盛，政局也比较稳定。直至公元前594年，鲁国王室实行初税亩（按亩征税）制度，土地私有逐渐合法化，鲁国的国力才有起色。在这时期，三桓（是指桓公的三个儿子及其后裔，也就是孟孙氏、叔孙氏、季孙氏与他们的后裔）开始了长达200余年的专政。为了消灭三桓，重掌朝政，公元前473年，鲁哀公企图利用越国讨伐三桓，但此次讨伐失败，鲁国更加衰弱，但因为其他国家并没有将其作为主要攻占目标，鲁国才得以延续下来。公元前256年，楚国占领鲁国，其最终灭亡。

春秋战国时期，虽然鲁国的经济、军事实力不及齐，但文化的繁荣却超出了齐国和其他诸侯国。鲁国采取"变其俗，革其礼"的国策，遵循"亲亲上恩"的宗法原则，使鲁国较为完整地保存着周礼，以致到春秋王室衰微、礼崩乐坏之际，许多诸侯国纷纷派人到鲁国观周礼。"周礼尽在鲁"和诸侯国派人至鲁观礼，说明鲁已经成为东方的一个文化中心。

在这一时期，鲁国产生了孔子这样一位伟大的思想家、教育家，并创立了儒家学说。孔子从小受周礼的熏陶，但这时周王朝的统治权力已经名存实亡，诸侯间相互争战不断，社会矛盾的激化阻碍了生产力的发展。在这样的历史条件下，孔子形成了自己的思想体系；他兴办私学，培养了许多传播自己思想主张的学生；他晚年整理典籍，对中国传统文化的传播发挥了巨大的作用，切实提高了鲁文化的地位。与孔子几乎同时代或稍晚的墨家学派，主要以鲁国和宋国为中心活动，在当时也是一个很有影响的团体，与儒学并称"显学"。儒家学派和墨家学派的形成和发展，使鲁文化的影响越来越大。

（三）齐文化、鲁文化的融合

春秋时代，诸侯割据，大国称霸，政治、经济、军事、文化的相对独立性，促使齐文化与鲁文化的形成并发展为各具特色的地域文化，而时局多变，霸业消长，疆域变迁，互为近邻，交往频繁，又促成了齐、鲁文化间的融合。

齐文化、鲁文化开始融合的标志是孔子思想的产生。春秋末期，孔子在周游列国之前十六年，即因内乱，居齐三年，对齐文化做过较全面的考察、研究与吸收，使齐、鲁文化的交流融合产生了质变与飞跃。他将齐文化中保留传承的东夷土著文化中的"仁"的习俗吸收、改造、提升，与鲁国制度化、伦理化的"礼"相结合，融会、提炼、创新，形成为更高层次的仁、礼结合的思想，而这正是他创立儒家学说的核心思想。可以说，无齐、鲁文化之融合，难以成就孔子思想之博大精深。

战国之世，齐、鲁文化的交流融合有两大途径：一是齐强鲁弱，齐称王称帝，对鲁攻城夺邑，至战国中期，鲁国控制的大部地区都归入齐国。这种疆域的兼并统一，大大加快了齐、鲁两国在文化上的融合。二是诸子的百家争鸣超越国界、国籍和国力，使文化成为时代空前的软实力。产生于鲁地的儒学作为诸子百家中的"显学"，借助齐国稷下学宫容纳百家的文化平台和齐、鲁的土地兼并与文化交融，在齐地得到迅速传播，以至孟子、荀子等儒家大师也先后长居齐国稷下，其思想的产生、培育、成熟与之有密切关联。

齐文化、鲁文化的交流，还体现在社会生活的方方面面。春秋之际，齐、鲁两国相邻，自然有军事争斗，也有聘问、会盟、婚姻等诸多渠道的交流。据《墨子·鲁问》记载，墨子的学生胜绰曾在齐国将领项子牛手下任职。项子牛三次侵犯鲁国，胜绰都参与其中，墨子批评胜绰对俸禄的追逐超过对正义的追求。墨子并会见了项子牛和齐君，劝说其不要争斗。齐君"俯仰而思"，可见已对墨子的劝说认同。墨子和胜绰都生活在鲁文化圈，可以把齐君对墨子的认同看作对鲁文化意识观念的认同。

据《左传》记载，齐桓公称霸局面形成后，大小数十次会盟，有鲁国国君参加的会盟就达二十余次。会盟的过程，就是达成共识的过程。多国会盟能达成共识，除军事、外交压力外，还有文化交流的作用。在春秋时期，鲁国使臣曾"如齐观社"，齐国使臣也曾"入鲁问礼"，这都促进了齐文化、鲁文化的交流和融合。

齐、鲁两国存在着长期的婚姻关系。齐君迎娶鲁女，鲁君迎娶齐女的事时有发生。鲁桓公夫人文姜、鲁庄公夫人哀姜都是齐女。鲁庄公二十四年（公元前670年），庄公入齐迎娶哀姜，竟在齐国滞留三月之久。齐、鲁之间这种婚姻关系，也促进了齐、鲁文化的交流。

战国时期，齐、鲁两国的发展各有特点。齐国国势日盛，疆域日扩，成为战国七雄之一，齐文化的辐射范围也随着齐国地盘的扩大而扩大。鲁国国势虽然日衰但起源于鲁，最能代表鲁文化的儒学却进一步彰显，成为世之显学，鲁文化随着儒学的传播而传播。在这种环境下齐文化、鲁文化进一步交流，并最终融合为一体，形成了"齐鲁文化圈"。

二、齐鲁文化的高峰及战国时代的文化重心地位

(一) 齐鲁文化的高峰

鲁成为礼乐文化中心，首先在于它秉持周礼，以礼治国，各国诸侯大多因尊周礼而尊鲁。《左传·闵公二年》记载齐桓公欲伐鲁，大夫仲孙湫劝止说："不可，犹秉周礼。周礼，所以本也！鲁不弃周礼，未可动也！"因秉周礼而不可伐，清楚说明了鲁在当时列国中的文化地位；其次，鲁大量保存了周王室及各诸侯国的礼乐典章。鲁昭公二年，晋国韩宣子到鲁国看了礼乐陈设及典章图志，盛赞"周礼尽在鲁"。再有，孔子借重鲁国丰富的文献典籍，整理三代以来古文献，编定"六经"，打破了历史文献典籍被贵族垄断的局面，使鲁成为三代以来历史文献荟萃整理之地、传世经典产生之源，为战国诸子百家提供了文献基础和私家著述的典范。孔子开中国私学教育先河，成为中国教育史上"学移民间"的划时代标志，为春秋战国时代"士"的兴起和礼贤下士之风的形成奠定了人才基础。孔子为齐鲁之地培养了大量人才。《史记》记载他有弟子3000人，其中身通六艺者有72人之多，而孔子弟子中以鲁人与齐人为最多。在齐鲁之地形成一个其他区域难以比及的人才培养基地。

与鲁国发展礼乐文化相映成辉，齐国以霸业成为当时诸侯各国政治、文化交往的中心。齐桓公在管仲辅佐下，于春秋前期成就霸业近半个世纪。其对文化的提升在于：称霸是以主会盟、尊周室、倡礼义、伐戎狄、护中原为其主要内容。正如孔子所赞许的："桓公九合诸侯，不以兵车，管仲之力也，如其仁，如其仁！"(《论语·宪问》) 其霸业成为一种备受称赞的"仁"举，主要靠的是诸侯会盟而不是武力征服或战争。从会盟的内容看，虽有政治、军事，但主要还是文化。《孟子·告天下》则记载了齐桓公葵丘会盟的一些具体条款，如要求诸侯"诛不孝""尊贤育才""尊老慈幼"等。可以说，所谓齐桓公称霸主要是在文化上称霸了。

战国以降，大国争雄，形成了中国文化史上"百家争鸣"的新时代。"百家争鸣"的中心在齐。田齐统治者在齐国都城临淄设立稷下学宫，时间长达一个半世纪，影响整个战国之世，人数多至"数千人"。当时各国的学者，都从四面八方会聚到稷下学宫，展开自由争鸣，百家理论各现稷下讲坛。稷下成为战国最大的学术活动中心，也是百家争鸣的主要基地。郭沫若评价"稷下之学的设置，在中国文化史上，实在是有划时代的意义"，并认为"周秦诸子的盛况是在这儿形成了一个最高峰的"。

(二) 齐鲁文化在战国时代的文化"重心"地位

春秋之世，王室衰微，列国争霸，齐国简政从俗，工商立国，尊贤尚功，奠定霸业基础；鲁国崇礼革俗，强农固本，尊尊亲亲，强化礼义之邦。这都为齐、鲁成长为中国文化的"重心"准备了条件。战国之世，齐、鲁两国一骋霸业，一兴礼乐，共同构筑起文化的"重心"地位。

1. 诸子百家多半出齐鲁

百家学派中传诸后世可考的代表人物，主要有儒、道、法、墨、阴阳、名家六家。其中儒之孔、孟，墨之墨翟，阴阳家之邹衍、邹夷，都是齐鲁之人。荀子虽为赵人，却久居齐国稷下。而道家、法家无论从思想渊源还是学派形成看，与齐的关系至为密

切。《汉书·艺文志》著录太公（姜尚）为道家之首，将《管子》列入道家，战国道家重要的一派——稷下黄老学派的形成与发展主要在稷下学宫；齐国的管仲学派号称齐法家；法家集大成的代表人物韩非和李斯则是荀子在稷下培养的学生；名家学者尹文和宋钘是著名的稷下先生，曾长期在齐国居住。道、法、名三家与齐鲁有着密不可分的关系。六家之外，尚有兵家、纵横家，春秋战国之世的著名军事家孙武、司马穰苴、孙膑、田单等都是齐人。他们的辉煌成就及军事理论贡献，对后世影响极大。纵横家中的苏秦、张仪虽非齐鲁之人，但其师从的鬼谷子也曾长居齐鲁之地。

2. 战国百家争鸣的中心在齐之稷下

齐国统治者在都城临淄设立稷下学宫，各国学者会聚稷下，百家理论各现稷下讲坛，被称为稷下先生著述总汇的《管子》，汇聚了各家学派的理论成果。它是战国时代最大的学术中心，对后代政治、经济、文化有着巨大而深远影响。

3. 百家之显学俱兴于齐鲁

《韩非子·显学》将儒、墨两家并称"显学"，是当时影响最大的学派。一是这两家弟子众多，所谓"孔墨徒属弟子，充满天下"；二是支派林立，世称"儒分为八，墨离为三"（《韩非子·显学》）；三是影响巨大，《吕氏春秋·当染》称赞说："孔墨之后学，显荣于天下者众矣，不可胜数"；四是品次极高，儒家之中不仅产生出如孟子、荀子、子思、曾子等儒家大师，还产生出众多传播、发展孔子思想的"圣贤"之人，如七十二子等，墨家学派也产生出禽滑厘等著名学派领袖人物。儒家重教育，主要培养思想家、教育家；墨家重实务，则主要培养科技实用型专家。前者是中国私人教育的先导，是当时中国人文科学的顶端；后者开中国科技教育的先河，代表那个时代中国自然科学发展的高峰。儒墨两大"显学"，俱出齐鲁，既是"重心"的产出，也是"重心"的硕果。

4. 先秦齐鲁兵学发达

春秋战国时代历经五百余年的诸侯争霸，列国纷争，从军事哲学及实践经验上进行理论总结而成丰硕之果，首推齐国军事家。源自先秦、传承至今，是产生于齐鲁大地的，以《孙子兵法》为代表的兵学文化。

知识链接 2-2　　　　　能言善辩——稷下纵横家

战国时期纷乱争雄局势，为纵横家提供了发挥政治才能和辩智的大舞台。他们审视天下大势，奔走游说、纵横捭阖，成为战国时期深受各国统治者器重的著名学派。淳于髡就是稷下纵横家的代表。

淳于髡，战国齐人，田齐桓公田午创办稷下学宫后即为稷下先生，主要活动于齐威、宣王时期。他身高不足七尺（约合今1.6米左右），其貌不扬，又是齐之赘婿，但凭着其博闻强记和滑稽多辩，以隐语讽谏齐威王罢长夜之饮；多次奉命出使诸侯，未尝屈辱。有人主张淳于髡为杂家，也有人说他是文学家，然以其行事与辩智来看，将他列入纵横家似更为适宜。

淳于髡能言善辩，而且往往都能成功。据《史记·滑稽列传》记载："齐威王之时喜隐，好为淫乐长夜之饮，沈湎不治，委政大夫，百官荒乱，诸侯并侵，国且危亡，在于旦暮，左右莫敢谏。"淳于髡目睹这一情况，十分着急，直言进谏又恐齐威王听不进去。他通过察言观色，发现威王非常喜欢猜谜语，于是，他就以与齐威王猜谜语为名到宫廷，见到齐威王后就说："国中有大鸟，止王之庭，三年不蜚又不鸣，王知此鸟何也？"齐威王听罢此言，不觉一惊，意识到淳于髡在讽谏他。他对自己的行为愧疚于心，幡然悔悟，于是对淳于髡说："此鸟不飞则已，一飞冲天；不鸣则已，一鸣惊人。"齐威王励精图治，烹杀阿大夫，奖赏即墨大夫，百官莫敢饰非，"诸侯震惊，皆还齐侵地。威行三十六年。"

淳于髡以"酒极则乱，乐极则悲，万事尽然"讽谏齐威王，齐威王"乃罢长夜之饮"，并任命淳于髡为负责接待诸侯来宾的官员。

淳于髡的才智为齐威王所欣赏，被委以重任，多次被派出使赵、楚、魏等国，都出色地完成了任务。

第2节　文化圣地的形成

导学2-2

有一则故事讲，中国东西南北中各省区的人交相争谈自己地区的名人名物，每省都说自己那里有多少名山、名水、名人。最后问到山东人，山东人说："我们山东名山、名水、名人最少，只有一山、一水、一圣人。"山东名山、名水、名人虽少，却都是名高无比的。一山即泰山，号称五岳之尊；一水即黄河，中华民族的母亲河；一圣人即孔子，古被称为万世师表，今被列为世界十大文化名人之首。这一山、一水、一圣人，中国独一无二，都可作为中华民族、国家、文化、文明的象征或代表性的人和物。有此三者，即足可看出齐鲁文化的历史地位。

问题： 1. 山东文化圣地的作用是什么？
2. 泰山封禅的意义有哪些？

一、从文化重心到人文圣地

齐鲁文化"重心"地位在秦汉大一统的形势下焕发出新的光彩，也开启了向"圣地"过渡的道路。秦灭六国，以法治天下，但对其影响最大的区域文化却是齐鲁文化。前期，秦始皇四次东巡，即三至齐鲁，登泰山，访琅邪，遍游半岛，刻石勒功。他倚重齐鲁的儒生、方士，设博士70人为其智囊。后期，他"焚书""坑儒"，打击的主要对象也是齐鲁的典籍和士人。秦代的齐鲁文化从正、反两个方面显示出了"重心"地位的强大影响力。汉初，产生于战国齐地的黄老之学曾推向全国，一度成为统治思想。历史上所谓"文景之治"，其治术多采黄老，彰显出当时的文化"重心"之地和思想之源仍在齐鲁，而汉代文化的主流——经学的传授和发扬，则进一步彰显了文化"重心"的光芒，并实现了向"圣地"的转变。

儒家经学，历经战国、秦汉而代代传授，在齐鲁之地形成丰厚的社会根底和人才基础。汉初除"挟书律"后，经学传授复盛，一时大师云集，其中多为齐鲁之人，几成垄断之势。《史记·儒林列传》记载汉初著名传经大师共8位，有6位是齐鲁之人。钱穆先生考证出汉初经学博士12人，其中8人是齐鲁之士，连同齐学弟子董仲舒、晁错达10人之多。《汉书·儒林传》立传经学家26位，居今山东地域者17人，可见汉初齐鲁之士对经学实据垄断地位。东汉末年，齐人郑玄融会古今，遍注群经，集经学之大成，更突显了齐鲁之学的特殊贡献。汉代经学最重师法，经学宗师多出齐鲁，所谓汉代经学的昌明极盛时期，实际也就是齐鲁之学为主流的时代。中国文化史上影响巨大的"汉家气象"实际上有赖于齐鲁文化的推崇和发扬。

图 2-2　董仲舒画像

由文化"重心"走向人文圣地，汉武帝采纳董仲舒（图 2-2）的建议"罢黜百家，独尊儒术"是一大转折点。董仲舒为赵人，但负笈求学于齐，为齐"公羊学"大师。他既得孔学真传，又得齐学之教，正是一位在新的大一统社会文化环境下博采百家、融通齐鲁、推动儒学趋时求合的一代儒家宗师。他为迎合统治者的政治心理需求，讲"大一统"，讲"君权神授"，讲"三纲五常"，讲"九世复仇"，讲"更化"，成为汉武帝实施其"文治武功"的思想利器。他以儒学的原始教义为基础，兼收其他理论学说之长，建立了一个新的儒学体系。从董仲舒学说的内容构成看，反映了齐文化与鲁文化的全面融合。武帝做太子时的老师则是鲁诗学者王臧，正是齐鲁文化培育的一代有为帝王与经学大师的高度契合，才使儒学由诸子百家之学上升为一国独尊的官学。由此，山东也进入了"圣地"时代。

二、文化圣地的内涵及作用

（一）文化圣地的内涵

文化圣地的形成与发展，是随着孔子地位的不断攀升而日臻成熟和完善，随圣人、圣迹、圣裔的不断加封而扩大，到明清时代达于巅峰。所谓"圣"有三方面的内涵：

一是圣人。孔子汉代封公，北魏时封"圣"，唐玄宗时封"王"，北宋则封为"至圣"，历代加封，登峰造极。非但如此，其弟子后学也因之称"圣"：颜回称"复圣"，曾子称"宗圣"，子思称"述圣"，孟子称"亚圣"，山东成为圣人们的故乡。

二是圣迹。孔子的故居孔庙，称为"圣庙"；孔子的墓地孔林称为"至圣林"；孔子当年吃水井称"圣水井"；供奉孔子五代先祖之地称"承圣门""崇圣祠"，祭孔子父母之地称"启圣殿""启圣王寝殿"，等等。邹城孟子故居则建有亚圣庙、亚圣林及孟母林，还有复圣庙、宗圣庙，等等。

三是圣裔。孔子之后代嫡孙自汉代即袭封为侯，北宋仁宗时，将其嫡孙封为"衍圣公"，并另建官宅合一的府第——孔府，称为"圣府"。孟氏、颜氏、曾氏等后裔亦建有相应的圣裔府第，世世袭封，延绵不绝。圣裔们随时代发展而遍布全国各地，但仍以山东为其永远的故乡。孔氏嫡系后裔死后大都归葬孔林，现有 10 万坟冢之多。

以孔子及其弟子后学为代表的圣人系统，以孔庙、孔林为代表的圣迹系统和以孔府为代表的圣裔系统，构成了山东以"三圣"为中心的圣地，形成由精神到物质传承不竭的圣地文化气象。

（二）文化圣地的作用

自西汉至清末的 2000 余年，以孔孟为代表，以"三孔""四孟"为标志物的圣地文化，对中华文明的发展，发挥了其他任何地方都无法达到的文化影响力。

首先，它是民族文化认同的标识。 汉代以后，曾有数次北方少数民族入主中原形成民族文化大融合的历史时期。在经过金戈铁马的攻战和腥风血雨的镇压之后，那些在马上得天下而在人口数量及文化发展上均处劣势的统治者，欲以"四两拨千斤"的方式巩固其统治地位，大多首先来到"圣地"，从这里认识中华文明的博大精深，吮吸丰富的文化营养，并从这里切入汉人的精神世界，从文化的融合出发构建自己的文化政策，实现思想的征服。他们加封孔子，大修孔庙，重用孔氏后裔，以对圣人的尊崇展示对中华主体文明的认同。而传统的中国人主体——汉人，也从他们对孔子的膜拜中，看到异族统治者对本民族文化的认同，从而接受统治现实，为民族文化的大融合奠定了思想基础，最终使国家的文化主体统一于以儒学为核心的中华传统文化之中。正是孔子及孔子故乡的巨大文化影响力，使历史上少数民族入主中原的时期成为中华民族高度认同、民族文化大融合的时期。

其次，它是维护国家统一的精神支柱。 崇孔尊儒，始于大一统的汉代。刘邦亲赴曲阜，开帝王祭孔之先；汉武帝提出"罢黜百家，独尊儒术"，都是看到了孔子与儒学对维护国家统一的巨大文化影响力，这对后代统一王朝具有重大影响。如果说，马上可以夺天下，那么，孔子及其学说则可以治天下，维护天下的统一、防止一统的分裂。后世王朝都以尊孔崇圣作为文化上实现和维护统一的手段，以尊孔读经引领知识分子和民族精英践行"修身齐家治国平天下"的人生追求，为维护统一做贡献；也以尊崇孔子树立维护传承文明、仁爱天下的明君形象。一代代帝王推尊孔子，在形象上就成为孔子思想的维护者、传承者、推广者，就同孔子站在了一起，为拥护者筑起精神的圭臬，从而使孔子及圣地成为维护国家和民族统一的思想支柱。历代统一王朝的盛世，无不在尊孔上大做文章，成为孔子地位提升最快、"三孔"地位大力提升的重要时期。

再次，它是历代中国人的精神家园。 孔子既称"至圣先师"，师、圣合一，从而形成中国两千余年尊师重教优良传统。千百年来，上至帝王，下至黎庶，均以朝圣心态到"圣地"，崇孔子，拜圣贤，读其书，观其迹，想见其为人，览千秋风云变幻，慕孔子伟大与永恒，无不受到强烈的文化感染与熏陶。人们在这里慎思追远，寄托对孔子及先贤的敬仰和倾慕，接受中华传统文明的教益和洗礼，感受儒学的博大精深和民族文化的强大凝聚力，从而使这里成为中国人向往的精神家园和道德灵魂的抚慰之地。

最后，它是传统道德文明的示范之乡。 作为孔子故乡的圣地文化，有其特殊优渥的文化环境和深厚的历史文化资源，而历代的孔子故乡人，齐鲁之地的山东人，形成了不同层次的传承发扬以儒学为核心的中华传统道德的示范群体。一是形成了以孔府、孟府为中心的孔、孟后裔的道德示范之家。清人纪昀所题孔府楹联："与国咸休安富尊荣公府第，同天并老文章道德圣人家"，既是对孔府社会地位的真实表述，也是对孔氏后裔道德律条的概括。自汉代始，孔氏后裔封爵，往往兼曲阜县令，其职分之一即兼管理圣人后裔。宋代封孔子嫡裔为衍圣公，元代以后，官宅合一，孔府的主要职能之一即是管理、教育庞大的圣裔家族。圣裔子孙都以慎终追远、尊承祖训为人生之一大追求与律条，在孔子故乡形成了以圣裔家族为庞大群体的道德示范之家。二是作为孔子同乡的山东人，既有圣地之人的自豪感，也有礼义之邦的自律。特别是明清设省以后，山东作为孔孟之乡、礼仪之邦，长期沐其风浴其俗，形成圣地特殊的道德风气，山东人在总体上成为有别于其他地方的有特殊人格修养之人。大体说来，主要有以下三个方面：一是崇德之风。特重道德修养，以德传家，以德为尚，成为道德模范之乡；二是重教之风，"万般皆下品，唯有读书高"应是山东人传承不息的社会共识；三是尊老之风。所谓"孝为百行之元"，山东人特重孝敬父母，由此也形成山东人浓重的乡土观念和恋乡情怀。钱穆先生在他的《中国历史精神》第六讲《中国历史上的地理与人物》中说过："中国各地区的文化兴衰，也时时在转动，比较上最能长期稳定的应首推山东省。"

知识链接2-3　　　　　　　　　　三　孔

图 2-3　孔庙 孔府 孔林

位于山东省曲阜的孔庙、孔府、孔林，统称曲阜"三孔"（图2-3），曲阜是孔子的故乡，孔夫子生前在此开坛授学，首创儒家文化，为此后 2000 多年的中国历史深深地打上了儒学烙印。"三孔"是历代纪念孔子，推崇儒学的表征。1994 年孔庙、孔府、孔林被联合国列入《世界遗产名录》。

三、泰山封禅文化

闻名于世的泰山素以历史之山、文物之山而著称，在中华文明史上有着特殊的地位。它东临黄海，西襟黄河，雄伟壮丽，气势磅礴。由于得天独厚的地理位置和自然条件，古人便视其为华夏神山，天下大宗。

"泰山"之称最早见于《诗经》，"泰"意为极大、通畅、安宁、稳重，又引申为"大而稳，稳而安"。从泰山的自然特征看，周边多省无高峰，所以泰山平地起雄峰，尤显雄伟高大，成为万里原野上的"东天一柱"。站在山顶，周围无高山相近，形成"一览众山小"的高旷气势，这也是泰山与其他名山不同的地方。

在齐鲁民间早就有了对泰山之神的崇拜。鲁人视泰山之神为一国最高神。"泰山岩岩，鲁邦所瞻"是孔子对泰山的赞叹，并把自己将终说成泰山颓梁柱摧，可见泰山在孔子心中的超然地位。齐人则崇泰山为"地神"，由于它是万物交替、初春发生之地，掌管人生代代相传。

封禅制起源于夏、商、周时的郊祀活动。泰山封禅，是古代帝王在泰山举行的祭祀天神地祇的仪式，是显示帝王尊贵无上的象征，也是粉饰太平安乐、国家兴盛、政权稳固的标志。"封"是在接近天庭的泰山极顶，聚土筑圆坛祭天地，增泰山之高以表功归于天；"禅"是到泰山前的小山社首、梁父等积土筑方坛祭地神，增大地之厚以报福广恩厚之情。圆台方坛表示天圆地方、天下太平、国家兴盛。今泰山顶上有"古登封台"（图2-4），则是历代帝王封禅告祭的遗址标志。

历代帝王非常重视登封泰山。如果哪一个皇帝不封禅，就说明他的功绩不大、政权不稳。至于侯王臣下更是把躬逢登礼看作终生难得的最高荣誉。汉武帝元封元年（公元前 110 年）封泰山时，太史令司马谈被留滞周南（今河南洛阳），不得从行，忧愤而死。临死时，他把儿子司马迁叫到床前哭着说："今天子接千岁之举，封泰山，而余不得从行，是命也夫！命也夫！"

关于封禅活动有据可查的始于《史记·封禅书》。它较全面而翔实地记载了秦汉封禅。"始皇之上泰山，中阪遇暴风雨，休于大树下。诸儒生既绌，不得与用于封事之礼，闻始皇遇暴风雨，则讥之。"大树因护驾有功被

图 2-4 泰山顶上的古登封台

封为"五大夫"（秦朝二十级官爵的第九级）。据《独异志》记载，秦始皇由于焚书坑儒、筑长城、修阿房宫、造骊山墓，给人民带来深重的灾难，暴君无德，妄受天命，不应厚着脸皮去封泰山。结果登泰山之半，忽逢风雨雷电，便躲在大松树下。这时松树上有神人讥曰："无道德、无仁、无礼而得天下，妄受天命，何以封？"左右众臣皆闻，始皇帝闷闷不乐而归。

到汉代，封禅制进一步发展。汉武帝七次封泰山对后世产生了极大影响，也留下许多传说和活动遗迹，至今仍有岱顶古登封台上的无字碑等。唐宋时期，封禅发展到

图 2-5 汉代无字碑

高峰，唐高宗、唐玄宗和宋真宗接踵大举封禅，仅三帝就在泰山立碑 16 块，封禅大典极其隆重。金、元、明三代皇帝都未再来封禅，而是每年都派最亲近的大臣到泰山代祭，并成为制度。清朝建立以后，恢复了中断了近 300 年的帝王致祭泰山活动。

自秦始皇以来，我国帝王先后 27 次封禅泰山，把泰山的地位推崇到极致。泰山宗教文化及建筑文化，渲染着泰山的庄严神秘、历史厚重，泰山石刻文化源远流长，分布广泛，数量众多，现存碑刻 500 余座、摩崖题刻 800 余处（图 2-5），碑刻题名之多冠中国名山之首，成为一处天然的书法展览，具有很高的艺术和史料价值，泰山的地位没有因任何一个朝代更迭而受到影响。

知识链接 2-4　　　　　　　　　**苛政猛于虎**

《礼记·檀弓上》记载：孔子从泰山旁边路过，有一位妇女在坟茔旁痛哭哀号。孔子在车上听见之后，就派子路去问问缘故。子路对妇人说："你哭得如此悲痛，一定有什么重大的伤心事！"妇女回答说："是的。从前，我的公爹被老虎吃了。后来，我的丈夫也被老虎吃了。如今，我的儿子又被老虎吃了！"孔子让子路问道："为什么不离开这个地方呢？"妇人回答道："因为这里没有苛捐杂税的暴政。"孔子对随从的弟子们说："你们谨记：暴政对人民的危害，有甚于猛虎啊！"这就是孔子"苛政猛于虎"的观点。

第3节 齐鲁文化的传播

导学 2-3

　　秦汉之后，随着全国的统一，中央集权的大帝国建立，政治、经济、文化中心转移，齐鲁作为中国人的"圣地"，展现出强劲的文化辐射力，在不同时代对不同地区和国家的文化发展产生了巨大影响，对儒家文化的传播、中华一体文明的发展及东亚文化圈的形成，做出了独特的贡献。

　　问题： 1．齐鲁文化在汉代是怎样发展传播的？
　　　　　　2．齐鲁文化在明清时期是怎样发展传播的？

　　从秦统一到明清时期，中国历史上经历了纷纭复杂的变迁。魏晋以降，政治中心或西移关中，或南迁江浙，山东域内战乱频仍，朝代迭易。但无论时代风云如何复杂多变，齐鲁文化的精魂传承不息。

一、秦汉时期齐鲁文化的发展传播

（一）秦朝齐鲁文化的发展

　　秦朝是齐鲁文化在政治大一统背景下尝试参与新的意识形态和文化建设的时代。

　　战国中后期，稷下学挟其学术优势，向周边地区施加影响，造成了齐鲁文化的扩散和传播。战国末年，黄老学传到秦国，其学术成果即《吕氏春秋》。《吕氏春秋》是为当时统治者准备的一部政治学术教科书，它的成书说明了齐鲁文化已经进入了秦国的政治文化领域。秦统一后，秦始皇改变秦人原来的华山宗教信仰，选定泰山为封禅祭天之处；在议定祭礼之时，又首先征求齐鲁儒师的意见；在建立祭祀体系时，更给齐鲁系统以特殊显荣。公开承认齐为天下之中的地位。通过博士制度的建立，以儒家为主的士人们进入中央政权，主要通过"备顾问"的议政宣扬儒家的传统思想和政治主张。同时，秦始皇又信用了阴阳五行学说。作为齐鲁文化组成部分的方仙道也为秦始皇所热衷，想以此求得长生不老的仙药。与秦始皇对"三仙山"和不死之药追慕动机背离，徐福的求仙却在无意间促成了一次探险远航，造成了齐鲁文化海外的传播与输出。

（二）汉朝初年齐鲁文化的发展

　　汉朝初年，是齐鲁文化走出地域性文化的畛域向全国发展的时期。黄老学说成为政治上的指导思想。

　　汉初，经济凋敝，社会动乱，百废待兴。齐鲁文化的代表人物不甘寂寞，积极参与了帝国建设的政治设计。曹参相齐九年，实行黄老学说"无为而治"的思想，约法省禁，与民休息，齐国大治。汉惠帝二年（公元前 193 年），汉朝丞相萧何逝世，曹参继任汉朝丞相，将"无为政治"推向全国，黄老学说随之成为当时占统治地位的思想，并实行"实关中"政策，将大量齐鲁豪门士族迁往关中。

　　齐鲁文化的发展，还表现在社会的移风易俗。当时的有识之士呼吁倡导用儒家伦理为主干的风俗模式去矫正"秦俗"的影响。贾谊引用《管子》"礼义廉耻，是谓四维；四维不张，国乃灭亡"的说法，主张用"礼义廉耻"力矫风俗之败坏，反映了黄老学说的影响。

（三）西汉中后期的齐鲁文化

这一时期是齐鲁文化完成了自地域文化向主流文化过渡的时期，儒学获得独尊。

汉武帝独尊儒术之后，齐鲁文化获得统治地位，作为一种强势文化在全国范围内进行传播扩散，成为统治者文化整合的手段。选官制度发生了重大变化，经学成为取士的标准，这种"劝以官禄"的配套制度从社会的上流层次推动了儒学的传播，从此官员多经学之士。其时齐鲁人士由经学而仕宦者尤多，《汉书·地理志》说："汉兴以来，鲁、东海多至卿相。"即反映了齐鲁地区经学优势，而且齐鲁人仕途通达，也有力地推动了齐鲁文化的传播。统治者倡导的移风易俗则从社会民间的层次推动了齐鲁文化的扩散。汉初，统治者无暇顾及社会文化的改造。自汉武帝独尊儒学，社会文化建设受到重视，如董仲舒、王吉等都曾大力呼吁以儒学的伦理道德矫正异俗陋习。《汉书·循吏传》记载："蜀地辟陋有蛮夷风，文翁欲诱进之，乃选郡县小吏开敏有材者张叔等十余人亲自饬厉，遣诣京师，受业博士……蜀地学于京师者比齐鲁焉。"这是利用先进社会文化的影响整合进而最后同化相对落后的社会文化。

（四）东汉时期的齐鲁文化

东汉时期，学术文化领域贯穿始终的是经学内部今、古文经学之争。今、古文经学之争肇始于齐鲁文化内部齐学与鲁学的不同学风。齐学趋时务实，通权达变，具有革新性、开放性和驳杂性的特征；鲁学则法古求真，恪守原则，表现出保守性、稳定性和理性的特征。两种不同的学术风格，今文经学主张趋时应变，重在挖掘经文的"微言大义"；古文经学重于文字史实的训诂考证。今文经学在政治上积极进取，对促成政治文化的统一和社会的革新改造发挥了积极作用，但对政治的附丽最终导致了学术的堕落和庸俗化；古文经学以其稳定和持重保持了自己对政治相对独立的学术地位，在风云变幻的政治斗争中，维护了学术的自尊。至东汉后期，以郑玄为代表的古文经学以其恢弘精深的气魄、手段完成了今古文经学在学术上的统一，齐鲁文化内部齐学与鲁学在学术上的此疆彼界也趋于泯灭。儒学原来作为齐鲁文化在学术上的代表，后经政治上的独尊成为"经学"。"经学"一旦完成了"一统化"、主流化，其地域文化的性质消解，而成为民族传统文化的主干。

齐鲁文化在秦汉的西渐，大大推动了中国文化重心的西移，由齐鲁文化重心拓展为东起齐鲁、横贯中原、西至关中的狭长文化带，而关中地区也由汉代以前"无礼义之心"的所谓"虎狼之国"成为经学大师云集、文化世家众多的文化重心之地，成为汉唐盛世文化繁荣的坚实基础。

二、齐鲁文化在晋和宋的发展传播

（一）豪门世族及士人的南迁

西晋末年，统治阶级上层为争夺帝位而陷于混乱，包括齐鲁在内的黄河中下游地区成为各族混战的战场。在这一历史背景下，司马睿立国江东，以琅邪王氏为首的齐鲁世族追随南迁江浙，成为东晋开国的政治支柱。

这些家族南迁，不只携带自己的亲属，还将所属部曲、佃户一起迁移，有时众至千人甚至多达万人。如此规模的迁移，在中国历史上是空前的，对迁出地和迁入地都造成很大影响。这种影响体现在以下几方面。

1. 倡导儒学教育，恢复文化传统

东晋政权建立前夕，王导（东晋政治家、书法家，琅邪临沂人）都督中外诸军事，他主张通过"阐扬六艺""隆教贵道"，使礼崩乐坏的局面得以改变，"使文武之道坠而复兴"；"化成俗定"，通过教育，形成良好的社会风气。散骑常侍戴邈、太常荀崧等也上疏支持王导的主张，提出尊经，增设经学博士。元帝采纳他们的建议，不仅使东晋初年出现儒学复兴的气象，同时也奠定了东晋南北朝文化思想的基本方向。

2. 家风影响世风

魏晋以来，官学沦废，学术中心移于家族，家族教育就成为文化传承的重要形式。齐鲁世族的家学教育内容有同有异，其中琅邪王氏最具代表性。王氏的奠基人王祥以孝著闻，而在政治上则顺时通变，不拘臣节。在两晋之际，王氏家族习儒谈玄，信仰道教而濡染佛学，代表着时代风气。王导"为政务在清静"，为人"简素寡欲"，尚儒谈玄，濡染佛教，而其主政则注重传统，务实进取。其子孙重视儒学教育，以孝悌传家；重视私德，不竞荣利，为人少有放浪自恣、颓废无行者。综观王氏家族的社会表现及其价值取向，他们是以儒学持家，以玄学博取声誉；儒学是安身立命之根本，濡染玄、佛则是为顺时通变。齐鲁其他世族，如琅邪颜氏为世代保持儒学传统的家族，其后裔如颜延之、颜之推濡染佛学，而其家训《庭诰》《颜氏家训》则体现了"世以儒雅为业"的家族文化传统和顺时通变的时代精神。

3. 致力于南北世族的融合

齐鲁等北方世族南迁对江南社会造成强烈的冲击，一向安富尊荣的江南世族担心其地位受到影响，对以司马睿为代表的北方世族集团采取不欢迎、不合作的态度。促进南北世族的融合，有争取他们对新政权支持、扩大和巩固东晋政治基础的意义，而融合过程中的碰撞则表现出南北不同的文化态度。如《世说新语》记载，王导初过江，"欲结援吴人"，请婚于太尉陆玩，遭到拒绝，并屡屡受到他们的轻慢。而他却豁达大度，不计小嫌，对他们忍让退避，主动交往；尊重他们的习俗，主动学习吴语。同时，王导对普通人真诚相待，反映出一种宽容大度、兼容并蓄的文化态度。

两晋之际，作为齐鲁文化载体的齐鲁世族及其士人的南迁，实为包括齐鲁文化在内的传统文化的南向播迁。这既使传统的民族文化得以保存、延续、传播，同时也促进了齐鲁、中原文化与荆楚文化的进一步交流、融合，提升了江南的人才构成，促进了江南文化的繁荣与发展，从而改变了当时江南地区的文化面貌和历史进程。

（二）圣裔南渡

北宋末年"靖康之难"中的圣裔南渡是齐鲁文化的第二次南迁。宋建炎三年（1129年）一月，孔子第48世嫡孙、衍圣公孔端友奉召南迁。举族护送镇庙之宝南迁，免遭金兵掳掠，渡江南迁的这段艰辛经历，史称"扈跸南渡"，亦称"大宗南渡"。宋高宗敕赐孔子家族庙宅于衢州。大批孔、孟、颜、曾等儒家圣贤的后世宗裔随宋室迁都临安而南迁江浙。他们无不严格履行主祀职责，身体力行孔子思想，以名士贤

达为友，奉行忠君爱国理念，支持南宋理学和书院教育。特别是衍圣公孔端友奉传家珍品迁居衢州建立孔庙，不仅形成历史上著名的孔氏"南宗"，而且由于圣裔在江南以大办教育、传播儒学为本分，形成了诸多江南圣裔文化望族，大大推动了齐鲁文化在江南的传播，为中国文化重心的南移，宋明理学的繁盛作出了贡献。

三、齐鲁文化在明清时期的发展传播

明清时期是齐鲁文化发展较快的时期。一批山东籍和长期生活在山东的思想家、文学家、艺术家、科学家和学者，为后人留下了大量的文化典籍，成为明清时期齐鲁文化的一个重要组成部分。

（一）齐鲁文化与国内其他地域文化的交流传播

明清时期山东经济较发达，交通十分方便。明清时期是中国多民族国家最终形成的时期，齐鲁文化已不仅是地域文化，早已融入明清中国文化的主流。山东地处首都北京与经济发达的江浙之间，水陆交通十分便捷，省会济南南北连接两大都城京师北京和明陪都南京，东西连接沿海重镇登州和古都开封、西安，山东运河段是自江浙入北京和自北京到江浙必经之处，南来北往的全国各阶层人士流连往返于山东各地，与山东文人及各阶层多有交往，丰富多彩的齐鲁文化也经他们之手介绍到各地；同时山东人也在与外地人士的交往中了解到各地域文化的主要特点。

明清两朝都实行了官员异地任官制度。这种人事任命上的异地交流也便于官员们了解异地文化。明清时期的官员们绝大多数都是进士出身，文化水平较高，许多官员都有自己的著作问世，他们一边在各地为官，一边将当地的风土人情、国计民生状况、文化、教育及人物等加以如实的记载，并提出个人见解。这些著作出版后都有助于人们对不同地区文化的了解和沟通，也是地域文化交流的一种重要形式。

明清时期，统治阶级为发展经济和巩固政权，曾多次推行地区性的集体移民。明初就曾两次将山西民户大规模迁至山东，也曾将山东居民迁至河北、内蒙古等地。清代，为躲避灾荒，山东半岛也有大批居民自发迁至东北，还有部分沿海地区居民迫于生计迁至朝鲜半岛及日本南部。这种移民不仅是人员的流动，而且也是一种文化的交流。这也扩大了齐鲁文化与其他地域文化及海外文化的交流。

（二）齐鲁文化与海外文化的交流传播

明清之际，许多西方传教士来到中国，带来了西方的科技与文化，同时也把中国传统文化介绍到西方。他们对中国文化介绍的重点是孔子学说。明清之际，《论语》《中庸》《大学》《孟子》及"五经"等著作先后经意大利和法国传教士之手翻译成拉丁文和法文在欧洲广泛传播开来，西方人开始了解和认识了作为齐鲁文化最重要的组成部分的儒学思想。继西欧之后，清代时孔子及其儒学思想也先后在俄罗斯和美国得以传播。由此，山东及其历史悠久的文化逐渐为西方人所认识。

由于地理上的原因，朝鲜半岛、日本列岛与山东半岛隔海相望。登州在很长一段时间是朝鲜使节到北京的必经之地，商人、文士及各阶层人士往来不断。明清时期山东半岛与日本交流频繁，日本使节、商人来到中国虽然多由宁波登陆，但他们常注意收集中国文化典籍。除了孔子及其儒学思想向朝鲜、日本传播并形成巨大影响以外，明清时期山东籍其他名人如戚继光、李攀龙、李开先、王世祯、蒲松龄等的著作也流传到日本、朝鲜，并深为当地知识阶层所喜爱，如戚继光的著作《纪效新书》在日本曾多次印行，流传遍布日本各地。

知识链接 2-5　　　　　　　　闯　关　东

图 2-6　闯关东

有史以来山海关以内地区的民众出关谋生，皆可谓之"闯关东"。山海关城东门，界定着关外和中原大地，从清朝到中华民国数百年间，背井离乡的山东等关内人开始兴起了闯关东（图 2-6）。清入关实行民族等级与隔离制度，严禁汉人进入东北"龙兴之地"垦殖——颁布禁关令。1897 年全部开禁，山海关大门敞开，流民潮涌，汹涌澎湃。人是文化、信息的载体，人的流动实际上就是文化的流动。数百年间，数以千万计的山东人移居东北地区。这在文化上实系齐鲁民风、民俗的一次大转移、大传播。如此众多的山东人移居东北地区的山山水水，不仅带去先进的生产技术，改造了当地落后的游猎生产方式，而且将山东人崇礼尚义的圣地品格和吃苦耐劳、勇于进取的精神风貌与传统习俗带到东北，移风易俗，提升了当地的社会发展和多元文化发展水平。

小　结

　　本章从历史本身的事实出发，理清了齐鲁文化发生、发展的脉络，在中华文明发轫的春秋战国时代，齐鲁大地上的鲁国、齐国先后成为全国的文化中心，并相互融合，成为一个文化实体，以其丰富的内容、完整的体系、极大的包容性、适时的先进性、强有力的凝聚性和顽强、坚韧的生命力，集中体现了我们的民族精神，奠定了中华传统文化的基础。

自　测　题

一、填空题

　　1. 齐国的都城是_____，鲁国都城是_____。

　　2. 齐国文化圈的形成是伴随着_____的霸业的形成而形成的。

　　3. 齐国威、宣之际，_____学宫成为一个文化中心，在儒学中卓有影响的孟子和荀子都曾来到这里。

　　4. 泰山封禅是一种独特的文化现象，以祭_____的形式来神化帝王，以树立帝王的威信。

　　5. 汉武帝时期，董仲舒提出"_____"，使汉代的文化政策发生了历史性转变。

　　6. 文化圣地的内涵是：_____、_____、_____。

二、选择题

　　1. 齐国的第一代国君是（　　　）

A. 伯禽   B. 周公旦   C.《汉书·艺文志》 D.《通览》

2. 我国儒家学派的创始人是（　　　）   5. "百家争鸣"的中心在（　　　）。

C. 姜尚   D. 管仲

A. 孔子   B. 孟子   A. 鲁国   B. 齐国

C. 荀子   D. 董仲舒   C. 秦国   D. 楚国

3. 汉初，产生于战国齐地的（　　　）   6.（　　　）的成书说明了齐鲁文化已

曾推向全国，一度成为统治思想。   经进入了秦国的政治文化领域。

A. 黄老之学   B. 齐法学   A.《战国策》   B.《史记》

C. 儒学   D. 墨学   C.《吕氏春秋》   D.《孟子》

4.（　　　）将儒、墨两家并称"显学"，   三、简答题

是当时影响最大的学派。   1. 为什么说"周礼尽在鲁"？

A.《韩非子·显学》 B.《管子》   2. 简述文化圣地的作用。

     3. 简述齐鲁文化在秦汉以来的传播。

🔺 实践教学设计

【实践题目】

参观曲阜"三孔"

【实践类型】

参观

【实践目标】

参观"三孔"，实地考察历代纪念孔子，推崇儒学的表征，加深学生对齐鲁文化圣地的理解。

【实践方案】

时间：一天

地点：曲阜

流程：

一、预热。参观前教师讲解与"三孔"相关的知识。

二、参观。请导游讲解，同学们记录重点信息，如景区允许可拍照或摄像。

三、撰写观后感，提交。

四、教师点评。课上讨论交流后，做总结。

【实践结果】

观后感

【实践评价】

教师根据学生的参观表现及观后感的撰写情况给予评价。

得分表

（每5分一个档次）

项目	标准	满分	得分
参观情况	态度认真，遵守秩序	40	
观后感撰写情况	结构完整，感情饱满，内容丰富，夹叙夹议，图文并茂	60	
总分	以上各项得分相加	100	

第 3 章

孔 孟 儒 学

齐鲁自古就是圣人之邦、礼仪之乡。这片土地孕育了博大精深的儒家思想，自产生以来的两千多年中，在很长的一段时间里都占据了中国传统社会意识形态的主导地位。我国著名的哲学家冯友兰先生，也曾把孔子比作苏格拉底，把孟子比作柏拉图。你了解孔子和孟子吗？你知道他们在历史的长河中都留下了哪些令人赞叹不已的思想吗？现在，就让我们一起来领略儒家思想的灿烂光辉吧！

儒家文化是我国重要的文化瑰宝，从先秦时期发展到今天，始终与社会现实紧密结合。孔子、孟子等一代儒学大师的思想直到今天仍然闪烁着熠熠光辉，其中很多内容对今天的社会发展仍具有丰富而深远的借鉴意义。孔子的"仁""礼"思想，孟子的"浩然之气"与"天人合一"都蕴含着深刻的人本思想，为新时代建设道路自信、理论自信、制度自信和文化自信提供着中国养分，同时，对于传播中国文化、提高我国国际形象也有重要意义。

第 1 节　孔子与儒学的创立

导学 3-1

孔子是世界上公认的教育家和思想家，被后人看为"万世师表"，被联合国教科文组织评为"世界十大文化名人"，并名列第一。他的思想学说对中国社会的形成、发展起到了重大而又积极的推动作用，影响了中国 2000 多年的历史进程。孔子思想已成为中华文化和中华民族精神的重要组成部分，而且得到了国际社会越来越广泛的认可和接受。

1982 年 8 月 27 日，为纪念孔子诞辰 2533 周年，美国各界人士在旧金山举行祭孔大典，时任美国总统的里根先生致函说："孔子的高贵行谊与伟大的伦理道德思想不仅影响了他的国人，也影响了全人类。孔子的学说世代相传，为全世界人民提示了丰富的为人处世原则。"1988 年 1 月，75 位诺贝尔奖获得者在巴黎聚会，诺贝尔物理学奖得主、瑞典科学家汉内斯·阿尔文博士指出："人类要生存下去，就必须回到 25 个世纪之前，去汲取孔子的智慧。"孔子的影响力由此可见一斑，无论是在国内还是国外，都展现出他独特的魅力。

问题： 1. 什么是儒学？它是在什么样的背景下产生的？
　　　　2. 儒学的核心价值是什么？它经历了怎样的变迁？

一、儒学的含义

儒学是"以德为体，以人为本，以和为贵"而集道德、伦理、政治为一体的道德人文主义哲学，其根本精神就是道德人文精神。在儒家看来，人之所以为人，是因为人是有道德的。人生的根本意义和价值，就体现在对理想道德境界与完善人格的不懈追求之中，所以儒学所追求的，首先在于确立道德理性。但儒学的道德理性并不是脱离社会实践的道德空想，而是对人的价值的根本性肯定，是一种"以德为体，以人为本"的道德人文主义。

儒学的根本精神决定了儒学的基本特性，即其道德理性、人文性、整体性、实用性和开放性。

所谓道德理性，就是确立道德的主体性地位，人生与社会的终极理想以道德为依归。这是儒学最根本的特性。所谓人文性，就是强调以人为本，以解决社会民生问题为根本任务，关怀人的生死存亡。孔子"修己以安百姓"的君子理想，孟子"穷则独善其身，达者兼济天下"以及"富贵不能淫，贫贱不能移，威武不能屈"的"大丈夫"精神，荀子"权力不能倾也，群众不能移也，天下不能荡也"的君子德操，都体现了儒学的人文性。所谓整体性，就是以整体宏观地把握自然、社会、人生特色。如"天人合一，民胞物与""万物一体""知行合一"等观念，都是儒学整体性思维的表现。所谓实用性，表现为儒家"内圣外王，经世致用"的传统。儒学要求将道德修养落实到安定民生、治国平天下的政治实践之中，而不是空谈道德。所谓开放性，表现为重视兼容和谐与开放变革。儒家认为社会是不断进步的，文明与物质的关系是辩证的，"文质彬彬，然后君子"。《大学》所引"苟日新，日日新，又日新"的名句，正是一种开放的、发展的历史观。

二、儒学的创立及其产生背景

（一）儒学的创立

儒家思想是中国文明史经历了夏、商、周近 1700 年之后，由春秋末期思想家孔子所创立。孔子创立的儒家学说在总结、概括和继承夏、商、周三代尊尊亲亲传统文化的基础上形成的一个完整的思想体系。

作为华夏固有价值系统的一种表现的儒家，并非通常意义上的学术或学派。一般来说，特别是先秦时，虽然儒家是最有影响的学派，但也只是诸子之一，与其他诸子地位一样，本无所谓主从关系。儒家在秦始皇"焚书坑儒"时受到重创，在汉武帝实施"罢黜百家，独尊儒术"的思想钳制后兴起。

（二）儒学产生背景

东周时期，中国社会处于划时代的历史变革中，周王室衰微，诸侯坐大，维护封建宗法等级制度的"周礼"遭到极大破坏，诸侯争霸，社会处于动荡之中。这时候代表各阶级利益的知识分子异常活跃，成为一支重要的社会力量，他们纷纷登上历史舞台，著书立说，提出解决社会现实问题的办法，形成了诸子百家争鸣的繁荣局面。其中影响最大的是儒家、法家、道家、墨家，他们各自为新兴的地主阶级设计了一套结束割据、实现统一的治国方案，为秦汉以后的社会选择治国思想奠定了基础。

孔子所处的春秋时代，社会内部不可调和的矛盾引起的深重危机，摇撼了传统文化的权威性，对传统文化的怀疑与批判精神与日俱增，就连"祖述尧舜，宪章文武"的孔子也不能不把当时所处的时代精神注入自己的思想体系中，并对传统文化加以适当的改造，以便在社会实践中建立一种新的和谐秩序和心理平衡（图 3-1）。这种情况到了大变革的战国时代显得尤为突出，因为人们在崩塌的旧世界废墟上已经依稀看到了冲破旧尊卑等级束缚的新时代的曙光。

图 3-1　孔子讲学图

未来究竟是个什么样的社会模式，就成了举世关注的大问题，并在思想界引起了一场百家争鸣式的大辩论。当时代表社会各个阶级、阶层利益的诸子百家，纷纷提出各自的主张，其中一个最主要的争论焦点就是如何对待传统文化的问题。围绕这个问题而进行的思想交锋，儒、法两大思想流派最有代表性。他们旗鼓相当，针锋相对，英者云集，皆为显学。另外还有墨家、道家、阴阳家、兵家等学派，可谓学派林立，学术与言论的开明为儒家思想的形成创造了条件。

三、儒学的兴起

（一）儒学思想兴起

秦朝以法家思想为政权的统治思想，而汉朝在汉武帝之前以道家黄老学派思想作为正统思想。秦始皇焚书坑儒后，加之汉字尚处于雏形，不具备准确表达的功能，正统的儒家思想已基本消失。

董仲舒提出"春秋大一统"和"罢黜百家，独尊儒术"，强调以儒家思想为国家的哲学根本，杜绝其他思想体系。汉武帝采纳了他的主张。从此儒学成为正统思想，研究四书五经的经学也成为显学。此时，孔子已死三百多年。

在汉代的儒家思想普及过程中，很多社会问题得到解决。儒家思想倾向于施用仁政管理国家，政治家们以此为根据，限制土地过分集中，建立完善的道德体系。提出了包括"限民名田，以澹不足""三纲五常"等政策。

西汉武帝（图 3-2）在位时期封建国家十分强盛，这给封建统治稳定创立了前提。为维护大一统的局面，必须建立与之相适应的思想体系。董仲舒吸收了道家、法家等有利于君主统治的成分，对儒学进行了改造，增加了"君权神授"和大一统的思想，这在客观上有利于封建中央集权的加强，也利于社会的稳定和儒家思想的巩固，从此儒家思想逐渐成为封建社会占统治地位的正统思想。纵观历史，两千多年来儒家之所以能独领风骚，一方面是因其思想内核即哲学上的天人观念、伦理上以"仁"为核心的"三纲五常"、政治上的大一统主张，在根本上都有适应封建专制统治需要的因素。另一方面是因为儒家具有强烈的社会责任感，能够随时代需要的变化而不断改变面目。

图 3-2　汉武帝

先秦儒家没有为当时的统治者所接受甚至还遭到了秦始皇毁灭性的打击，这是由先秦儒家初创时自身的理论缺陷导致的。先秦儒学的内容体系充满着浓重的、温柔淳朴的伦理亲情色彩，显得"迂远而阔于事情"。譬如，孔子的"仁学"，目的在于通过"正名"，"恢复"已一去不复返的"周礼"所代表的时代，所以孔子的思想不会为新兴地主势力所青睐。

　　孟子的"仁政"说，虽已转到新兴地主势力的立场上，但其"仁政"说是建立在"民为贵""君为轻"的基础上的，过分突出了小农利益，因而也不会得到统治者的赞赏。历史发展到汉武帝时期，封建国家强盛，儒学随之有了恢复生机的条件。

　　儒家提倡德政、礼治和人治，强调道德感化；法家提倡"一断于法"，实行法治，强调暴力统治；道家提倡顺乎自然，"无为而治"，三者具有很大的互补性。经过秦、西汉初年的治国实践从正反两个方面证明：在动荡年代，军阀割据，难以用儒家路线实行全国大一统，而法家路线却能收到这样的效果；在动荡结束之初，人口凋敝，生产破坏，应该实行道家无为政治，与民休息，以恢复和发展生产；当国家稳定，走上正常运行轨道之后，不能再实行严刑峻法的暴力统治，而以儒家路线为宜。三者之间表现出了互相融合的趋势。

　　到了汉武帝时期，董仲舒以儒家路线为基础，以法家路线为辅助，兼采道家的合理思想，奠定了中国封建社会统治思想的基本格局。从此以后，以儒家伦理道德为中心，以法家的严刑峻法为辅助，以道家权术政治为手段的治国模式基本上符合中国古代的国情，成为历代统治阶级奉行不变的治国圭臬。

　　建元五年（公元前136年），汉武帝设置儒学五经博士，同时罢免其他诸子博士，把儒学以外的百家之学排斥出官学，史称"抑黜百家，表彰六经"。元朔五年（公元前124年），汉武帝下诏批准董仲舒、公孙弘建议，在长安兴办太学，用儒家经书教育青年子弟，从此儒学成为官办学校的主体内容。汉武帝改造选官制度，规定博士弟子成绩优异者可任为郎官，吏有通一艺者可选拔担任重要职务，还打破常规起用布衣儒生公孙弘为丞相。这样随着儒学地位的上升，封建政治与儒学密切结合起来，西汉皇帝诏令和廷议中多称引儒家理论，司法过程中以《春秋》义例决狱。汉武帝时遵循儒家思想，举行封禅、改正朔、修郊祀、定历数等重大礼制活动，初步形成儒家政治的历史传统。当时儒道两家学派有个明显的共同趋势就是道家往下层社会发展成民间道教；而儒家则在上层社会发展成了庙堂儒教。

　　汉武帝这一政策与秦代有很大不同，官学独尊后其他思想学派并未被禁止，所提倡的儒学本身也广泛吸收了法家、阴阳家等各家学说，统一的思想带有一定的综合倾向，因而获得了成功。儒家兴学，把教育、考试与选官结合起来，是武帝的创造，在客观上促成了重视知识、重视教育的社会风尚，儒家思想逐渐渗透到社会各方面，形成了中国传统文化的基本范式。

　　（二）儒学的核心价值

　　自从孔子奠定儒学的理论基础、创立儒家学派以来，经过历代儒者的阐明与发展，形成了一整套儒学价值观的观念体系。

　　《论语》所载，孔子提出了20多个价值范畴，如：仁、义、礼、知、圣、孝、悌、忠、信、中、和、恭、敬、宽、敏、惠、温、良、俭、让、勇等，其中讲得最多的就是"仁"和"礼"。在孔子思想体系中，仁与礼为里表关系。仁是礼的内在依据，而礼是仁得以实现的外在形式。孔子说："克己复礼为仁"，即克制个人的欲望，使自己的一切言行都符合礼的规范，也就达到了仁的境界。仁表现为内在的道德自觉，而礼表现为外在的制度规范，是仁的外显形式及实现仁的手段。所以，我们可将孔子的核心价值观概括为"仁本礼用"。孟子继承了孔子、子思的仁学思想并有所发展，其核心价值观念是"仁义礼智"四端之心,认为"仁义礼智根于心"。荀子主张"隆礼尊贤而王,重法爱民而霸",其核心价值观可以概括为"王霸兼用,礼法共治"。介于孟子和荀子之间的稷下儒家则提出了"礼、义、廉、耻,国之四维"的核心价值观。

西汉时期,以董仲舒为代表的汉儒提出了"三纲五常"论述。"三纲"即"君为臣纲,父为子纲,夫为妇纲","五常"指的是"仁、义、礼、智、信五常之道"。到了东汉将"三纲五常"模式化,于是"三纲五常"成为贯穿整个封建社会的儒家核心价值观。

第2节　孔孟思想的核心

导学 3-2

《论语》中记载了这样一则故事,"厩焚,子退朝,曰'伤人乎',不问马。"说的是孔子的马厩失火了,他退朝回家,问道:"伤人了吗?"而不问马的情况怎么样。

马在当时是贵族重要的交通工具和珍贵财产,负责管理和饲养马匹的人却是地位低下的人员。孔子在马厩失火后,没有第一时间询问马匹的情况,而是关心人,这在当时是极为难能可贵的,更体现出孔子思想中"仁"的一面。

不仅在日常生活中,在治国理政当中孔子也十分注重"仁"的思想,现在,让我们一起看一看孔子和孟子的思想吧!

问题: 1. 孔子提出了什么样的思想观点?
　　　　2. 孟子提出了怎样的思想?

一、孔 孟 其 人

在儒家的传统中,孔孟总是形影相随,既有大成至圣,也有亚圣。既有《论语》,也有《孟子》。孔曰"成仁",孟曰"取义",他们的宗旨也始终相配合。《史记》说:"孟子序诗书,述仲尼之意。"今人冯友兰,也把孔子比作苏格拉底,把孟子比作柏拉图。

图3-3　孔子

(一) 孔子其人

孔子(公元前551~公元前479年),名丘,字仲尼,春秋末期鲁国陬邑(今山东省曲阜市南辛镇)人。春秋末期著名的思想家、教育家,是中华文化思想的集大成者,儒家学派的创始人,开创了私人讲学的先河(图3-3)。

孔子被誉为"天纵之圣""天之木铎",是当时社会最博学者之一,被后世统治者尊为孔圣人、至圣、至圣先师、万世师表、文宣王,是"世界十大文化名人"之首。

相传他有弟子三千,贤弟子七十二人,曾带领部分弟子周游列国。修订《诗》《书》《礼》《乐》,为《周易》中《经》作《十翼》,修《春秋》。孔子去世后,其弟子及其再传弟子把孔子及其弟子的言行语录和思想记录下来,整理编成著名的儒家学派经典《论语》。其儒家思想对中国和世界都有深远的影响。

国家"夏商周断代工程""中华文明探源工程"首席科学家、专家组组长李学勤先生指出：孔子不仅开创了儒学，也确实开创了易学。

（二）孟子其人

图 3-4　孟子

孟子（公元前 372～公元前 289 年），名轲，字子舆，鲁国邹（今山东省邹城市）人，相传他是鲁国姬姓贵族公子庆父的后裔，父名激，母仉氏。孟子是中国战国时期伟大的思想家、教育家，儒家学派的代表人物。加封为"亚圣公"，被后世尊称为亚圣（图 3-4）。

政治上，孟子主张法先王、行仁政；学说上，他推崇孔子，反对杨朱、墨翟。孟子继承并发展了孔子的思想，但较之孔子的思想，他又加入自己对儒术的理解，有些思想也较为偏激。他提倡仁政，提出"民贵君轻"的民本思想，游历于齐、宋、滕、魏、鲁等诸国，希望追随孔子推行自己的政治主张，前后历时二十多年。但孟子的仁政学说被认为是"迂远而阔于事情"，而没有得到实行。最后他退居讲学，和他的学生一起，"序《诗》《书》，述仲尼（即孔子）之意，作《孟子》七篇"。孟子弟子及再传弟子将其言行记录成《孟子》一书，属语录体散文集，是孟子的言论汇编，由孟子及其弟子共同编写完成。

二、孔子"仁""礼"的伦理核心思想

"仁"的主张是"仁者爱人"。孔子认为，要实现"爱人"，还要遵循"忠恕"之道，就是"己所不欲，勿施于人"的要求。"礼"的主张是"克己复礼"，就是说要克制自己，使自己符合"礼"的要求。孔子还进一步提出了"正名"的主张，这体现了他政治思想保守的一面。

（一）孔子"仁"的思想

孔子对"仁"的解释是多方面、多角度的。《中庸》引孔子曰："仁者，人也。"《论语·颜渊》曰："樊迟问仁，子曰爱人"。孔子还提出："夫仁者，己欲立而立人，己欲达而达人"；"克己复礼为仁"；"如有王者，必世而后仁"；"能行五者（恭、宽、信、敏、惠）于天下，为仁矣"；"仁者先难而后获，可谓仁矣"；"刚毅、木讷近仁"；"孝弟也者，其为仁之本与！"可见，"仁"的含义十分广泛，但最主要、最核心的含义是"爱人"，以及同"礼"紧密联系在一起的社会道德规范。

孔子第一次明确提出了人之所以为人的根本标准，就是人要有爱心，要爱人，要关心人、尊重人，将对人的关爱和尊重提高到道德本体论的高度予以关注，这为以后儒家思想的发展奠定了深厚的人文基础。

首先，仁是广泛的爱。孔子在回答子张问仁时说："能行五者于天下，为仁矣。"（《论语·阳货》）"五者"指恭、宽、信、敏、惠。他解释说："恭则不悔，宽则得众，信则人任焉，敏则有功，惠则足以使人。"子贡问："如有博施于民而能济众，何如？可谓仁乎？"他指出，那岂止是仁！一定是连尧舜都颇难做到的圣！此外，他还大力提倡和宣传"泛爱众而亲仁"。孔子之仁并不局限于亲人之爱，孔子所言"仁者爱人"应

该指爱所有的人，即所谓"泛爱众"。爱亲人、众人，这是孔子仁之主旨。

其次，仁是理性的爱。孔子"一以贯之"的忠恕之道就是其"仁"的理性内涵。孔子认为爱人要从大处、高处着眼，推己及人，做到"己欲立而立人，己欲达而达人""己所不欲，勿施于人"，这就要求把别人看成是同自己一样的平等的人，将心比心，把人最天然本质的血缘亲情之爱由己及人、由亲及疏、由近及远，最终及于全社会。这是仁爱精神的理性推演。

（二）孔子"礼"的思想

孔子十分重视礼，认为对一般人来说，"不学礼，无以立"（《论语·季氏》）；对统治者来说，"上好礼，则民易使"（《论语·宪问》），"上好礼，则民莫敢不敬"（《论语·子路》）。因此，孔子主张"克己复礼"，要求人们"非礼勿视，非礼勿听，非礼勿言，非礼勿动"（《论语·颜渊》）。

知识链接 3-1

1. 子曰："君子博学于文，约之以礼，亦可以弗畔矣夫。"（《论语·颜渊》）

2. 子曰："以约失之者鲜矣。"（《论语·里仁》）

3. 林放问礼之本。子曰："大哉问！礼，与其奢也，宁俭；丧，与其易也，宁戚。"（《论语·八佾》）

4. 子入太庙，每事问。或曰："孰谓鄹（zōu）人之子知礼乎？入太庙，每事问。"子闻之，曰："是礼也。"（《论语·八佾》）

1. 克己复礼

孔子生活的春秋时期，被他认定为出现了"礼崩乐坏"现象，人们之所以不照礼行事，因为人们都愿意满足自己的欲求，照着自己的欲求行事，所以复礼必须"克己"。"克"就是战胜的意思，"克己"就是要用"礼"战胜自己的欲求，能"克己"自然就复礼了。

2. "正名"理论

孔子认为，正名是为了确定各人与其名分相符的思想和行为，正名就是使名实相符，所以说"名之必可行也，言之必可行也"。如果礼治制度遭到破坏，"名不正"，就会使"礼乐不兴"，进而造成"民无所措手足"。

3. "中"的理论

"允执其中"（《论语·尧曰》），这个"其"就是"两端"，就是要确确实实地抓住"两端"的"中"，不可"过"，也不可"不及"。孔子又说："吾有知乎哉？无知也。有鄙夫问于我，空空如也，我叩其两端而竭焉"（《论语·子罕》）。意思是说：我有知识吗？没有啊。有一个庄稼汉问我，我本是一点也不知道的；我从他那个问题的首尾去盘问，才得到很多意思，然后尽量去告诉他。孔子所说的"中"，就是要保持动态中的平衡点，不使发生极端化。

三、孟子的"浩然之气"和"天人合一"的境界追求

孟子作为继孔子之后儒家的杰出代表人物，面对战国时代七雄割据争霸天下的

动荡不安和道、墨两家激烈的学术竞争,在继承孔子和稷下黄老学派学说的基础上形成了其独特的伦理道德气论思想——"浩然之气"说。孟子该观点的提出,既指明了一条前所未有的道德意识修养之路,也在中华文明史上树立了一个无比崇高的伟大精神目标,供炎黄子孙世代瞻仰效仿。

(一)孟子的"浩然之气"思想

1."浩然之气"的思想内涵

孟子关于浩然之气的论述主要集中在《孟子·公孙丑章句上》。书中记载:"难言也。其为气也,至大至刚,以直养而无害,则塞于天地之间。其为气也,配义与道。无是,馁也。是集义所生者,非义袭而取之也。形有不慊于心,则馁矣。""夫志,气之帅也;气,体之充也,夫志至焉,气次焉;故曰:持其志,无暴其气。"由此可以认为,孟子的"浩然之气"的内容是指人的道德意识所表现出来的一种伟大的精神气象,无形又不可见。其内容要为"义与道"所支配,需要坚持不懈、持之以恒地修养才能达到"塞于天地之间"的程度与境界。

2."浩然之气"的实践追求

孟子将人的心性修养分为发现良知和扩充良知两个阶段。这两个阶段的进行也就是养"浩然之气"的过程。孟子养"浩然之气"的最终目标是为了实现"万物皆备于我"的"大丈夫"的境界——富贵不能淫,贫贱不能移,威武不能屈。只有达到这种精神境界才能坚韧不拔、自强不息,才能临渊不惊、临危不惧,才能手挥五弦、目送归鸿,才能不以物喜、不以己悲,才能箪食瓢饮、不改其乐。

(二)孟子的"天人合一"思想

孟子天人合一思想主要谈的是道德境界问题,是成就道德达到人生最高层面后,一种与天地合并为一的精神感受,我们今天通常所说的天地境界、天人合一其实就是对道德最高境界的一种特殊表示。

1."天人合一"的思想内涵

"尽其心者,知其性也。知其性,则知天矣。"孟子从心、性、天逐渐递进,通过反推之方式,逐步达到知天的境界。孟子为什么要从"心"开始呢,因为人心是天所赋予的。"心之官则思,思则得之,不思则不得也。此天之所与我者。"孟子认为心是天所赋予的,人的心不仅仅是一个生理的东西,心还具有认知、思维的功能。"天命之谓性,率性之谓道,修道之谓教",性从哪儿来呢,孟子认为,人之性来源于天,是天的大化流行,或者说是宇宙生命的大化流行。孟子认为,人性是善的,因为天道是真实无妄的,是至善的表现。那么作为人禀赋了天道的至善品德,所以,人性天生也就是善的。孟子是站在天道至善的角度来说人性是善的,或者换句话说,孟子是从人之所以为人的角度来谈人之为善的。

2."天人合一"的实践追求

"万物皆备于我矣。反身而诚,乐莫大焉。"孟子"万物皆备于我"的思想反映了一种物我的关系,这也是天人关系一种表现。这里,孟子所说的万物,不是指一个个具体存在的事物,这个万物应该理解为万物的事理,这个事理就是天道或者天理。我,也不是指具体的单的我,而是指人类自身。这是相对于万物来说的人类自身,是物我关系的表述。"万物皆备于我"意思为万事万物之理已经由天赋予了我自身,在我自身的性分之内完全具备了，我自身就具备了万物之理。这是因为我自身的心所包含的，我自身的心是天道所赋予的，也就赋予了天道所具有的万事万物之理。当然，这个理就是性理，是天理在人心的表现。孟子的这种天人合一呈现的物我关系是一种生态思想，但孟子所处的时代，他所考虑的主要焦点不是生态，而是当时人们的思想道德，是在礼崩乐坏的混乱时代，为其社会重建道德伦理秩序。在轻名利重节操、反战争求和平、兴学堂去愚昧等诸多方面孔孟都有相同理念。

第3节　儒学的发展与影响

导学 3-3

　　国际儒学联合会（英文名：International Confucian Association，简称：ICA）是由中国、韩国、日本、美国、德国、新加坡、越南等国家和中国香港、中国台湾地区与儒学研究有关的学术团体共同发起，于 1994 年 10 月 5 日在中国北京正式宣告成立；1995 年 7 月在中国民政部注册登记，是具有法人地位的国际性学术团体。联合会永久会址设在中国北京。其建设宗旨是研究儒学思想，继承儒学菁华，发扬儒学精神，以促进人类之自由平等、和平发展与繁荣。

问题： 1. 儒学的当代意义是什么？

　　　　2. 儒家思想仅仅在国内有影响吗？

一、儒学的当代意义及思想作用

　　儒学的核心价值对于当代治国理政有什么具体的启示意义呢？可以从以下三个方面去理解：

（一）儒学治国理政的思想资源对当代政治的启示意义

　　"以德治国"是历代儒家所提倡的政治理想，其基本含义有三：一是正己正人；二是修德爱民；三是推行仁政、普及德教。传统儒家的"德治"与"礼治"融为一体、相辅相成。当今时代虽然是提倡民主、法治的新时代。但传统儒学的"德治"思想并没有过时。正如孟子所说："徒善不足以为政，徒法不能以自行。"（《孟子·离娄上》）理想的德法关系是"德本法用"，即德治为本，法治为用，二者相辅相成，缺一不可。特别是孔子的"为政以德""导之以德，齐之以礼"思想、荀子的"王霸兼用，礼法共治"思想、董仲舒的"德主刑辅"思想在当代治国理政的实践中仍然具有指导作用。

（二）儒学的廉政文化资源可以作为当代反腐倡廉的借鉴

　　孔子与历代大儒，都是廉政理论的倡导者与践行者。孔子"政者正也"一语，是千古不易的真理。其"修己以安百姓""礼，与其奢也宁俭"等主张，就包含了丰富的廉政思想。《管子·牧民》以礼、义、廉、耻为国之"四维"。中国从改革开放以后，经济高速发展，社会长足进步，人民安居乐业。然而，依然存在着腐败现象，反腐倡廉是当务之急。儒家丰富的廉政思想资源可为当代廉政文化的实践提供重要的启示和借鉴。例如勤政爱民、鞠躬尽瘁、廉洁奉公、淡泊明志、任劳任怨、慎独自律、以身作则、实事疾妄、刚正不阿、严惩贪官、设立言官等思想与制度，都值得继承与发扬。

（三）儒家生态观对当代生态文明建设的借鉴意义

儒家生态观的基本原则是"天人合一、万物一体、和谐用中、人文化成"。在当今时代，人类追求现代化、不断开发自然资源的欲望是合情合理的，但人类必须认识到自然资源的局限性及人类对自然环境的依赖性，因此，必须顾及人类生存的整体利益和子孙后代的长远利益，采取适度开发、保护生态环境的战略与策略。儒家"万物一体，和谐用中"的生态观完全符合人类的整体利益和长远利益，应当在实践中长期坚持。

知识链接3-2　　　　　孟子对孔子的评价

《孟子·公孙丑上》说："自有生民以来，未有孔子也。"此篇主要记述孟子与其弟子公孙丑的对话，其中，他对于孔子的这一段表述，是将孔子与多位贤人包括伯夷、叔齐、伊尹等相互比较，又论述了孔子几位有名的弟子如有若、子游、子夏等与孔子的区别。最终，孟子指出，"自有生民以来，未有盛于孔子也。"孟子认为，自从有人类以来，从来没有过像孔子一样的圣人。除了孟子，孔子的弟子子贡、有子也有过类似的表述。对孔子的这一评价，是孔门弟子后学的共同认识。孟子本人表示："乃所愿，则学孔子也。"至于后世，孔庙大成殿上匾额写有"生民未有"四个字，用来昭示孔子之地位，彰显孔子之德行，表示的正是孟子所说："出乎其类，拔乎其萃，自生民以来，未有盛于孔子也。"

儒家不仅重视人与自然生态的和谐共处，更重视人文生态的改善与提高。在处理个人与国家、社会以及人际关系时，主张摆正心态，仁爱为先，与人为善，这是君子和而不同和"恕"道的真谛所在，也正体现了儒学核心价值的当代意义。

二、对东亚影响

儒家思想在东亚各国都有广泛的影响。在韩国和日本，伦理和礼仪都受到了儒家仁、义、礼等观点的影响，至今都还很明显的。在韩国，信奉各种宗教的人很多，但是在伦理道德上却以儒家为主。

1. 对朝鲜的影响

早在1世纪初，朝鲜半岛就有一些人能背诵《诗经》和《春秋》等儒家典籍，这说明儒学早已传入半岛。半岛三国时期，统治阶级非常重视儒学，把它视为维护秩序、加强王权的思想武器，采取各种措施加以引进和推广。

知识链接3-3　　　　　儒学在朝鲜成为正统文化

中国明初（1392年）李成桂建立李氏朝鲜，因袭高丽旧制，从中央到地方设置系统教育机构，官学之外各地又建立无数民间书堂，以四书五经为教材，儒学成为朝鲜李氏王朝500年的正统学术文化。

2. 对日本的影响

儒学传入日本，大约是在5世纪以前。继体天皇时期（507～531年）曾要求百济国王定期向日本派遣五经博士，传授儒家思想，于是儒家迅速发展。圣德太子制定的"冠位十二阶"和"十七条宪法"，主要体现了儒家思想，甚至所用的词汇和资料亦大多是取自儒家典籍。

知识链接 3-4　　　　　　　　儒学曾融入日本私学

明末清初日本的伊藤仁斋，立足解读儒学原著而创立日本古义学派，著《论语古义》《孟子古义》《童子问》等，在京都堀川自己家中开办私塾"古义堂"，一直坚持到明治四年，举全家之力子子孙孙延续6代，相继维系244年。在世界教育史上至为罕见。

3. 对越南的影响

13世纪与14世纪之交，越南人以汉字为素材，运用形声、会意、假借等造字方式，创制了越南民族文字，称为"字喃"。此后，中国儒家典籍大量传入越南。宋元时期，越南刊刻过不少儒家经典和汉译佛经。出现了不少明经的儒家学者。15世纪初，明成祖曾下诏，以礼敦致越南各方面人才到中国来，其中包括明经博学的儒学者。可见儒学在越南的影响之深。

知识链接 3-5　　　　　　　　越南曾独尊儒家思想

1010年（北宋大中祥符三年），李公蕴平定内乱，在越南建立李氏王朝，是为太宗。他一改过去儒佛道并尊的做法，独尊儒家思想。特别提倡忠孝。大量引入儒家经典，兴办儒学教育，首设国子监，开始实行科举取士考试。还采取儒家重农主张，筑坛祀神农。此后尽管改朝换代，历经陈朝、黎朝、阮朝，以儒治国的方略沿袭不变，甚至尊孔更加隆重。

三、对欧洲影响

中国古代文化对于世界文明的贡献，不是只有"四大发明"，以"四书五经"为代表的政治文化，对于人类近代文明也有过积极的贡献。明清之际，欧洲的耶稣会士历经千辛，沟通中西文化，把中国当时的主体文化——儒学（程朱理学），用大型风帆舰船运往17～18世纪的欧洲，在那里曾经形成过100年的中国文化热，儒家思想与意大利文艺复兴以来所形成的欧洲新思想相结合，成为欧洲近代历史发展的主导精神——启蒙思想的一个重要思想渊源。

法国启蒙运动的领袖伏尔泰是中国儒学在欧洲最有力的鼓吹者，他和他的"百科全书派"把中国儒学作为反对神权统治下欧洲君主政治的思想武器。

知识链接 3-6　　　　　　　　伏尔泰对儒学的评价

法国启蒙运动领袖伏尔泰十分推崇孔子，他曾多次对孔子进行高度的评价。他在《百科全书》"论中国"的词条中述及孔子思想时写道："我认真读过他的全部著作，并做了摘要；我在这些书里只找到最纯洁的道德，而没有丝毫江湖骗子的货色……"。在他的作品《风俗论》中又写道："中国最古老、最有权威的儒家典籍《五经》，之所以值得尊重，被公认为优于所有记述其他民族起源的书，就因为这些书中没有任何神迹、预言，甚至丝毫没有别的国家缔造者所采取的政治诈术"。

这些思想对伏尔泰的思想有重要的启蒙作用，是他反对天主教进行启蒙运动的有力武器。

经过近百年来的发展，无论东方人还是西方人都认为，中国的传统文化绝不是实现社会现代化的一种文化上的障碍、精神上的阻力。相反，在半个世纪以前就有西方人指出，以儒学为代表的中国传统文化，曾经是17～18世纪欧洲资本主义社会形成和发展的一种精神动力；今天，东亚的一些国家和地区，尤其是中国的飞速发展，向世人显示了中国的传统文化、东方文明，不是实现社会现代化的一种精神阻力，而是一种巨大的精神动源。

文化或是文明，都是人类共同劳动与智慧的结晶。人为地把文化分为东西两个对立的体系，只看各种文化之间的矛盾与冲突，不看各种文化之间的对话与交融，是在特定历史条件下，产生的一种文化偏见。这种文化偏见，已经成为人类文明走向未来的一种精神障碍。

中国古代的四大发明，曾经改变了世界的面貌；中国古代的"四书五经"也影响了西方的现代文明。

景点指南 3-1

景点	景色	地点	简介
孔府		山东曲阜	孔府本名衍圣公府，为孔子嫡长孙的衙署。汉高祖刘邦以太牢之礼祭孔子墓并封孔子九世孙世为奉祀君，代表国家祭祀孔子。后历代不断加封，至宋代封为衍圣公。明洪武十年建立独立的衍圣公府。前为官衙，后为内宅。
孔庙		山东曲阜	孔庙是我国历代封建王朝祭祀春秋时期思想家、政治家、教育家孔子的庙宇，位于曲阜城中央。它是一组具有东方建筑特色、规模宏大、气势雄伟的古代建筑群。
孔林		山东曲阜	孔林是孔子及其家族的专用墓地，也是目前世界上延时最久、面积最大的氏族墓地。孔子死后，葬鲁城北泗上。其代代从冢而葬，形成今天的孔林。从子贡为孔子庐墓植树起，孔林内古树已达万余株。

续表

景点	景色	地点	简介
孟庙		山东邹城	孟庙又称亚圣庙,是历代祭祀战国时思想家孟子之所。宋宣和三年(1121年)创建,金、元、明、清重修达38次。现存建筑为清康熙年间重建,五进院落,分东、中、西三路,有亚圣殿、启圣殿、孟母殿、致严堂等殿宇64间。
孟府		山东邹城	孟府,是孟子嫡系后裔居住的宅第。其位于济宁市邹城市孟庙西侧,庙、府仅一街之隔。孟府是国内规模宏大、保存较为完整、较为典型的官衙与内宅合一的古建筑群和封建地主庄园之一。

四、儒学经典名句

(一)道德篇

1. 德者事业之基。(《菜根谭》)
2. 积善之家必有余庆,积不善之家必有余殃。(《周易·坤》)
3. 德不孤,必有邻。(《论语·里仁》)
4. 作德,心逸日休;作伪,心劳日拙。(《尚书·周官》)
5. 富润屋,德润身,心广体胖。(《尚书·周官》)
6. 老吾老,以及人之老;幼吾幼,以及人之幼。(《孟子·梁惠王上》)
7. 爱人者,人恒爱之;敬人者,人恒敬之。(《孟子·离娄下》)
8. 克己复礼为仁。(《论语·颜渊》)
9. 先义而后利者荣,先利而后义者辱。(《荀子·荣辱》)
10. 人之有德于我也,不可忘也;吾有德于人也,不可不忘也。(《战国策·魏四》)
11. 爱而知其恶,憎而知其善。(《礼记·曲礼上》)
12. 与朋友交,言而有信。(《论语·学而》)
13. 君子以文会友,以友辅仁。(《论语·颜渊》)

(二)修养篇

1. 为世忧乐者,君子之志也;不为世忧乐者,小人之志也。(《申鉴·杂言上》)
2. 老骥伏枥,志在千里;烈士暮年,壮心不已。(《步出夏门行》)
3. 非学无以广才,非志无以成学。(《诫子书》)
4. 丈夫四方志,安可辞固穷?(《前出塞九首之九》)
5. 古之立大事者,不惟有超世之才,亦必有坚忍不拔之志。(《晁错论》)
6. 志不立,如无舵之舟,无衔之马,漂荡奔逸,终亦何所底乎?(《教条示龙场诸生·立志》)

7. 曾子曰："吾日三省吾身：为人谋而不忠乎？与朋友交而不信乎？传不习乎？"（《论语·学而》）

8. 其身正，不令而行；其身不正，虽令不从。（《论语·子路》）

9. 博学而不穷，笃行而不倦。（《礼记·儒行》）

10. 临渊羡鱼，不如退而结网。（《汉书·董仲舒传》）

11. 君子以行言，小人以舌言。（《孔子家语·颜回》）

12. 在上不骄，在下不谄，此进退之中道也。（《上龚舍人书》）

13. 美曰美，不一毫虚美；过曰过，不一毫讳过。（《治安疏》）

14. 善欲人见，不是真善；恶恐人知，便是大恶。（《治家格言》）

15. 富贵不能淫，贫贱不能移，威武不能屈，此之谓大丈夫。（《孟子·滕文公下》）

16. 君子修道立德，不为穷困而改节。（《孔子家语·在厄》）

17. 君子坦荡荡，小人长戚戚。（《论语·述而》）

（三）治学篇

1. 玉不琢，不成器；人不学，不知道。是故古之王者，建国君民，教学为先。（《礼记·学记》）

2. 青，取之于蓝而青于蓝；冰，水为之而寒于水。（《荀子·劝学》）

3. 养子不教父之过，训导不严师之惰。（《劝学文》）

4. 古之学者必有师。师者，所以传道、授业、解惑也。（《师说》）

5. 雨泽过润，万物之灭也；情爱过义，子孙之灾也。（《呻吟语·礼制》）

6. 为山九仞，功亏一篑。（《尚书·旅獒》）

7. 温故而知新，可以为师矣。（《论语·为政》）

8. 敏而好学，不耻下问。（《论语·公冶长》）

9. 子在川上，曰："逝者如斯夫！不舍昼夜。"（《论语·子罕》）

10. 人之于文学，犹玉之琢磨也。（《荀子·大略》）

11. 少壮不努力，老大徒伤悲。（《长歌行》）

12. 积财千万，无过读书。（《颜氏家训·勉学》）

13. 天下未有不学而成者也。（《中说·礼乐》）

14. 富贵比于浮云，光阴逾于尺璧。（《王子安集·原序》）

15. 知不足者好学，耻下问者自满。（《省心录》）

16. 人不可以不学，犹鱼不可以无水。（《与黄循中》）

17. 勿谓今日不学而有来日，勿谓今年不学而有来年。（《劝学文》）

18. 学无早晚，但恐始勤终惰。（《勉过子读书》）

19. 绳锯木断，水滴石穿，学道者须加力索。（《菜根谭》）

20. 三人行，必有我师焉；择其善者而从之，其不善者而改之。（《论语·述而》）

21. 仕而优则学，学而优则仕。（《论语·子张》）

22. 胆欲大而心欲小，智欲圆而行欲方。（《近思录·为学类》）

23. 它山之石，可以攻玉。（《诗·小雅·鹤鸣》）

24. 博学之，审问之，慎思之，明辨之，笃行之。（《礼记·中庸》）

25. 知之为知之，不知为不知，是知也。（《论语·为政》）

26. 学而不思则罔，思而不学则殆。(《论语·为政》)

27. 锲而舍之，朽木不折；锲而不舍，金石可镂。(《荀子·劝学》)

28. 旧书不厌百回读，熟读深思子自知。(《送安敦秀才失解西归》)

29. 问与学，相辅而行者也，非学无以致疑，非问无以广识。(《孟涂文集·问说》)

（四）艺术篇

1. 诗言志，歌永言。(《尚书·舜典》)

2. 不学《诗》，无以言。(《论语·季氏》)

3. 万卷山积，一篇吟成。(《续诗品·博习》)

4. 词以境界为最上，有境界则自成高格，自有名句。(《人间词话》)

5. 文章，经国之大业，不朽之盛事。(《典论·论文》)

6. 所谓诗，所谓文，实国事、世事、家事、身事、心事系焉。(《心史总后叙》)

7. 道者文之根本，文者道之枝叶。(《朱子语类》)

8. 观其文可以知其人。(《读书》)

9. 兴于诗，立于礼，成于乐。(《论语·泰伯》)

（五）哲学篇

1. 同声相应，同气相求。(《周易·乾》)

2. 天地合而万物生，阴阳接而变化起。(《荀子·论礼》)

3. 天有其时，地有其财，人有其治。(《荀子·天论》)

4. 天道之常，一阴一阳。阳者，天之德也；阴者，天之刑也。(《春秋繁露·阴阳义》)

5. 进有退之义，存有亡之机，得有丧之理。(《贞观政要·征伐》)

6. 贫生于富，弱生于强，乱生于治，危生于安。(《潜夫论·浮侈》)

7. 物极则反。(《周易·乾》)

8. 无小而不大，无边而不中。(《释迦如来成道记》)

9. 天下之事，不进则退，无一定之理。(《近思录·治体类》)

10. 人无远虑，必有近忧。(《论语·卫灵公》)

11. 愚人千虑，必有一得。(《晏子春秋·内篇杂下第十八》)

12. 公生明，偏生暗。(《荀子·不苟》)

13. 坐井而观天，曰天小者，非天小也。(《原道》)

14. 有名而无实，则其名不行；有实而无名，则其实不长。(《策别·安万民》)

（六）母爱篇

1. 慈母爱子，非为报也。(《淮南子》)

2. 十月胎恩重，三生报答轻。(《劝孝歌》)

3. 一尺三寸婴，十又八载功。(《劝孝歌》)

4. 尊前慈母在，浪子不觉寒。(《劝孝歌》)

5. 万爱千恩百苦，疼我孰知父母？(《小儿语》)

6. 白头老母遮门啼，挽断衫袖留不止。(《谁氏子》)

7. 母仪垂则辉形管，婺宿沉芒寂夜台。(《格言集锦》)

8. 慈母手中线，游子身上衣。临行密密缝，意恐迟迟归。谁言寸草心，报得三春晖。(《游子吟》)

9. 昔孟母，择邻处。子不学，断机杼。(《三字经》)

小　结

本章着重阐释了儒学的含义、儒学的创立及产生，介绍了孔子孟子及其思想和现实意义。通过本章的学习，能够了解孔孟生平及其思想，并能够体会儒家文化的源远流长，明确儒学的历史价值和对当今社会以及世界的影响。

自 测 题

一、填空题

1. 孔子的出生地是_____。

2. 董仲舒为适应西汉中央集权的政治发展，提出了_____。

3. 东周时期出现百家争鸣的局面，其中影响最大的学派是墨家、道家、_____、法家。

4. 反映孟子思想学说的著作是_____。

5. 孔子思想体系的核心是_____。

6. 著名哲学家冯友兰，曾将_____比作苏格拉底，将_____比作柏拉图。

二、选择题

1. 下面哪个人物不是儒家学说的代表人物? (　　)

A. 孟子　　　　　B. 孔子
C. 董仲舒　　　　D. 老子

2. 《论语》反映的是哪位思想家的思想? (　　)

A. 孟子　　　　　B. 韩愈
C. 墨翟　　　　　D. 孔子

3. 下列哪部作品不属于儒家思想? (　　)

A.《春秋繁露》　　B.《商君书》
C.《论语》　　　　D.《孟子》

4. "孟母三迁"是反映哪位思想家幼时经历的故事? (　　)

A. 庄子　　　　　B. 孟子
C. 孔子　　　　　D. 老子

5. "己所不欲，勿施于人"是哪位思想家的名言? (　　)

A. 孔子　　　　　B. 孟子
C. 荀子　　　　　D. 墨子

三、简答题

1. 简述儒学的基本特性。

2. 简述孔子"礼"的思想。

3. 简述儒学的当代意义。

实践教学设计

【实践题目】

参观曲阜孔府、孔庙、孔林，邹城孟庙、孟府

【实践类型】

现场教学

【实践目标】

通过参观曲阜孔府、孔庙、孔林、孔子研究院，邹城孟庙、孟府，进行现场教学，

加深对孔子、孟子生平认识，加深对孔孟思想内涵的理解与把握。

【实践方案】

时间：两天

地点：曲阜、邹城

流程：

一、预热。参观前由老师或导游讲解相关的知识。

二、参观。由老师或导游现场讲解，学生通过拍照或记录方式铭记相关
信息。

三、撰写并提交观后感。

四、教师点评。课上讨论交流后，分享心得感受。

【实践结果】

观后感

【实践评价】

教师根据学生的参观表现及观后感的撰写情况给予评价。

得分表

（每5分一个档次）

项目	标准	满分	得分
参观情况	全程态度认真，听从指挥	40	
观后感撰写情况	结构完整，认识到位，感情饱满，夹叙夹议，图文并茂	60	
总分	以上各项得分相加	100	

第 4 章

齐 鲁 兵 学

齐鲁大地人杰地灵，不仅诞生了博大恢弘的孔孟儒学，而且孕育了璀璨夺目的兵学文化。你知道齐鲁大地上有哪些著名的兵学家吗？你知道齐鲁大地出现过哪些著名的兵书吗？你知道这些兵学家和兵书中有哪些著名的军事思想吗？下面就让我们一起走进齐鲁兵学吧。

齐鲁兵学是我国兵学的源头和核心，有"世界兵学看中国，中国兵学看齐鲁""齐鲁兵学甲冠天下"的美誉。齐鲁兵学作为古代"三大兵学文化"之一，源自先秦、传承至今，是山东人民千百年来汗水浇灌、鲜血浸染产生的智慧结晶，是齐鲁文化中的一朵艳丽奇葩。齐鲁大地涌现出了姜太公、管仲、司马穰苴、孙武、吴起、孙膑、诸葛亮、檀道济等众多著名的兵家，也产生了以《孙子兵法》为代表的蔚为可观的兵学著作。宋代官方编纂的《武经七书》是兵家的必读经典，其中《孙子兵法》《吴子兵法》《司马法》《六韬》《三略》五部兵书皆起源于齐鲁大地。新时代在实现强军梦、中国梦的伟大征程上，需要不断汲取传承齐鲁兵学的优秀文化。

第 1 节 孙武与《孙子兵法》

导学 4-1

二战之后，美国在越南战争的失败给西方极大触动。美国人是严格按照西方军事理论来打的越南战争，在这场历时十余年的战争中，美国几乎打赢了每一场战斗，然而却输掉了整个战争。这不但使美军的战场指挥官感到迷惑不解，而且连战争的最高决策者也不得不反思，这场怎么说似乎也该赢的战争到底出了什么问题。在这种大背景下，西方人将眼光投向了《孙子兵法》，希望能从东方古老的智慧中得到启示。结果很多人得出了这样的结论：西方世界的失败，正是因为违背了孙子的教诲。美国前总统尼克松在《真正的战争》一书中，直接运用《孙子兵法》的思想，批判美国当时盲目追求武力效应，而没有认真对待越南的特殊历史、地理和心理因素。尼克松认为：2500 多年前中国战略家孙武说"夫兵久而国利者，未之有也""故兵贵胜，不贵久"，美国在越南战争中胜利无望正是应验了孙子的话。

问题：1.《孙子兵法》的作者是谁？该书有何历史地位？
　　　2.《孙子兵法》中主要的军事思想有哪些？在今天还有没有价值？

一、孙 武 生 平

孙武，字长卿，生卒年不详，齐国乐安（多认为今山东惠民县或广饶县）人。孙武是春秋末期军事家，兵家流派的代表人物。后人尊称其为孙子、孙武子、兵圣、百世兵家之师、东方兵学的鼻祖（图 4-1）。

孙武自幼喜研兵法，颇有心得。在其 18 岁时，因齐国内乱不止，他深感无用武之地，便离开齐国去往吴国。经吴国重臣伍子胥举荐，向吴王阖闾进呈所著兵法十三篇。

图 4-1　孙武

为考察孙武的统兵能力，吴王挑选了 180 名宫女由孙武操练。孙武把宫女分为左右两队，指定吴王最为宠爱的两位美姬为左右队长。一开始宫女们不听号令，捧腹大笑，队形大乱，三令五申后依然如此。孙武便召集军吏，根据军法，斩两位队长。吴王见孙武要杀掉自己的爱姬，非常着急，马上派人传命不要杀她们。孙武毫不留情地说："我既然已经接受命令做了将军，将军在外带兵打仗，君命有所不受。"孙武执意杀掉了两位队长，任命两队的排头充当队长，继续练兵。当孙武再次击鼓发令时，宫女们都规规矩矩地执行命令，阵形十分齐整。这就是有名的"吴宫教战"的故事。

此后吴王任命孙武为将军，和伍子胥一起辅佐吴王成就大业。公元前 506 年冬，吴国以孙武、伍子胥为将，出兵伐楚。在柏举（今湖北汉川北）重创楚军。接着五战五胜，一举攻陷楚国国都郢。柏举之战，孙武以 3 万兵力击败楚军 20 万，创造了中国战争史上以少胜多的光辉战例。柏举之战改变了春秋晚期的整个战略格局，为吴国争霸中原奠定了坚实的基础。公元前 484 年，孙武辅佐吴王在艾陵之战中战胜齐国，从而使吴国国威大振，在两年后的黄池会盟中取代晋国成为霸主。随着吴王霸业的建立，孙武显赫的名声也达到了极点。

吴王阖闾死后，夫差即位。夫差听信奸臣伯嚭的谗言，赐伍子胥自杀。孙武失去知己且不再受器重，遂归隐山林，不再出仕，直至寿终。

孙武向吴王阖闾进呈所著的兵法十三篇，就是传世的《孙子兵法》十三篇。但是后世人们对《孙子兵法》的作者是谁没有统一的观点。直到 1972 年 4 月，在山东临沂银雀山发掘的两座汉代墓葬中同时发现了用竹简写成的《孙子兵法》和《孙膑兵法》，争论方告结束。原来孙子和孙膑是两个不同的人，有不同的代表著作。

对于孙武的历史功绩，司马迁在《史记·孙子吴起列传》写道："西破强楚，入郢，北威齐、晋，显名诸侯，孙子与有力焉。"苏轼认为："古之言兵者，无出于孙子矣。"后人为了纪念孙武，不少地方开发了景点，供世人瞻仰朝圣。

景点指南 4-1

景点	景色	地点	简介
孙子兵法城	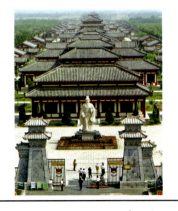	山东惠民	国家 AAA 级旅游景区，以具有千年历史的宋代棣州古城墙、护城河遗址为依托而建。它是继北京故宫、曲阜孔庙之后我国第三大庭院式人文景观，是山东省"一山一水两圣人"旅游体系的重要组成部分。

续表

景点	景色	地点	简介
武圣园		山东惠民	武圣园借助园林式风格和古代庙宇特色，寓历史性、知识性、趣味性、娱乐性于其中，是一处大型生态游览观光景区和理想的园林绿地生态胜地。
银雀山汉墓竹简博物馆		山东临沂	全国第一座汉墓竹简博物馆。汉墓中发掘的《孙子兵法》与失传了1700多年的《孙膑兵法》同墓出土，轰动了海内外，并列入20世纪100年100项考古名录。
孙武祠		山东广饶	位于广饶县城西北隅，占地面积8万平方米，院正中是高3米、一手拿竹简、一手持宝剑的孙武石雕像，正殿内有孙武伏案疾书的铜像，身后是展现《孙子兵法》精彩场景的大型壁画。
孙子文化园		山东广饶	位于广饶县城东新区，孙武湖畔，以孙子文化为依托，以弘扬兵圣文化为目的国家级AAAA景区。
穹窿山孙武苑		江苏苏州	1998年苏州市孙武子研究会鉴于孙武的功绩，在穹窿山茅蓬坞建了孙武苑以纪念孙武。传说穹窿山腹地的茅蓬坞，是孙武隐居著《孙子兵法》之地。

二、兵学圣典《孙子兵法》

(一)《孙子兵法》的军事思想精髓

《孙子兵法》虽然只有六千字左右，但语言概括凝练，内容丰富深邃，全书十三篇。各篇主要内容请见表 4-1。

表 4-1 《孙子兵法》之各篇

篇章	主要内容
第一篇《计》	谋划战争的重要性并制订作战计划
第二篇《作战》	战争动员
第三篇《谋攻》	以智谋攻城，不专用武力，而是采用各种手段使敌方投降
第四篇《形》	决定战争胜负的其中一个基本因素：形
第五篇《势》	决定战争胜负的另一种基本因素：势
第六篇《虚实》	作战指挥中如何运用"示形"等手段，调动敌人，避实击虚，"因敌而制胜"
第七篇《军争》	如何争取战场主动权
第八篇《九变》	如何根据战场实际情况，灵活运用军事原则
第九篇《行军》	行军、宿营和作战中如何侦察判断敌情
第十篇《地形》	六种不同的作战地形及相应的战术要求
第十一篇《九地》	九种不同作战地区及其用兵原则
第十二篇《火攻》	论述了火攻的种类、条件和实施方法
第十三篇《用间》	使用间谍的重要性和方法

《孙子兵法》的军事思想精髓可以概括为以下几个方面。

1. 对战争的基本看法：重战、慎战、备战

首先是重战，即重视战争。战争是国家的大事，关系着国家的存亡、人民的生死，所以对战争问题要高度重视，认真研究。除了重战，还要慎战，即慎重对待战争。国家灭亡了不能再存在，人死了不能复活，所以决不允许草率发动战争，战争的目的应该是为了国家利益。重战慎战不是不战，而是首先要备战，即对战争必须做好充分准备。对于战争要严阵以待，不可幻想敌人不会进攻，而要事先造成敌人无法攻破的力量，使敌人不敢轻易向我方发动进攻。

2. 对战争胜负诸因素的认识

孙武认为战争的胜负受多种因素的影响，比如说政治、天时、地利、将帅、法制，同时认为战争胜负受经济因素的制约。他指出：用兵之害最主要体现为对社会物质财富的大量消耗，他以十万部队出征为例，"兴十万之师"要"日费千金"，如果没有一定的经济力量作为战争的物质基础，战争是很难打赢的。因此，为了尽量减轻战争对于国家经济造成的负担，就应当争取速战速决，切莫打持久战，正所谓"兵贵胜，不贵久"。

3. 战略战术思想

孙武的军事思想博大精深，其战略战术原则备受人民推崇。

"全胜"的战略思想。这是追求以最小代价取得最大胜利的思想，是战争的最高境界。"不战而屈人之兵"是孙武全胜思想的核心。

避实击虚的原则。孙武认为作战中避开敌人兵力强大的部分，重点进攻敌军兵力

薄弱的部分。对于如何实施这一作战原则，他也提出了一些具体的办法，如集中优势兵力，进攻敌人疏于防守的地方；避开敌人士气旺盛的时候，选择在敌人懈怠疲惫时去进攻。

致人而不致于人的原则。"致人"，即调动敌人，让敌人依照己方的意图行事；"致于人"，即被敌人调动。孙武指出，在战争中最重要的一点便是掌握战斗的主动权，要先发制人，没有主动权，便会被敌人牵着鼻子走，就会陷入被动、消极防御甚至处处挨打的境地。掌握了战斗的主动权，则能改变不利的形势，这一点是取胜的必备条件。

先胜而后求战的原则。孙武提出，在战争前，应认真分析敌我双方的优势和弱点，首先创造必胜的条件而后才同敌人作战，力求使自己立于不败之地。也就是说善于作战的人，总是打有把握之仗，而不打无把握之仗。

知彼知己、百战不殆的原则。在战争中，不仅要了解敌情，诸如其人员、装备、将领等，还要对自己的情况心中有数，反复分析权衡，然后进入决策。只有对敌我态势了然于心，才能以己之长攻敌之短，取得最后胜利。

名言警句 4-1

战争不是神物，乃是世间的一种必然运动，因此，孙子的规律"知彼知己、百战不殆"乃是科学的真理。

——毛泽东

出奇制胜的原则。正面的军队与侧面的军队互相配合，变化运用，使敌人无法应战，而取得胜利。出奇制胜还有一层意思，就是用传统的方法布局迎战，用奇法取胜。孙武的这一军事思想，已为后来众多的军事家运用，以此战略战术为指导而赢得战争胜利的战例比比皆是。

4. "文""武"结合的治军思想

"文"指运用政治教化、精神鼓励等手段管理军队，"武"指用军纪、军法军令等来约束军队。只有两者结合，才能治理好军队。

将帅思想是治军思想的另一个重要内容。孙武看到了将帅的重要性，"夫将者，国之辅也；辅周则国必强，辅隙则国必弱"，又说"知兵之将，生民之司命，国家安危之主也"。他对将帅应具备的基本素质提出了要求，将帅要做到"智、信、仁、勇、严"，即要多谋善断，赏罚有信，要爱兵如子，要勇敢坚定，要严于治军，体现了德才兼备的选帅标准。

知识链接 4-1

1. 孙子曰：兵者，国之大事，死生之地，存亡之道，不可不察也。(《计篇》)
2. 非利不动，非得不用，非危不战。(《火攻篇》)
3. 是故百战百胜，非善之善者也；不战而屈人之兵，善之善者也。(《谋攻篇》)
4. 上兵伐谋，其次伐交，其次伐兵，其下攻城，攻城之法为不得已。(《谋攻篇》)
5. 夫兵形象水，水之形，避高而趋下，兵之形，避实而击虚。水因地而制流，兵因敌而制胜。故兵无常势，水无常形。能因敌变化而取胜者，谓之神！(《虚实篇》)
6. 投之亡地然后存，陷之死地然后生。夫众陷于害，然后能为胜败。(《九地篇》)
7. 故令之以文，齐之以武，是谓必取。(《行军篇》)

（二）《孙子兵法》的历史地位和现实价值

1. 历史地位

《孙子兵法》是我国优秀传统文化的杰出代表作之一，与儒家的《论语》、道家的《道德经》一起奠定了中华传统文化的基础。《孙子兵法》作为齐鲁兵学的代表，是我国古代兵学高度成熟的标志，集中体现了我国古代军事思想的高度成就，被公认为我国乃至世界历史上第一个系统的军事理论体系。

· 名言警句 4-2 ·

前孙子者孙子不遗，后孙子者不遗孙子。

——茅元仪

我国历史上很多政治家、军事家、文学家都对《孙子兵法》有很高的评价，也有很成功的运用。曹操深爱此书，他的《孙子注》颇为后人称道。唐太宗、宋仁宗、明代王阳明、明代张居正、清代朱墉等都曾力主学习此书。

国外对《孙子兵法》推崇备至。日本著名的古代兵书其主要思想大都出自《孙子兵法》。735 年，留唐学者吉备真备将此书带回日本，曾在一段时间内成为皇家贵族的家宝、国宝。他们推崇孙武为"百世兵家之师""东方兵学的鼻祖"，称《孙子兵法》为"兵学圣典"和世界古代第一兵书。在全美著名大学中，凡教授战略学、军事学课程的，无不把其作为必修课。美国国防大学将其列为将军的主修课。美政治家、兵学家、军事将领皆将《孙子兵法》奉为至宝。在西欧，军事家蒙哥马利建议将《孙子兵法》作为世界军事教材。《孙子兵法》在国外已被翻译成三十多种语言文字（图 4-2）。《孙子兵法》和意大利尼古拉·马基雅维利的《君主论》、西班牙巴尔沙塔·葛拉西安的《智慧书》并列为世界三大奇书，已成为世人公认的思想宝库。

图 4-2　英译本《孙子兵法》

2. 现实价值

《孙子兵法》问世 2500 多年来，盛誉名扬，影响深远，至今仍在现代战争、人生教化、商业经营、医药卫生、竞技体育等方面凸显着现实价值。

（1）《孙子兵法》与现代战争。尽管现代战争的形式和特点发生了很大变化，但《孙子兵法》中重战、慎战、备战的思想仍给现代战争重要启迪。和平与发展是时代的主题，各国各地区之间不会轻易发动战争，但我们要高度重视战争，并且积极做好国防和军队建设，实现强军兴军。《孙子兵法》中"不战而屈人之兵""知己知彼""致人而不致于人""兵贵胜，不贵久""攻其无备，出其不意"等战略战术思想，在现代化战争中仍具有重要的指导意义。《孙子兵法》中"文武结合"的治军思想和选帅标准也依然具有强大的生命力。

知识链接 4-2　　　　　　　　　　《孙子兵法》与美国军事

　　20 世纪 90 年代以来，美军在大力推进新军事革命的同时，各军种和院校都加强了对《孙子兵法》的学习和研究，并在"空地一体战"作战纲要和《2010 年联合构想》《2020 年联合构想》等作战条令中引用了许多孙子的箴言警句。美国人也毫不讳言地承认，自海湾战争以来他们进行的历次战争的作战理论和战略战术，包括伊拉克战争中运用的"震慑"理论或"快速决定性作战"理论，以及斩首、攻心、精确闪击等一系列战法，都汲取了孙子的智慧。

　　（2）《孙子兵法》与人生教化。《孙子兵法》对人生教化的作用，很早就被社会各界所重视和认可。《孙子兵法》中最能教化人生的莫过于将帅的思想。孙武概括了将帅应有的品质，做到有德有才，有勇有谋，有仁有义，有诚有信，有威有严，也就是说既要有超群的智慧和才干，又要有良好的性格和情操。这不仅是为将应有的素质，也是普通人修身养性的准则。

　　（3）《孙子兵法》与商业经营。古人说"治产如治兵"，今人说"商场如战场"。兵战和商战的基本原则能够互相通用。早在 20 世纪 60 年代，日本就将《孙子兵法》引进了企业管理。《孙子兵法》在商战中的应用已是非常普遍。日本学者村山孚说："日本企业的生存和发展有两个支柱，一个是美国的现代管理制度，一个是《孙子兵法》的战略和策略。"被称为日本"经营之神"的松下电器创始人松下幸之助更是公开宣称《孙子兵法》是他们成功的法宝："中国古代先哲孙子是天下第一神灵。我公司职员必须顶礼膜拜，对其认真背诵，灵活应用……"。

　　（4）《孙子兵法》与医药卫生。孙武非常注重军队卫生防病，指出，大凡驻军，要力争占据高地，避开潮湿洼地，选择向阳的方向，避开阴暗的方向，要驻扎于物产丰富军需供应方便的地方，并提出了"三军足食""谨养而勿劳"。对照中国历代包括现代环境养生理论，可以毫不夸张地说，这一主张概括了环境养生的主要原则。清乾隆年间，太医徐大椿在他撰写的《医学源流论》中有《用药如用兵》一章，文章最后得出结论："《孙武子》十三篇，治病之法尽知矣。"因此医学界也非常推崇《孙子兵法》。

　　（5）《孙子兵法》与竞技体育。在竞技体育项目中，《孙子兵法》中的"知彼知己""避实击虚""择人任势""用帅选将"以及排兵布阵等都与竞技体育密切相关。

　　以上介绍了孙武和《孙子兵法》。约孙武去世百余年后，另一位富有传奇色彩的军事家横空出世，那就是孙膑（图 4-3）。孙膑，本名孙伯灵，生卒年不详，战国时期军事家，

图 4-3　孙膑

山东鄄城人。孙膑曾与庞涓为同窗，因受庞涓迫害遭受膑刑，被砍去两个膑骨，故世称孙膑。孙膑是孙武的后代，著有《孙膑兵法》。司马迁在《史记·太史公自序》中说，"孙子膑脚，兵法修列"，明确指出孙膑写有一部兵书，但此书后来失传。直到1972年银雀山汉墓出土了《孙膑兵法》。从发掘的银雀山汉墓中挖掘整理出《孙膑兵法》共364简，11000余字，后经专家论证、修正和增补，定《孙膑兵法》为16篇，共收222简，近5000字，编入文物出版社1985年出版的《银雀山汉墓竹简（壹）》。《孙子兵法》与《孙膑兵法》之间存在内在的师承关系，孙膑在继承孙武思想的基础上，在战略战术、治军、军事哲学和军事实践方面都有新的发展。从《孙膑兵法》中，可以看出孙膑有以下主要观点。

孙膑主张"战胜而强立"，又指出"乐兵者亡"，他主张要通过战争方式夺取胜利，但他反对滥用战争；他指出"战而无义，天下无能以固且强者"，认为决定战争胜负的不是双方的力量对比，而是战争的性质；他认为强兵的关键是"富国"，而富国的途径又是爱惜和积蓄民力，特别强调休养生息；他强调以"道"制胜，道可以作为规律、规则、方法来理解，其主旨是指战争的规律，道可以通过主观能动性被人认识和掌握；他用兵讲究因地制宜、因时造势，运用灵活多变的战术，达到克敌制胜的目的。此外，孙膑的"田忌赛马"和"围魏救赵"的实践对后世影响深远。

知识链接4-3　　　　　　　　孙膑的军事实践

齐国大将田忌喜欢赛马。孙膑向田忌献计，让他用下等马和齐威王的上等马比赛，用上等马、中等马分别对其中等马、下等马，最终田忌以两胜一负的成绩取得胜利。随后齐威王任命孙膑为军师，辅佐田忌两次击败庞涓，取得了桂陵之战和马陵之战的胜利，奠定了齐国的霸业。

桂陵之战是历史上一次著名截击战，孙膑在此战中创造性地运用和发展孙武"避实击虚""攻其必救""致人而不致于人""示形动人"等战略战术原则，创造了"围魏救赵"战法，成为两千多年来军事上诱敌就范的常用手段。

第2节　诸葛亮军事谋略

导学4-2

《三国演义》中有一个人，他上知天文下知地理，几乎无所不知无事不晓。他总是羽扇纶巾乘坐四轮车，神机妙算足智多谋，是英雄和智慧的化身。他曾躬耕陇亩，是一名村夫，但他又熟悉中国古代兵典和思想，是博览群书的知识分子。他为匡扶蜀汉政权，呕心沥血，鞠躬尽瘁，死而后已。他就是诸葛亮。诸葛亮在我国几乎人人皆知。千百年来广大人民群众文人墨客对诸葛亮极尽颂扬，尤其是在文学作品的渲染下，诸葛亮成为一个神秘莫测而近乎完美的智者形象。鲁迅先生曾评论《三国演义》说："状诸葛亮之智而近妖。"诸葛亮简直是神一样的存在。

问题：1. 历史上真正的诸葛亮有怎样的生平故事？
　　　2. 作为军事家，诸葛亮有哪些军事谋略？

一、诸葛亮生平

诸葛亮（181～234年），字孔明、号卧龙（也作伏龙），徐州琅邪阳都（今山东临沂市沂南县）人，三国时期蜀汉丞相，杰出的政治家、军事家、散文家、发明家、书法家、文学家。诸葛亮在后世受到极大尊崇，成为后世忠臣楷模，智慧化身（图4-4）。

图4-4　诸葛亮

诸葛氏是琅邪的望族，先祖诸葛丰曾在西汉元帝时做过司隶校尉，诸葛亮父亲诸葛圭东汉末年做过泰山郡丞。诸葛亮童年多难，3岁丧母，8岁丧父，与弟弟诸葛均一起跟随由袁术任命为豫章太守的叔父诸葛玄到豫章赴任。东汉朝廷派朱皓取代了诸葛玄职务，诸葛玄就去投奔荆州刘表。建安二年（197年），诸葛玄病逝。叔父去世后，17岁的诸葛亮和弟弟一起来到襄阳隆中（一说南阳卧龙岗），一边种田一边读书。年轻的诸葛亮博览群书，喜欢钻研学问，积累了丰富的知识。诸葛亮平日好念《梁父吟》，又常以春秋战国时管仲、乐毅比拟自己，当时很多人对他不屑一顾，但徐庶、崔州平等好友相信他的才华，人称"卧龙"。他与当时的襄阳名士司马徽、庞德公、黄承彦等有结交。

207年冬至208年春，当时驻军新野的刘备在徐庶的建议下，三次到隆中草庐拜访诸葛亮。前两次都没见到诸葛亮，第三次终于得见。诸葛亮为刘备的求贤精神所感动，提出了自己对天下形势的分析和战略构想，这就是著名的《隆中对》。三顾茅庐之后，诸葛亮出山成为刘备的军师。

208年，曹操率大军南下，准备统一南方。诸葛亮建议刘备与孙权结盟，并自荐作说客。东吴阵营中有主战派，也有主降派，诸葛亮当着东吴孙权的面舌战群儒，用激将法，使孙权下决心抗击曹操，结成了孙刘联盟。在接下来的赤壁之战中，孙刘联军利用火攻大败曹军，这一仗为刘备在南方立足和后来三分天下奠定了基础。赤壁之战后，刘备取得了荆州，后来，诸葛亮又帮助刘备取得了益州。

成都平定后，每当刘备出兵征伐，诸葛亮便负责镇守成都，为刘备足食足兵，如汉中之战就替刘备提供坚实的后勤保障。221年，刘备在成都称帝，建立蜀汉，诸葛亮做了丞相。诸葛亮赏罚严明，限制豪强势力，兴修水利，屯田汉中，发展农业生产。诸葛亮对统一开发中国西南做出了很大贡献。

223年2月，刘备病重，召诸葛亮到永安，与李严一起托付后事，刘备对诸葛亮说："君才十倍曹丕，必能安国，终定大事。若嗣子可辅，辅之；如其不才，君可自取。"（陈寿《三国志·诸葛亮传》）诸葛亮涕泣地说："臣敢不竭股肱之力，效忠贞之节，继之以死乎！"（陈寿《三国志·诸葛亮传》）刘备又要刘禅视诸葛亮为父。刘备死后，刘禅即位，诸葛亮从此担负起辅佐刘禅治蜀的重任，"政事无巨细，咸决于亮"。为了创造良好的外部环境，诸葛亮修复蜀吴联盟，南抚夷越之地，使北伐无后顾之忧。

名言警句4-3

　孤之有孔明，犹鱼之有水也。

　　　　　　　　　　　　　　　　　　　　　　　　——刘备

北伐曹魏，实现"兴复汉室，还于旧都"，是诸葛亮一生的奋斗目标。诸葛亮给后主刘禅上了一个奏章，即著名的《出师表》，表明了对汉室的忠心和北伐曹魏复兴汉室的决心。228 年春，诸葛亮率十万大军出祁山，这是第一次北伐，取得局部胜利。随后几次北伐虽然未能成功，但诸葛亮却把蜀国治理得井井有条。诸葛亮善于发现人才，也善于培育人才，他大力发展教育，设立太学。他厉行节俭，反对奢侈，他还注重发展农业生产，鼓励种桑养蚕织锦，促进了社会经济的繁荣。234 年，诸葛亮最后一次北伐，他率领十万大军，占据武功，在五丈原扎营，与魏军在渭水两岸形成对峙局面。由于司马懿采取坚守的方针，在速战不成的情况下，诸葛亮令士兵屯田，准备长期坚持。八月间，诸葛亮积劳成疾，病逝于五丈原（今宝鸡境内）军中。

知识链接 4-4　　　　　　**（唐）杜甫《蜀相》**

> 丞相祠堂何处寻，锦官城外柏森森。
> 映阶碧草自春色，隔叶黄鹂空好音。
> 三顾频烦天下计，两朝开济老臣心。
> 出师未捷身先死，长使英雄泪满襟。

诸葛亮从二十七岁出山到五十四岁病逝五丈原的二十七年中，凭借超群的智慧、卓越的才能和完美的人格，在汉末三国风云变幻的历史舞台上，创建了一番轰轰烈烈的事业，赢得时人和后人对他的赞扬和敬佩。四川很多地方的居民一直到近现代仍有头戴白布的习惯，据说就是为诸葛亮戴孝，历时一千多年。

景点指南 4-2

景点	景色	地点	简介
诸葛亮文化旅游区		山东沂南	以卧龙山的东部为主体，向西延伸至汶河沿岸。卧龙山上半部分山翠水清，整个山体遍布奇石，形态各异。下半部分以诸葛亮的生平为主线建设景点。
成都武侯祠		四川成都	是中国唯一的君臣合祀祠庙，为国务院公布的首批全国重点文物保护单位，也是首批国家一级博物馆，享有三国圣地的美誉。

续表

景点	景色	地点	简介
南阳武侯祠		河南南阳	初建于魏晋，盛于唐宋，有1800多年历史。属全国重点文物保护单位。
隆中风景区		湖北襄阳	晋永兴年间至今，已有1700多年历史。包括古隆中、水镜庄、承恩寺、七里山、鹤子川等五大景区。属全国重点文物保护单位。
诸葛亮墓		陕西勉县	武侯墓，即诸葛亮墓，位于汉中市勉县定军山脚下，因诸葛亮曾获封武乡侯而得名武侯墓。属全国重点文物保护单位。

二、诸葛亮军事谋略

诸葛亮辅刘备、佐刘禅，苦心经营蜀汉政权，一心追求恢复汉室，鞠躬尽瘁，死而后已。尽管由于主客观条件的限制壮志未酬，但其卓越的军事才能和军事谋略，为后人所称颂，在历代兵家也得到了较高的认可。

（一）察形观势，联吴抗曹

诸葛亮军事谋略的高明之处在于他重视对天下形势的观察和分析，能够在战略全局上看问题，能洞察历史发展的进程，从而制定作战方针和策略。例如未出隆中便知天下三分。他作《隆中对》，纵论天下大势，在详细分析了自东汉末年群雄割据以来的发展变化和当时几个政治集团的态势之后，为刘备制定了先据有荆、益二州，联合孙权抗击曹操，最后夺取中原的战略和"西和诸戎，南抚夷越，外结孙权，内修政理"以巩固政权的具体策略。历史进程表明，诸葛亮在隆中提出的战略决策是高瞻远瞩富于远见卓识的，为刘备集团的发展壮大和蜀汉政权的建立和巩固产生了不可磨灭的伟大作用。

通过《隆中对》的战略策略可知，诸葛亮善于利用各方矛盾，联合一切力量抵御曹魏。这种谋略，弥补了蜀汉自身力量的不足，形成了战略优势。首先，《隆中对》中把利用吴魏矛盾，联吴抗魏作为长期战略方针确定下来。正因为此，孙刘两家取得赤壁之战的胜利，刘备也因此占据了荆、益二州。后来蜀吴交恶违背了这一方针，刘备遂先失荆州，后遭败绩。诸葛亮执掌蜀国军政后，恢复联吴抗魏，在北伐曹魏前首先与吴结盟并相约共同出兵。其次，联合西戎。在刘备夺取荆、益两州，取得立足之地的同时联合河西少数民族，对曹魏从战略上形成自西而东的半圆形包围。诸葛亮以"倍著北土，威武并昭"，具有羌族血统，"甚得羌胡心"的马超为凉州牧，安抚和好西戎，马超死后，又以羌族人姜维为凉州牧。姜维归降时只是一个27岁青年军官，诸葛亮见他勤时事，有胆义，很会用兵，就提拔他为奉义将军、封当阳亭侯。显然，诸葛亮在安排凉州牧人选时，就是根据"西和诸戎"这一战略思想而定的。后来河西各少数民族直接支援了蜀汉的北伐，这一战略取得实效。

（二）深谋远虑，用兵谨慎

诸葛亮用兵以谨慎著名，有"诸葛一生惟谨慎"之称。《三国志》的作者陈寿评价诸葛亮"奇谋为短"。但诸葛亮的谨慎在当时的情况下不得已而为之，这是充分考虑蜀国的实际情况的。蜀国是三国之中割据最晚、地方最小、人口最少、兵力最弱的一国，想与实力强大的魏吴两国鼎立相持，难度可想而知。诸葛亮作为蜀汉丞相，身负重任，又有挥师中原之志。所以他在用兵时，必先对天文、地理、敌我态势、进退方略等作全面的谋划。例如诸葛亮出师北伐向来都是缓进稳行，利则战，不利则退。所以虽未能大胜但也没大败。欲攻则攻，欲退则退，使得魏军"畏蜀如虎"。

诸葛亮用兵谨慎却不乏出奇和主动。诸葛亮指挥有方，善于应变，用兵出其不意。如第一次北伐时，大军屯驻汉中，以赵云、邓芝据箕谷，布下疑阵，扬言走斜谷道而攻郿城，摆出一副直趋长安的态势。魏军果然上当，以重兵设防箕谷，而诸葛亮声东击西，避实击虚，亲率大军出其不意进围祁山连下南安、天水、安定三郡，曹魏"朝野恐惧"。从蜀魏抗衡的全过程看，尽管蜀汉直到诸葛亮死，都还处在战略相持阶段，但诸葛亮并没有局限于静态的固守，而是采取战术上的主动出击，打运动战，在运动中伺机消灭敌军。纵观诸葛亮北伐，牵制着曹魏几十万大军在长安—陈仓—祁山一线辗转奔走，疲于奔命，而蜀军则乘机击其薄弱之处，阵斩王双、大破郭淮、射杀魏国名将张郃，取得了多次战役胜利。

诸葛亮深谋远虑，用兵谨慎撤退有方。直到最后一次北伐诸葛亮病危临死前，还密授退兵之策，告知杨仪、姜维等死后退军方案。蜀军秘不发丧，长史杨仪整顿军队，从五丈原徐徐撤出。司马懿听说诸葛亮死了，蜀军在后退，于是非常高兴地率军追击。姜维按照诸葛亮的安排，让杨仪调转大旗，擂响战鼓，做出进攻的姿态，老谋深算的司马懿怕中埋伏计，赶紧收缩军队，不敢再追。杨仪则步步构筑阵地，缓缓撤去。由此民间留下了"死诸葛走生仲达"的谚语。可见诸葛亮的谋划很周全。

（三）心战为上，目光远大

为消除北伐的后顾之忧，225年诸葛亮亲自率兵去南方平定叛乱。诸葛亮曾向参军马谡请教平定南中的策略，马谡"攻心为上"的建议和诸葛亮不谋而合，于是完全采纳了马谡的建议，攻心为上，攻城为下，心战为上，兵战为下。诸葛亮还将这一策略作为教令下发部队，以统一部队的思想和行动。正是在"攻心为上"的策略指导下，诸葛亮下令军中，对叛王孟获只能生擒，不许伤害。蜀军生擒孟获后，诸葛亮不但没有杀他，反而让他观看蜀军的阵营，看完孟获表示不服，诸葛亮便放他回去，再与蜀军交战。诸葛亮七次擒获孟获,但他每次都放了孟获,最后使孟获心悦诚服,安心归蜀。这个桀傲难驯的蛮王拜倒在诸葛亮的面前指天发誓:"公,天威也! 南人不复反矣!"(《三国志·诸葛亮传》裴松之注引《汉晋春秋》)平定南中后,诸葛亮审时度势,跳出"占地思维"的窠臼,不留一兵一卒,班师回朝,只选派熟悉当地情况的官吏担任郡守,大量任用孟获等当地少数民族首领为官吏。诸葛亮正确地处理了兵战与心战的关系,可以说是古代军事思想上的创举,"心战"亦从此为后代军事家所重视。诸葛亮以和抚为主、辅之以必要的军事手段的民族政策,事实表明非常正确。这个方略使得南方少数民族保持了很长时间的稳定和臣服,而且用现代眼光去看这一政策亦符合民族团结的原则。

(四)以法治军,严明军纪

诸葛亮认为道德品质教育是治理军队的重要方面,但在注重以德治军的同时,也非常强调以法治军。诸葛亮认为军队纪律的好坏是战斗力的重要因素,它直接关系到战争的胜败。诸葛亮治国治军向以赏罚严明而著称,做到心平如秤,不因人而偏轻偏重,于是"刑政虽峻而无怨者"。马谡是刘备、诸葛亮起自荆州的重臣名将,诸葛亮一直很器重。228年第一次出师北伐时,派马谡守街亭,马谡自以为熟读兵书,擅自变更军事部署,导致街亭失守,诸葛亮挥泪依法斩杀马谡,并将其首级示众,以教育将士增强法纪观念,严守军令。而对这次战役中有功的王平给以封赏。又检讨自己的用人之过,请求"自贬三等",以身明法。他这种不避亲疏、不分贵贱、执法如山的精神值得世人称颂。

知识链接4-5 诸葛亮处罚李严

李严是与诸葛亮同受刘备托孤的重臣,权力地位仅次于诸葛亮。诸葛亮第四次北伐时命他督运军资粮草。在夏秋多雨、运输困难的情况下,他不是想方设法完成任务,支持前方,而是假传圣旨,命诸葛亮退兵。诸葛亮退军后,他又欺骗朝廷,说诸葛亮是伪装退兵,诱敌深入的。当着刘禅和诸葛亮的面,他佯装惊问:"军粮饶足,何以便退"? 诸葛亮难以容忍他这种欺上瞒下、误国误军的行径,上表历数他归顺刘备以来的劣迹,揭穿他的假面具,并会同21位文武大臣共议了对李严的处理意见,奏明后主将李严削职为民,流放梓潼郡思过。

(五)改进阵法,科技兴军

唐代诗人杜甫曾经诗赞诸葛亮"功盖三分国,名成八阵图"。诸葛亮在太公兵法、孙武兵法的基础上改革已有阵法,作八阵图,并用来练兵,称:"八阵既成,自今行师,庶不覆败。"作为古代战争中一种战斗队形及兵力部署图,诸葛亮的原"图"今虽不见,然有传说为诸葛亮练兵遗址的所谓"八阵图垒"。八阵图分别以天、地、风、云、龙、虎、鸟、蛇命名,加上中军共是九个大阵。中军由十六个小阵组成,周围八阵则各以六个小阵组成,共计六十四个小阵。八阵中,天、地、风、云为"四正",龙(青龙)、虎(白虎)、鸟(朱雀)、蛇(腾蛇)为"四奇"。另外,尚有二十四阵布于后方,以为机动之用。这种设计有很大的灵活性,因敌人来袭的方向不同或打击重点不同，可以作出相应的变化。诸葛亮在整个北伐过程中，除初次北伐因误用马谡而致败，其后虽或因粮草不继而退军，或因后方有人掣肘而罢兵，他行军布阵，安营扎寨，总能做到进退自如，并且总是有所斩获。所以，"自今行师，庶不覆败"，绝非诸葛亮设计出八阵图之后一时冲动所说的大话。诸葛亮的八阵图对后世影响甚深，为很多军事家所沿用。

知识链接4-6　　　　　**《三国演义》中的八阵图**

刘备重兵讨伐东吴却遭大败。东吴的大都督陆逊就乘胜追击，一直追赶刘备军队追到了长江岸边，正准备再往前追去，忽然感觉前方杀气腾腾。他先后派了几个手下前去打探，可是大家只看见一堆堆石头在沙滩上堆着，一个士兵也没有。陆逊觉得不过是一些石堆，肯定是用来迷惑人的，便带着大军进去了，可是刚进入石阵中，就刮起了一阵狂风，漫天的风沙把天都遮黑了，接着就好像听见了千军万马奔走的声音，陆逊觉得中计便想出阵。可是已经没有来时的路了。诸葛亮的岳父黄承彦指引他走出了石阵，并说："这个石阵叫作'八阵图'，每时每刻，变化无端，可以比得上十万大军。"这就是神奇的"八阵图"。其实这些石头堆只是诸葛亮在用石块演习阵法，而实际的"八阵图"据说在诸葛亮死后就消失了。

诸葛亮重视装备的革新和战术的改进，在军事科学上的贡献也是多方面的。他精心研制新式武器连弩，"谓之元戎"，众所周知，弩由弓发展而来，发射的箭矢射程远、命中率高、穿透力强，所以杀伤力也大。连弩则是一种可以连续发射箭矢的弩。经诸葛亮改进的连弩，可以连续发射十支箭，所以其杀伤力更大，杀伤效果更好。再如创制"木牛流马"。"木牛流马"是诸葛亮为解决北伐粮运问题而研制的，极大提高了山地运输效率。有传说认为，今北方农村中所用之独轮车，即是由"木牛流马"发展而来。蜀军实力增强，能以弱抗强，除了平时训练有素、有正确的战略战术指导等因素外，无可否认，离不开武器装备的改善，后勤供应的保证。诸葛亮重视改进阵法、科技兴军的这一思想和有关做法，在历史上产生了深远影响。

蜀汉国小民寡，之所以能与魏、吴成三足鼎立之势，与诸葛亮的军事才能和军事谋略不无关系。司马懿在诸葛亮死后，曾亲自查看诸葛亮摆下的营垒遗迹，称赞其为"天下奇才"。唐太宗与李靖在《唐太宗李卫公问对》中多次提到诸葛亮的治军之法与八阵图，给予了极高的评价。唐朝时将诸葛亮评选为武庙十哲之一，与张良、韩信、白起等九位历代兵家享同等地位。斯人已去，但诸葛亮作为中国古代伟大军事家的形象永留人间。

第3节　檀道济与《三十六计》

导学4-3

瞒天过海、趁火打劫、声东击西、笑里藏刀、美人计、苦肉计……这些词语你都听过吗？这些耳熟能详的词语背后其实都是兵法计策，出自我国古代著名的兵学著作——《三十六计》。兵法《三十六计》在民间广为流传，家喻户晓，甚至有些计策妇孺皆知，如"三十六计，走为上计"。古书有云："用兵如孙子，策谋三十六。"《三十六计》是我国古代卓越的军事思想和丰富的斗争经验之大集成的兵书，是中华民族兵学文化的杰出代表。那么《三十六计》的作者是谁呢？许多人以为，《三十六计》的作者是《孙子兵法》的作者孙武，其实是误解。据最新考证，《三十六计》是南朝宋名将、山东人士檀道济。

问题： 1. 你知道檀道济有怎样的人生故事吗？

2.《三十六计》中有哪些计策？试举例并体悟其中的军事智慧。

一、檀道济生平

檀道济（？～436年），东晋末年及南朝宋初年将领，高平金乡（今属山东金乡县卜集乡檀庄）人。檀道济（图4-5）从军20余年，由士兵升至大将军，为刘宋政权的建立、巩固立下了汗马功劳。他被唐德宗追封为古代名将六十四人之一。宋室武庙所祀历代七十二位名将中包括檀道济。在北宋年间成书的《十七史百将传》中，檀道济亦位列其中。

图4-5 檀道济

檀道济出身寒门，父母双亡后，依附于族叔檀凭之生存。后来檀道济投到了刘裕部下。在刘裕率兵平定京城之乱时，檀道济颖脱而出，被刘裕看中。后来檀道济身先士卒，屡立战功，不断升迁。

晋义熙十二年（416年），刘裕北伐后秦，檀道济与王镇恶同为先锋，所到各城都纷纷投降。后来檀道济挥师围攻洛阳，守军待援不至，自觉孤城难守，于是开城投降，秦军被俘4000余人。对这些俘虏，有人提议将俘虏杀死以为"京观"，就是全部杀死，把尸体堆在大路两旁，上面再盖上黄土，形成一个个大金字塔形的土堆，一则用以警示敌方人员，为敌者只能如此下场；二则用以彰显己方的"武功"。但是檀道济不同意，说："伐罪吊民，正在今日"，把俘虏都遣散释放了。于是秦人非常感激和欢悦，前来投奔归附的人很多。

宋永初三年（422年），宋武帝刘裕死，少帝刘义符即位，檀道济与徐羡之、傅亮、谢晦四人同为顾命大臣。少帝游戏无度、不听朝臣谏阻。于是徐羡之等谋废少帝，按照顺序就要立刘裕次子、庐陵王刘义真为帝。但由于徐羡之等与刘义真有旧怨，便欲废掉庐陵王刘义真。徐羡之等将此事告诉檀道济。檀道济不同意这样做，屡次建议不可如此，但并未采纳。后来徐羡之等暗中策划将刘义真杀死，废少帝刘义符。

少帝被废后，刘裕第三子刘义隆即帝位，史称宋文帝。刘义隆虽不能容忍权臣杀主行为，但仍不露声色，只在暗中积蓄力量。到元嘉三年（426年）正月，宋文帝见讨伐时机已经成熟，即令公布徐羡之、傅亮、谢晦等杀少帝和庐陵王的罪行，徐羡之畏罪自杀，傅亮被诛杀。文帝决定启用檀道济出征诛讨谢晦，谢晦败亡伏诛。因平乱之功，檀道济进号征南大将军，任江州刺史。

知识链接 4-7　　　　　　　　　　檀 陶 之 交

陶渊明在彭泽当了八十多天县令，因"不为五斗米而折腰"而挂印归田，在江州过着隐居生活。在他老年贫困的时候，正在担任江州刺史的檀道济听说陶渊明生病了，家中又缺少食物，饿得已经躺在床上好些天，起不了床。心中甚是挂念，知道他喜爱喝酒，专门打了几斤好酒，带了一些他喜欢的美食，亲自到他家拜访。

檀道济看到陶渊明的状况，心中一片酸楚，就忍不住劝他说："贤者在世，天下无道则忍，有道则至。今子生文明之世，奈何自苦如此？"陶渊明回答道："潜也何敢望贤，志不及也。"很坚决地拒绝了檀道济送的酒肉。檀道济没有为难陶渊明。一位当朝战功赫赫的武将，一位满腹经纶的文人，一种惺惺相惜的友谊瞬间在这里得到了升华。

元嘉七年（430 年），为解除北魏对宋的威胁，宋文帝命檀道济统军北伐。宋军与北魏交战数次，取得多次胜利，后来宋军粮草吃紧，檀道济不得不引军南撤。檀道济军中有个兵士逃到魏营投降，把宋军缺粮的情况告诉了北魏的将领。北魏就派出大军追赶檀道济，想把宋军围困起来。宋军看到大批魏军围上来，军心动摇。檀道济却命令将士就地扎营休息。当天晚上，檀道济亲自带领一批管粮的兵士在一个营寨里查点粮食。一些兵士手里拿着竹筹唱着计数，另一些兵士用斗子在量米。魏军探子偷偷地向营里望了一下，只见一只只米袋里面都是满满的。他立即报告主帅，说檀道济营里军粮还绰绰有余。魏将得到情报，以为前面来告密的宋兵是假投降，就把投降的宋兵杀了。其实，檀道济在营里量的并不是白米，而是一斗斗的沙土，只是在沙土上覆盖着少量白米罢了。檀道济最终凭借"唱筹量沙"之计顺利退兵。此次檀道济北征，虽未能克定河南，却能在危机当头，全军而返，于是名声大振。

檀道济因其战功卓著，名高权重，左右心腹都是百战之将，他的儿子们又很有才气，被朝廷猜疑和恐惧。有人把他看做篡权的司马懿。正值文帝病情恶化，刘义康假传圣旨，后将檀道济杀害。檀道济被抓时，非常愤怒、目光如炬，顷刻间饮了一壶酒，狠狠地把头巾拉下摔在地上，说："乃复坏汝万里之长城！"（《南史·列传第五》）檀道济被杀的消息传到北魏，魏军将领弹冠相庆。

二、谋略奇书《三十六计》

檀道济一生戎马倥偬、战绩卓著，他根据多年的战争经验，总结出三十六计，为后人留下了宝贵的军事著作遗产。《三十六计》是根据我国古代卓越的军事思想和丰富的斗争经验总结而成的兵书，是我国古代兵学的杰出代表，中国优秀文化的重要组成部分。它集历代兵家"韬略""诡道"之大成，素有兵法和谋略奇书之称，与"兵学圣典"《孙子兵法》一起，并称为我国军事史上的"双璧"。但是《三十六计》的作者长久以来却一直是个谜。

（一）《三十六计》成书的作者考究

"三十六计"这一概念的最初出现，是在《南齐书·王敬则传》中。书中记载："檀公三十六策，走是上计。汝夫子唯应急走耳。"意为败局已定，无可挽回，唯有退却方是上策。此语被后人迭相沿用，宋代惠洪《冷斋夜话》也有："三十六计，走为上计"

一语。2003 年,济宁的郭克义先生在古玩摊上发现一堆杂乱无章的玉片。发现的这些玉简册共计 66 片,单片长 24 厘米,宽 2 厘米,厚 0.5 厘米,平铺长达 132 厘米,总重量为 4.6 千克。玉简册阴刻小篆体文字,共计 919 字。玉简册首片刻"三十六计"四字,尾片属"开皇十六年十一月一日,何震刻"。根据相关专家对玉简鉴定,此为隋代玉简(图 4-6),可以确定《三十六计》原著作者就是檀道济。

图 4-6　隋代玉简《三十六计》

(二)《三十六计》的主要内容

《三十六计》全计共分为六套分别是胜战计、敌战计、攻战计、混战计、并战计、败战计。其中,前三套胜战计、敌战计、攻战计是处于优势之计,在优势情况下也需要谋划和算计,锦上添花,助推更大的成功;后三套混战计、并战计、败战计则是处于劣势之计,在不利的情况下,如何独辟蹊径,反败为胜。每套计又分别为六计,总共三十六计。详见表 4-2。

表 4-2　《三十六计》之内容

篇章	内容		篇章	内容	
第一套　胜战计	第一计	瞒天过海	第四套　混战计	第十九计	釜底抽薪
	第二计	围魏救赵		第二十计	浑水摸鱼
	第三计	借刀杀人		第二十一计	金蝉脱壳
	第四计	以逸待劳		第二十二计	关门捉贼
	第五计	趁火打劫		第二十三计	远交近攻
	第六计	声东击西		第二十四计	假道伐虢
第二套　敌战计	第七计	无中生有	第五套　并战计	第二十五计	偷梁换柱
	第八计	暗度陈仓		第二十六计	指桑骂槐
	第九计	隔岸观火		第二十七计	假痴不癫
	第十计	笑里藏刀		第二十八计	上屋抽梯
	第十一计	李代桃僵		第二十九计	树上开花
	第十二计	顺手牵羊		第三十计	反客为主
第三套　攻战计	第十三计	打草惊蛇	第六套　败战计	第三十一计	美人计
	第十四计	借尸还魂		第三十二计	空城计
	第十五计	调虎离山		第三十三计	反间计
	第十六计	欲擒故纵		第三十四计	苦肉计
	第十七计	抛砖引玉		第三十五计	连环计
	第十八计	擒贼擒王		第三十六计	走为上

为便于人们熟记这三十六条妙计,有位学者在三十六计中每取一字,组成一首诗:金玉檀公策,借以擒劫贼,鱼蛇海间笑,羊虎桃桑隔,树暗走痴故,釜空苦远客,屋梁有美尸,击魏连伐虢。全诗除了檀公策外,每字包含了三十六计中的一计,依序为:金蝉脱壳、抛砖引玉、借刀杀人、以逸待劳、擒贼擒王、趁火打劫、关门捉贼、浑水摸鱼、打草惊蛇、瞒天过海、反间计、笑里藏刀、顺手牵羊、调虎离山、李代桃僵、指桑骂槐、隔岸观火、树上开花、暗度陈仓、走为上、假痴不癫、欲擒故纵、釜底抽薪、空城计、苦肉计、远交近攻、反客为主、上屋抽梯、偷梁换柱、无中生有、美人计、

借尸还魂、声东击西、围魏救赵、连环计、假道伐虢。

三十六计每计名称后有解说，均系依据《易经》中的阴阳变化之理及古代兵家刚柔、奇正、攻防、彼己、虚实、主客等对立关系相互转化的思想推演而成，含有朴素的军事辩证法的因素。解说后的按语，多引证宋代以前的战例和孙武、吴起、尉缭子等兵家的精辟语句。

（三）《三十六计》的军事智慧

《三十六计》并不重在理论阐述，而是将古代军事理论精华化为克敌制胜的计策，堪称中国古代兵谋书的普及本，对后世影响深远。《三十六计》蕴含的军事智慧是无穷的，每一计都有明确的目的和实用价值，下面选择较为典型的三十六计之"瞒天过海""假痴不癫""走为上"逐一分析其军事智慧及战例应用。

知识链接 4-8

第一计　瞒天过海
原文：备周则意怠，常见则不疑。阴在阳之内，不在阳之对。太阳，太阴。
第二十七计　假痴不癫
原文：宁伪作不知不为，不伪作假知妄为。静不露机，云雷屯也。
第三十六计　走为上
原文：全师避敌。左次无咎，未失常也。

1. 瞒天过海

此计是《三十六计》的第一计。意思是说防备周密，往往容易导致思想麻痹，意志松懈；常见的事情就不会产生疑惑以致丧失警惕。密谋就隐藏在公开的行动之中，并不是与公开行动相对立的。最公开的行动当中往往隐藏着最秘密的计谋。此计是一种示假隐真的疑兵之计。它利用人们司空见惯的错觉、常见不疑的心理，进行伪装，迷惑对方，把真正的企图隐藏在有意暴露的事物中，以起到出奇制胜的目的。

隋将贺若弼讨伐南陈的战争就是运用"瞒天过海"之计的典范。581年，隋文帝杨坚统一中国北方，建立了隋朝。589年，隋朝大举攻打陈国，任命贺若弼为行军总管。在此之前，贺若弼因奉命统领江防，经常组织沿江守备部队调防，要求沿长江布防的军队每次换防交接的时候，必须在历阳（今安徽和县一带）集中。还特令三军集中时，必须插上许多旗帜，并在野外搭建许多帐篷，张扬声势，以迷惑陈国。果真陈国难辨虚实，起初以为隋军要来进犯，马上调集国内的全部兵力进行防范，准备全力迎敌。但后来发现那只不过是隋军守备人马正常的调防而已，并非出击，于是便将已经集结的部队撤了回去。如此三番五次，隋军调防频繁，陈军渐渐习以为常，戒备也逐渐松懈下来。再加上贺若弼还将准备渡江的战船都隐藏了起来，只在江边摆了一些小船以及破船。陈军看不出隋军有想要渡江的意图，于是戒备心就更加松懈了。直到贺若弼大军渡江而来，陈军居然未有觉察。隋军如同天兵压顶，令陈军猝不及防，遂攻占了陈国的南徐州（今江苏镇江一带）。隋军正是用调防的假象隐藏了渡江的企图，趁陈国戒备松弛之时，攻城略地、一举得胜。

2. 假痴不癫

这个计谋的意思是宁可假装糊涂而不采取行动，也绝不假冒聪明而轻举妄动。要沉着冷静、深藏不露，就像雷电在冬季蓄力待发一样。假痴不癫是一种麻痹对手、待机而动的计谋，多在蓄而待发之际和面对难关时使用。这是一种大智若愚的智慧。在军事环境不利于我的情况下，为了避敌锋芒、保护自己，可以采取装疯卖傻、装聋作哑的办法蒙混过关。表面上看好像与世无争，给人留下懦弱无能的印象，实际上却精明至极。可见，假痴不癫属于"韬晦之术"。

三国时期，曹操和刘备青梅煮酒论英雄这段故事，就是假痴不癫的典型例子。刘备早已有夺取天下的抱负，只是当时力量太弱，根本无法与曹操抗衡，而且还处在曹操控制之下。刘备装作每日只是饮酒种菜、不问世事。一日曹操请他喝酒，席上曹操问刘备谁是天下英雄，刘备列了几个名字，都被曹操否定了。忽然，曹操说道："天下的英雄，只有我和你两个人！"一句话说得刘备惊慌失措，生怕曹操了解自己的政治抱负，吓得手中的筷子掉在地下。幸好此时一阵炸雷，刘备急忙遮掩，说自己被雷声吓掉了筷子。曹操见状，大笑不止，认为刘备连打雷都害怕，成不了大事，对刘备放松了警觉。后来刘备摆脱了曹操的控制，终于在中国历史上干出了一番事业。

3. 走为上

这是三十六计的最后一计。走为上的意思不是说此计是三十六计中最高明的计谋，而是在敌强我弱的情况下，为保存实力避免硬拼而及时撤离乃是上策。撤离不是消极地逃跑，而是为了获得更大的胜利。那些稍微遇到挫折，就自暴自弃、放弃努力，甚至望风而逃的行为是典型的逃跑主义，不能与走为上计相提并论。在一定情况下，主动撤退还可以诱敌，调动敌人，制造有利的战机，是一种以退为进的策略。

春秋初期，晋文公与楚国战役中的几次撤退就是"走为上"之计的典型运用。晋文公刚攻下依附楚国的曹国，楚将子玉率部浩浩荡荡向曹国进发，晋文公分析形势后，他对这次战争的胜败没有把握，决定暂时后退，避其锋芒。对外宣称，为了实行诺言，先退三舍。他撤退三舍后，已到晋国边界城濮，仗着临黄河，靠太行山，足以御敌。他已事先派人往秦国和齐国求助。子玉率部追到城濮，晋文公早已严阵以待。晋文公已探知楚国左、中、右三军，以右军最薄弱，右军前头为陈、蔡士兵。子玉命令左右军先进，中军继之。楚右军直扑晋军，晋军忽然又撤退，陈、蔡军的将官以为晋军惧怕，又要逃跑，就紧追不舍。忽然晋军中杀出一支军队，驾车的马都蒙上老虎皮。陈、蔡军的战马以为是真虎，吓得乱蹦乱跳，转头就跑，楚右军大败。晋文公派士兵假扮陈、蔡军士，向子玉报捷："右师已胜，元帅赶快进兵。"子玉急命左军并力前进。晋军上军故意打着帅旗，往后撤退。楚左军又陷于晋国伏击圈，又遭歼灭。等子玉率中军赶到，晋军三军合力，已把子玉团团围住。子玉这才发现，右军、左军都已被歼，自己已陷重围。虽然他最终逃得性命，但部队伤亡惨重。

这个故事中晋文公的几次撤退，都不是消极逃跑，而是主动退却，寻找或制造战机。所以，"走"，是上策。在我方与敌方的较量中，如果我方处于劣势，硬拼好比鸡蛋碰石头，没有生路；投降，永远受制于他人，更不可能有生路。惹不起，躲着走，方是求生存谋复兴的上策。正所谓"留得青山在，不怕没柴烧""三十年河东，三十年河西"，是非成败都需"走着瞧"！

　　虽然三十六计是从战争中得来的经验，但是随着时代的发展，它的作用已经不仅仅局限在战争上了，军事家以它运筹帷幄，政治家以它捭阖纵横，商家以它争赢取利……三十六计的智慧在政治、经济、社会、人生等领域得到广泛应用。

小　结

　　齐鲁兵学甲冠天下，在齐鲁文化中独树一帜。本章主要讲述了孙武的生平、《孙子兵法》的军事思想精髓及《孙子兵法》的历史地位和现实价值，阐明了诸葛亮的军事谋略和《三十六计》的军事智慧。通过本章学习，对孙武、孙膑、诸葛亮和檀道济等齐鲁兵家生平经历有所了解，并体会了解他们的事迹及军事著作体现出的军事思想和军事智慧，从而明白齐鲁兵学的重要地位和价值。

自 测 题

一、填空题

1.《孙子兵法》一共_____篇。

2. 世界三大奇书是《君主论》《智慧书》和_____。

3. "七擒孟获""挥泪斩马谡"的主人公是_____。

4. "吴宫教战"的主人公是山东人士_____。

5.《三十六计》的原著作者是_____。

6.《三十六计》全计共分六套，分别是_____、_____、攻战计、混战计、并战计、败战计。

二、选择题

1. 下面哪部兵书不是起源于齐鲁大地（　　）

A.《孙子兵法》

B.《吴子兵法》

C.《司马法》

D.《唐太宗李卫公问对》

2. 孙子兵法为（　　）所著

A. 孙武　　　　　　B. 孙膑

C. 鬼谷子　　　　　D. 姜尚

3. 创立"围魏救赵"战法的人是（　　）

A. 孙武　　　　　　B. 孙膑

C. 鬼谷子　　　　　D. 姜尚

4. 孙武全胜思想的核心是（　　）

A. 不战而屈人之兵

B. 出奇制胜

C. 知彼知己，百战不殆

D. 兵贵胜，不贵久

5. 诸葛亮作《隆中对》，为刘备指出了（　　）的战略方针。

A. 联曹抗吴　　　B. 联吴抗曹

C. 独自作战　　　D. 抗曹抗吴

6. 檀道济最终凭借"唱筹量沙"之计顺利退兵，这一计体现了三十六计中的（　　）

A. 金蝉脱壳　　　B. 苦肉计

C. 瞒天过海　　　D. 关门捉贼

三、简答题

1. 请简述孙子兵法的军事思想精髓。

2. 请简述诸葛亮的军事谋略。

3. 请简述《三十六计》的内容。

稷 下 争 鸣

齐鲁大地是儒家文化的发源地，百家争鸣时期诞生了墨子、荀子。在世界上同一时期和同一纬度，南亚有释迦牟尼，西亚有犹太先知，南欧有古希腊哲学家，德国哲学家雅斯贝尔斯把历史上这个时代称为"轴心时代"。轴心时代的思想家是世界各民族的精神导师，齐鲁文化是华夏文化的精神领袖。你知道齐鲁大地百家争鸣时期著名的思想家吗？你知道诸子百家的思想流派吗？下面就让我们一起走进齐鲁大地群雄璀璨的百家争鸣时代，去认识那些著名的思想家吧。

先秦时期是齐鲁文化史上无可争议的黄金时代，战国中后期是文化大繁荣、大发展的时期，以百家争鸣为主要标志。学术思想的繁荣和发展离不开各种思想的碰撞和交流，稷下学宫的创立和长期存在，为学术思想的交流和传播提供了难得的机遇和文化阵地。春秋古城的齐园有一幅手绘《稷下争鸣图》，描绘了齐国稷下学宫里"争鸣"的盛况和场面。根据记载，学宫里常常唇枪舌剑、交锋激荡，辩论之风盛大无比。有名的辩士历数不尽，风格迥异，像滑稽多趣的淳于髡，滔滔雄辩的孟子，天生的辩才田骈，更有邹衍、鲁仲连等人。这些人为了一个道理可以毫不相让，据理力争，互不迁就。这种辩理驳难，有声势，有气概，如同战场上的一决胜负，争鸣声跃然纸上。正是在齐国原始民主和自由气息活跃的社会条件下，持续活动一百余年的稷下学宫促进了战国时期百家争鸣的发展。百家争鸣肇始于割裂动乱的春秋战国时期，两千年来对中国乃至世界学术界和艺术界产生了深远影响，它所倡导的自由论辩成为普遍遵循的文化准则。毛泽东同志在 1956 年 4 月的中共中央政治局扩大会议上指出，艺术问题上的"百花齐放"，学术上的"百家争鸣"，应该成为我国发展科学、繁荣文学艺术的方针。

第 1 节　荀子与稷下学宫

导学 5-1

淄博市临淄区作为齐国故都，历史悠久，传统文化底蕴深厚，尤其是以稷下学宫名闻天下。早在两千多年前，齐国就建立了中国历史上最早的大学堂、社会科学院——稷下学宫，其重视学术研究与文化传承风气开全国先河。稷下学宫也是中国历史上创办最早、规模最大的国办大学堂。它与差不多同时出现在雅典的希腊学园（又称阿卡德米学院、柏拉图学院）堪称双璧。它们是世界上最早的集高等教育与学术研究为一体的思想学术文化中心，分别在世界的东、西方以相似的方式展现出人类早期文明的智慧之光。今天，全球化、科技革命和信息革命将世界变成了地球村，世界各种文明的碰撞交流是如此的接近，世界仿佛回到了中国的战国时代。未来世界文明的构建还应回首二千三百年前，到稷下学宫中去寻找智慧，共同构建世界新文化，这既是稷下提供的人类文化发展的历史经验，也是放眼未来，人类文明发展不可不取的途径。

问题： 1. 稷下学宫有什么样的发展历史？

2. 稷下学宫在中华文化发展中有什么样的地位和作用？

一、稷下学宫的历史

（一）创建时期

稷下学宫，又称稷下之学，战国时期田齐的官办高等学府，位于齐国国都临淄（今山东淄博）稷门附近。"稷"是临淄城一处城门的名称。"稷下"即齐都临淄城的稷门附近，齐国君主在此设立学宫。故因学宫地处稷门附近而得名为"稷下学宫"。

稷下学宫创建于田齐桓公执政时期。当时，由于田氏代齐的时间还不久，新生的封建政权有待巩固，而人才又十分匮乏。于是田齐桓公田午继承齐国尊贤纳士的优良传统，在齐都临淄的稷门附近建起了巍峨的学宫，设大夫之号，招揽天下贤士。这时的稷下学宫尚属初创阶段。

（二）发展时期

齐威王当政，在邹忌等的辅佐下，采取革新政治、整顿吏治、发展生产、繁荣经济、选贤任能、广开言路、扩建稷下学宫等一系列政治、经济和思想文化措施，使齐最强于诸侯，稷下学宫也进入了一个蓬勃发展的新阶段。《风俗通义•穷通》说："齐威、宣王之时，聚天下贤士于稷下，尊宠之，若邹衍、田骈、淳于髡之属甚众，号曰列大夫，皆世所称，咸作书刺世。"由此可见，稷下学宫在齐威王时有了很大发展。

公元前 319 年，齐宣王即位。当时齐国的综合国力迅速壮大。齐宣王在位期间，借助强大的经济军事实力，一心想称霸中原，完成统一中国的大业。为此，他像其父辈那样广招天下贤士而尊宠之，大办稷下学宫，为稷下学者提供优厚的物质与政治待遇。物质上，"开第康庄之衢"，修起"高门大屋"；政治上，授之"上大夫"之号，享受大夫的政治地位和政治待遇。鼓励他们著书立说，展开学术争鸣，激发他们参政、议政的热情和积极性，吸纳他们有关治国的建议和看法（图 5-1）。这些举措吸引了众多的天下贤士汇集于稷下。这一时期的稷下学宫是其发展历程中的高峰期。《史记•田敬仲完世家》说："宣王喜文学游说之士，自如邹衍、淳于髡、田骈、接子、慎到、环渊之徒七十六人，皆赐列第，为上大夫，不治而议论，是以稷下学士复盛，且数百千人。"这种盛况，既是齐国政治稳定、经济繁荣的产物，也是当权者重贤用士、思想开放所产生的必然结果。

图 5-1　稷下智辩

（三）衰败时期

齐闵王后期，不听谏言，荀子、邹衍相继离开齐国去了楚国、燕国。随后，齐几乎为燕将乐毅攻灭，稷下学宫也因为齐国的衰败、士人的离开而开始衰败。后来，齐襄王重建齐国，虽然努力恢复发展稷下学宫，但是稷下学宫仍然没能恢复到齐威王齐宣王时期的鼎盛面貌，至齐襄王的儿子齐王建即位，稷下学宫未能得到进一步发展，并随着齐的灭亡而消失，历时 150 年左右。

二、稷 下 学 派

战国时期，稷下学宫作为思想解放运动的策源地和百家争鸣的大舞台，引得各国学者齐聚于此，由此形成了中国历史上的众多学术流派（表 5-1），促进了齐鲁文化的融合。

表 5-1　稷下学派

学派	代表人物	主张或著作
杂家学派	晏子、吕不韦	"学无所主""兼采各家之长"
法家学派	管仲、李悝、韩非子	"富国强兵，以法治国"
道家学派	老子、庄子、杨朱	"道德"
黄老学派	慎到、环渊、田骈	"无为而治"
儒家学派	孟子、荀子	"仁政""制天命而用之"
阴阳学派	邹衍、驺奭	"五德终始""大九州"理论

（一）杂家学派

杂家学派在稷下学宫中出现得最早，是典型的齐国本土文化，主要体现了晏子的思想特点。杂家没有自己独特、系统的理论体系，也没有明显的学派特征，实现了"学无所主"，但又"兼采各家之长"。正因如此，杂家学派参与了齐国许多棘手政治、外交问题的处理。但是由于它没有建立自己的理论体系，也没有著书流传，所以在中国古代思想史上的影响并不是很大。

（二）法家学派

在稷下学宫的各家学派中，管仲学派出现较早，而且是典型的齐国本土文化。管仲在齐桓公时任相，是著名的思想家、政治家，对齐国的政治、经济和军事进行了一系列改革，辅佐齐桓公成为一代霸主。管仲思想由此成为齐国的传统思想文化，研究和发扬其思想的学者纷纷著书立说，并在经济、军事、教育、典章制度等方面进行深入探讨，形成了管仲学派。其中以法家理论最为突出，自成一家，因此又被称为齐法家。《管子》是管仲学派的主要代表作。

（三）道家学派

道家思想在稷下学宫的影响很大、流行广泛，且以杨朱（杨子居）为代表，因此曾有"天下之言不归杨则归墨"的说法。田齐桓公设立稷下学宫时，道家在齐国分成了两大派别：一派继承和发展老子、杨朱思想，后又吸收庄子思想，形成以唯心主义为特色的老庄学派；一派偏向唯物主义，结合齐国传统思想，从而发展成为治国经世的"黄老学派"。

（四）黄老学派

黄老学派发祥于齐国，是稷下学宫中最具影响力的学派，它"培植于齐，发育于齐，而昌盛于齐"。从根本上讲，黄老学派的兴盛是因为田齐家族崇尚黄帝，极力宣扬其是田家的远祖而形成的，目的在于打着黄帝的旗帜，争雄天下，统一中国。其代表人物是慎到、环渊、田骈等，其中以慎到的论说最具代表性。慎到认为：人的本性是"自为"，为君者须"因循"此"道"，只有如此才能治理好天下，这也就是他提出的"无为而治"的主张。

（五）儒家学派

在稷下学宫兴旺发达的过程中，儒家学派开始发展，逐渐成为稷下学宫的显学之一，吸引了众多学派到此进行学术文化交流，其代表人为孟子和荀子。

孟子，战国时邹（今山东邹城市）人，名轲，是儒家的重要代表人物，号称亚圣。他曾率领数十辆车和数百名弟子周游列国，并在齐国逗留十多年，并担任齐国客卿。孟子极力向齐宣王鼓吹他的仁政学说，让齐宣王按照他的设想去实现王道大业，但是这些说教，不符合战国时期争霸天下、兼并战争的实际，不符合齐宣王"莅中国而抚四夷"的胃口和欲望，最终他还是怀着希望与失望的心情踏上了归程。

荀子名况，字卿，战国赵人，年少聪慧，十五岁时就游学于齐国，齐宣王时，荀子在齐国与孟子相遇，并与之论性。荀子从其一生的行迹来看，虽生于赵，曾一度入秦、仕楚，并卒葬于楚，但是主要的学术活动是在齐国的稷下学宫度过的，更是三度担任稷下学宫的祭酒，孟子与荀子对儒家学派在稷下学宫的发展起到了主导引领的作用。

孟子与荀子思想之所以与孔子之儒有所不同，其影响因素最大者是由于长期居于齐，受到齐文化的熏陶，成为稷下儒家的代表人物。

（六）阴阳学派

阴阳学派是指改造后的古老五行学说，代表人物是有儒家思想基础的邹衍和驺奭。邹衍，战国齐人，著名的稷下先生，长于雄辩，被人称之为"谈天衍"。他提出了"五德终始"理论、"大九州"理论和天文历象方面的学说。阴阳学说是以五行相胜为理论基础，包括"天人感应""阴阳主运""五德终始"等内容。阴阳学派认为：宇宙有一种客观存在的规律——木、金、火、水、土相生相克，这种规律不但主宰着自然界，也主宰着整个社会的发展，人们要想把握自然和社会，就必须掌握这种规律。

阴阳学说深得各国统治者的认可，也成为各国展开兼并战争、夺取统一政权的舆论工具。虽然阴阳学派思想曾对哲学、医学、天文学的发展产生过很大影响，但后人并未继承其有价值的精华，使得阴阳学说在后来的发展过程中逐渐成为迷信怪诞的代表，并导致神仙、方术的盛行。

三、稷下学宫历史地位和作用

（一）历史地位

稷下学者总是针对当时的热点问题阐述政见，他们学识渊博，善于分析问题，在表述上旁征博引，穷尽事理，具有一定的理论性和学术性。同时，由于稷下学者学派不同，看问题的角度不同，解决问题的方案有异，而会竞长论短，争论不已。最终促进了稷下学宫在学术上百家争鸣的局面的形成，使稷下成为当时发展学术、繁荣学术的中心。从稷下学宫的施行方针及其成果意义来看，稷下学宫完全可以说是世界历史上真正的第一所大学，第一所学术思想自由、学科林立的高等学府。

（二）历史意义

稷下学宫在其兴盛时期，曾容纳了当时"诸子百家"中的几乎各个学派，其中主要有道、儒、法、名、兵、农、阴阳、轻重诸家。会集了天下贤士多达千人左右，其中著名的学者如孟子（孟轲）、淳于髡、邹子（邹衍）、田骈、慎子（慎到）、申子（申不害）、接子、季真、涓子（环渊）、彭蒙、尹文子（尹文）、田巴、儿说、鲁连子（鲁仲连）、驺子（驺奭）、荀子（荀况）等。这些学者们互相争辩、诘难、吸收，成为真正体现战国"百家争鸣"的典型，稷下学宫也成为当时各种学术思想发展完善的学术中心。在这种氛围下，稷下学者取得了丰硕的学术研究成果。仅就稷下学者的著作来看，其思想内容博大精深，广泛涉及政治、经济、军事、哲学、历史、教育、道德伦理、文学艺术以及天文、地理、历、数、医、农等多学科的知识。这些著作的问世，不仅极大地丰富了先秦思想理论宝库，促进了战国时代思想文化的繁荣，也深刻地影响了中国古代学术思想的发展。

战国时期，三晋纷乱，楚则保守落后，秦虽是新兴，文化未盛，齐几乎始终领导文化潮流。而中国自秦以后的各种文化思潮，差不多都能从稷下找到源头。如统治中国几千年的儒学，基本上是孟、荀两派理论的交替使用；再如邹衍的阴阳五行学说，一直在中国盛行，并且是中医学的理论基础；此外还有在汉朝早年流行的黄老思想。

在中国几千年历史中，稷下学宫学术氛围之浓厚，思想之自由，成果之丰硕，都是独一无二的。

名言警句 5-1

（稷下）曾成为一时学者荟萃的中心，周、秦诸子的盛况是在这儿形成了一个最高峰的。……这稷下之学的设置，在中国文化史上实在是有划时代的意义。

—— 郭沫若

四、荀子在稷下学宫的作用

（一）荀子人物生平及简介

荀子（公元前 313～公元前 238 年），名况，号卿，战国后期伟大的哲学家、思想家、教育家，是继孔、孟之后的又一位儒家代表人物，时人尊称"荀卿"（图 5-2）。

图 5-2 荀子

名言警句 5-2

青，取之于蓝，而青于蓝；冰，水为之，而寒于水。

锲而舍之，朽木不折；锲而不舍，金石可镂。

君子之学也以美其身，小人之学也以为禽犊。

——《荀子·劝学》

（二）《荀子》

荀子的主要思想集中在《荀子》一书中（图 5-3）。它仿《论语》体例，始于《劝学》，终于《尧问》。《荀子》中的文章论题鲜明，结构严谨，说理透彻，有很强的逻辑性。语言丰富多彩，善于比喻，排比偶句很多，有他特有的风格，对后世说理文章有一定影响。《荀子》中的五篇短赋，开创了以赋为名的文学体裁；他采用当时民歌形式写的《成相篇》，文字通俗易懂，运用说唱形式来表达自己的政治、学术思想，对后世也有一定影响。

（三）荀子的哲学思想

荀子的思想偏向经验以及人事方面，是从社会脉络方面出发，重视社会秩序，反对神秘主义的思想，重视人为的努力。孔子中心思想为"仁"，孟子中心思想为"义"，

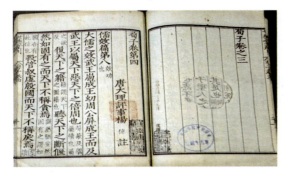

图 5-3 《荀子》

荀子继二人后提出"礼",重视社会上人们行为的规范。荀子以孔子为圣人,但反对孟子和子思为首的"思孟学派"哲学思想,认为子弓与自己才是继承孔子思想的学者。荀子认为人与生俱来就想满足欲望,若欲望得不到满足便会发生争执,因此主张人性本恶,需由圣王及礼法的教化来"化性起伪",使人格提高。

荀况是新兴地主阶级的思想家。他的学问渊博,在继承前期儒家学说的基础上,又吸收了各家的长处加以综合、改造,建立起自己的思想体系,发展了古代唯物主义传统。现存的《荀子》三十二篇,大部分是荀子自己的著作,涉及哲学、逻辑、政治、道德许多方面的内容。在自然观方面,他反对信仰天命鬼神,肯定自然规律是不以人的意志转移的,并提出人定胜天的思想;在人性问题上,他提出"性恶论",否认天赋的道德观念,强调后天环境和教育对人的影响;在政治思想上,他坚持儒家的礼治原则,同时重视人的物质需求,主张发展经济和礼治法治相结合。在认识论上,他承认人的思维能反映现实,但有轻视感官作用的倾向,在有名的《劝学篇》中,他集中论述了他关于学习的见解。中文强调"学"的重要性,认为只有博学才能"知明而无过",同时指出学习必须联系实际,学以致用,学习态度应当精诚专一,坚持不懈。他非常重视教师在教学中的地位和作用,认为国家要兴旺,就必须看重教师,同时对教师提出严格要求,认为教师如果不给学生做出榜样,学生是不能躬行实践的。

知识链接 5-1　　　　　"祭　酒"

　　古代主管国子监或太学的教育行政长官。战国时荀子曾三任稷下学宫的祭酒,相当于现在的大学校长。唐代的韩愈、明代的崔铣(《记王忠肃公翱事》的作者)都曾任过国子监祭酒。古礼,祭祀宴飨时,由最年长者举酒以祭于地,故祭酒为尊称。战国时齐国稷下学宫尊长亦称祭酒。

(四) 荀子在稷下学宫的作用

　　战国中晚期的齐国稷下,学术风气浓厚,大量的学者聚集在一起,百家争鸣最活跃的就是这段时间,荀子生活的时代儒学成为"显学",荀子更是三度担任稷下学宫的祭酒,对稷下学宫的发展以及思想的传播具有推动作用。荀子的作用包括以下几个方面。

　　第一,扬弃以往儒家遵循的天人合一的传统观念,吸收春秋以来具有自然主义倾向的天道观和宋钘、尹文学派的气本体的合理成分,提出"天人相分"和"制天命而用之"的理论。

　　第二,改造孔子的礼仁互补的思想,突出强调"礼以定伦"(《荀子·致士》),即礼对社会等级所作的规定性一面,而且把"贵贱有等"也说成仁(《荀子·君子》),以顺应新的等级制度的需要,进而把礼同法结合起来,提出隆礼崇法的治国主张。

　　第三,扬弃孟子的性善论,吸收告子"生之谓性"和慎到"人莫不自为"的思想,提出性恶论，以此作为隆礼崇法的理论基础。荀子对儒学的上述改造具有鲜明的援法入儒的特征，从而推动了儒学进步。荀子对儒学的改造以及融合道法的黄老学派的形成，体现了战国百家争鸣的一大趋势，即在政治理论上以法治思想为参照的趋同性。它的出现，反映了当时中国社会走向法治的不可抗拒的历史潮流。

景点指南 5-1

景点	景色	地点	简介
稷下学宫遗址		山东淄博	位于临淄区齐都镇。北起长胡同村南，南至西关西、刘家庄南，西至遄台左右，东至齐故城小城西门和南西门。2003 年，临淄区政府在此区域内树遗址标志碑一座。稷下学宫，是战国时期著名的学术文化中心、教育中心、政治咨询中心和诸子百家争鸣的重要场所，是我国最早的官办大学和社会科学院。
荀子故里		山西安泽	荀子的故里、国家级生态示范区、省级森林公园、全国连翘生产第一县和尚无大面积开发的煤炭资源大县。山西第二大河、唯一的一条无污染河流——沁河，纵贯境内109 千米。这里有良好的生态环境、丰富的矿产资源、深厚的文化底蕴。
荀子庙		山东兰陵	荀子庙位于山东省临沂市兰陵县兰陵镇东南1000 米，1977 年被列为省级重点文物保护单位，总建筑面积7.7 万平方米，总投资2300 万元，成为重要的荀子文化旅游胜地。
稷下街道		山东临淄	稷下街道位于临淄城区的东、西、北三面，呈"U"形环绕城区，胶济铁路、济青高速公路、309 国道贯穿全境，2001 年 3 月由孙娄镇和永流镇合并改为街道建制。稷下街道环境优美，人文资源丰富，是齐文化的重要发祥地、临淄区齐文化生态旅游区。2015 年，被评为全省旅游强乡镇。

第2节 墨子与墨家学说

当前国际形势呈现出世界多极化、经济全球化、文化多样化和社会信息化的特点,粮食安全、资源短缺、气候变化、网络攻击、环境污染、疾病流行等全球问题层出不穷,对国际秩序和人类生存都构成了严峻挑战。人类正面临着前所未有的生存和发展问题。人类只有一个地球,面临这些全球问题,世界各国之间必须进行沟通协商,用和平的方式积极地去解决,倡导"人类命运共同体"意识。处理当前面临的问题,我们可以从古代墨家学派"兼爱""非攻"的思想中获得启示。

问题: 1. 墨子的主要代表作是什么?与墨子相关的轶事典故有哪些?
　　　2. 墨家学说核心思想是什么?在今天还有没有价值?

一、墨 子 生 平

图 5-4　墨子

墨子,名翟,生卒年不详,春秋末战国初期鲁国人,墨家学派的创始人,也是战国时期著名的思想家、教育家、科学家、军事家(图 5-4)。

墨子是中国历史上唯一一个农民出身的哲学家,创立了墨家学说。墨家在先秦时期影响很大,与儒家并称"显学"。墨子提出了"兼爱""非攻""尚贤""尚同""天志""明鬼""非命""非乐""节葬""节用"等观点,以兼爱为核心,以节用、尚贤为支点。墨子在战国时期创立了以几何学、物理学、光学为突出成就的一整套科学理论。在当时的百家争鸣,有"非儒即墨"之称。墨子死后,墨家分为相里氏之墨、相夫氏之墨、邓陵氏之墨三个学派。其弟子根据墨子生平事迹的史料,收集其语录,完成了《墨子》一书传世。

战国时期,有一回,楚国要攻打宋国,鲁班为楚国特地设计制造了一种云梯,准备攻城之用。那时墨子正在齐国,得到这个消息,急忙赶到楚国去劝阻,一直走了十天十夜,到了楚国的郢都立刻找到鲁班一同去见楚王。墨子竭力说服楚王和鲁班别攻宋国。

楚王终于同意了,但是他们都舍不得放弃新造起来的攻城器械,想在实战中试试它的威力。墨子解下衣带,围作城墙,用木片作为武器,让鲁班同他分别代表攻守两方进行表演。鲁班多次使用不同方法攻城,多次都被墨子挡住了。鲁班攻城的器械已经使尽,而墨子守城手段还绰绰有余。

鲁班不肯认输,说自己有办法对付墨子,但是不说。墨子说知道鲁班要怎样对付自己,但是自己也不说。楚王听不懂,问是什么意思。墨子说公输子是想杀害自己,以为杀了自己,就没有人帮宋国守城。鲁班哪里知道墨子的门徒约有三百人早已守在那里等着楚国去进攻。楚王眼看没有把握取胜,便决定不攻打宋国了。

墨子曾师于儒者，学习孔子的儒学，称道尧舜大禹，学习《诗》《书》《春秋》等儒家典籍。但墨子批评儒者对待天帝、鬼神和命运的不正确态度，以及厚葬久丧和奢靡礼乐，认为儒家所讲的都是些华而不实的废话，"故背周道而行夏政"。墨子最终舍掉了儒学，另立新说，在各地聚众讲学，以激烈的言辞抨击儒家和各诸侯国的暴政。大批的手工业者和下层士人开始追随墨子，逐步形成了自己的墨家学派，成为儒家的主要反对派。墨家是一个宣扬仁政的学派。在代表新型地主阶级利益的法家崛起以前，墨家是先秦时期和儒家相对立的最大的一个学派，并列为"显学"。在当时的百家争鸣中，有"非儒即墨"之称。

名言警句 5-3

若使天下兼相爱，国与国不相攻，家与家不相乱，盗贼无有，君臣父子皆能孝慈，若此，则天下治。

君子战虽有陈，而勇为本焉；丧虽有礼，而哀为本焉；士虽有学，而行为本焉。

上之为政，得下之情则治，不得下之情则乱。

——墨子

墨子是位思想巨子，因为他自立门户，创立了墨家学说；他也是位大爱无言的圣贤，因为他是整个中国两千年文明历史上，第一位站在最底层劳动者和社会弱者的立场上说话的人；他在中国历史上不可或缺，因为他与众多的圣贤一道，展开思想的砥砺和交锋，共同创造出了百家争鸣的局面；他还是位科学家，是中国历史上第一位在力的作用、杠杆原理、光线直射、光影关系、小孔成像、点线面体圆概念等众多领域都有精深造诣的人。后人尊称墨子为"科圣"。

知识链接 5-3　　　　　**墨子号量子科学实验卫星的命名**

墨子号量子科学实验卫星于 2016 年 8 月 16 日 1 时 40 分，在酒泉用长征二号丁运载火箭成功发射升空。此次发射任务的圆满成功，标志着我国空间科学研究又迈出重要一步。2017 年 1 月 18 日，中国发射的世界首颗量子科学实验卫星"墨子号"圆满完成了 4 个月的在轨测试任务，正式交付用户单位使用。

首颗量子通信卫星之所以用我国古代科学家墨子的名字来命名，是因为墨子最早提出过光线沿直线传播的观点，进行了小孔成像实验，用他的名字命名以纪念他在早期物理光学方面的成就。墨子最早通过小孔成像实验发现了光是直线传播的，第一次对光直线传播进行了科学解释——这在光学中是非常重要的一条原理，为量子通信的发展打下了一定的基础。墨子还提出了某种意义上的粒子论。光量子学实验卫星以中国科学家先贤墨子来命名，体现了中国的文化自信。

二、墨家学说的核心思想

春秋、战国是中国历史上一个辉煌的时代，也是出谋略的时代。从大国争霸到秦兼并六国，多少诸侯国在战争的铁蹄下化为尘埃，多少诸侯国又异军突起，成为一代霸主。然而，你可曾想过，战争的背后，左右它的是实力，实力的背后，左右它的却是思想和谋略。

1．兼爱非攻

所谓兼爱，包含平等与博爱的意思。墨子要求君臣、父子、兄弟都要在平等的基础上相互友爱，"爱人若爱其身"，并认为社会上出现强执弱、富侮贫、贵傲贱的现象，是因天下人不相爱所致。认为"官无常贵，民无终贱"，要求"饥者得食，寒者得衣，劳者得息"，其思想具有朴素唯物主义思想。

所谓非攻，指的是他反对战争，要求和平。"非攻"反映了墨家学派反对发动不义之战的和平愿望。"兼爱"主张天下人互爱互利，不要互相攻击，这就必然要主张"非攻"。当时兼并战争剧烈，农、工、商、士等庶人阶层和下层贵族都希望社会安定，墨家代表了他们要求停止战争的愿望。攻战之害，"春则废民耕稼树艺，秋则废民获敛"，"百姓饥寒冻馁而死者，不可胜数"。不仅被攻的国家受害，攻人的国家也要受害；由于兼并战争，将会导致"兼国覆军，贼虐万民"。

兼爱和非攻是体和用的关系。兼爱是大到国家之间要兼相爱交相利，小到人与人之间也要兼相爱交相利。而非攻则主要表现在国与国之间。只有兼爱才能做到非攻，也只有非攻才能保证兼爱。

2．尚同尚贤

尚同是要求百姓与天子皆上同于天志，上下一心，实行义政。尚贤则包括选举贤者为官吏，选举贤者为天子国君。国君必须选举国中贤者，而百姓理应在公共行政上对国君有所服从。同时，也要求君上能尚贤使能，强调上面要了解下情，因为只有这样才能赏善罚暴。

3．非命

墨子一方面肯定天有意志，能赏善罚恶，借助外在的人和神服务于他的"兼爱"，另一方面又否定儒家提倡的天命，主张"非命"。墨子提出"官无常贵，民无终贱"的主张，认为个人的富贵贫贱、国家的治乱不是完全由天命决定的，是可以通过人的积极努力去改变的。个人通过努力可以达到富、贵，国君通过努力可以实现国家安定的目标。墨子反对儒家所说的"死生有命，富贵在天"，认为这种说法是愚弄人的，这种思想消磨损伤了人们的创造力，所以提出非命的观点。

三、墨家学说的现实意义

墨子的"兼爱"思想虽然由于历史的原因没有被当时的统治者所接纳，可他的思想精髓在今天仍有一定的现实意义。

1．以"兼爱"反对自私自利

"兼爱"，或曰"兼相爱，交相利"，是墨家学说的核心，墨子提出"兼爱"，首先是反对"别相恶"的，而"兼爱"的首要含义正体现在同"别相恶"的对立之中。"别"是指人们不相爱，只顾自己，自私自利，是天下之害；"兼"是互相彼此的意思，即不分人我，墨子认为，"兼"是"圣王之道"，是使王公大人的统治得以安稳、万民衣食得以丰足的根本办法。所以，必须以"兼"易"别"，实行"兼爱"，这就是"兼爱"的第一要义，它首先反对了独知爱己的自私自利。

这种思想对于我国现代社会主义公民道德建设来说意义重大，历史唯物主义认为，人的本质是"全部社会关系的总和"，人不可能孤立地存在于社会之中，总要与他人发生这样那样的联系，因此，应加强个人道德修养，培养互帮互助的精神，驱除个人"只扫自家门前雪，莫管他人瓦上霜"的自私自利之心，使整个社会成为一个温暖的大家庭。

2. 讲"兼爱"，强调"爱无差等"

墨家学说宣扬"兼爱"，认为"兼爱"是不分亲疏，不分远近的普遍的爱，讲究"爱无差等"（《孟子·滕文公上》），"兼爱"就是爱所有人。这种观点，要求不分等级，无差别地爱所有人，实质上具有打破宗法等级观念的作用，是对儒家讲"泛爱"，讲"仁者爱人"，认为"爱有差等"的一种否定。

墨家学说的这种"爱无差等"的观点虽过于极端，但我们要积极吸取其中的爱护人民、尊敬人民的合理成分。

3. 讲"兼爱"，强调相互间的义务

墨家学说代表人物墨子在阐述其"兼爱"学说时，提出了"为彼犹为己"，即为别人就像为自己的道德原则。事事处处为别人着想，急人所急，与人为善，成人之美。墨子"为彼犹为己"的原则，出发点是先"为彼"，即把为他人放在第一位。墨子认为真正贯彻了"为彼犹为己"的原则，自己先为他人，他人也会对等地给自己以回报：爱人者，人必从而爱之。利人者，人必从而利之。恶人者，人必从而恶之。害人者，人必从而害之。（《墨子·兼爱中》）这种对等互报，强调相互间义务的道德原则在今天仍具有非常现实的意义。

景点指南 5-2

景点	景色	地点	简介
墨子纪念馆		山东滕州	墨子纪念馆坐落于山东省滕州市荆水河滨、龙泉塔畔下的龙泉广场，是集学术研讨、图书资料收藏、科技教育、参观游览于一体的综合性庭院式建筑群体。
墨子书院		山东滕州	墨子书院位于滕州荆河公园内。荆河公园位于城河北岸、善国南路西侧，利用城河裁弯后的水面、陆地建成。公园自1985年3月兴建，经过多年的努力，现已优美如画。

续表

景点	景色	地点	简介
墨子古街		河南平顶山	该景区是集文化体验、实景演出、特色小吃、休闲度假、旅游购物、水上娱乐等功能于一体的观光体验型旅游项目，墨子古街更是浓缩了墨子文化、农耕文化、市井文化、庙会文化、餐饮文化为一园，营造房中有院、院中有街、街中有景、景中有戏的集市盛况。宏阔的场面，经典的辩词，高科技的灯光音效，优雅的舞美表演，为您奉上一席丰富、震撼、生动的视听文化盛宴。

第3节　管子与齐法学派

导学5-3

　　管仲有位好朋友鲍叔牙，两人友情很深。他们俩一起经商，在经商时赚了钱，管仲总是多分给自己，少分给鲍叔牙，而鲍叔牙对此从不和管仲计较。对此人们背地议论说，管仲贪财，不讲友谊，鲍叔牙知道后就替管仲解释，说管仲不是不讲友谊，只贪图金钱，他这样做，是由于他家贫困，多分给他钱，是我情愿的。管仲三次参加战斗，但三次都从阵上逃跑回来。因此人们讥笑他，说管仲贪生怕死，没有勇敢牺牲的精神，鲍叔牙听到后，就向人们解释说，管仲不怕死，因为他家有年迈的母亲，全靠他一人供养，所以他不得不那样做。管仲同鲍叔牙的友谊非常诚挚，他也多次想为鲍叔牙办些好事，不过都没有办成；不但没有办成，反给鲍叔牙造成很多新困难，还不如不办好。因此人们都认为管仲没有办事本领，鲍叔牙却不这样看，他心里明白，自己的朋友管仲是个很有本领的人。事情所以没有办成，只是由于机会没有成熟罢了。在长期交往中，他们两人结下了深情厚谊，管仲多次对人讲过：生我的是父母，知我的是鲍叔牙。今天，让我们一起走近管仲，与他面对面交流。

一、管子的生平及思想主张

图5-5　管仲

　　管仲（约公元前723～公元前645年），姬姓，管氏，名夷吾，字仲，谥敬，颍上人（今安徽颍上）。管仲是春秋时期法家代表人物，中国古代著名的经济学家、哲学家、政治家、军事家，周穆王的后代。被誉为"法家先驱""圣人之师""华夏文明的保护者""华夏第一相"。他祖上是贵族，后来家道中落，沦为平民（图5-5）。

　　管仲少时丧父，老母在堂，生活贫苦，不得不过早地挑起家庭重担，为维持生计，与鲍叔牙合伙经商；后从军，到齐国，初事齐国公子纠，助纠和公子小白争夺君位，小白得胜，即位为齐桓公，管仲被囚。齐桓公不计前嫌，经鲍叔牙保举，任其为卿。辅佐齐桓公（小白），对内政外交政策进行全面的改革，制定了一系列富国强兵的方针策略，被齐桓公任为上卿（宰相），尊称"仲父"。管仲临去世之前，齐桓公问谁可以替代相位，他推荐了鲍叔牙，鲍叔牙继续沿用管仲所留下的政治制度。管仲的后代被任命为大夫，世世代代享受福荫。

孔子对管仲的评价很高，他曾说："微管仲，吾其被发左衽矣。"意思是：管仲辅助齐桓公做诸侯霸主，一匡天下；要是没有管仲，我们都会披散头发，左开衣襟，成为蛮人统治下的老百姓了。这话是有一定道理的。如果没有管仲提出的"尊王攘夷"主张，中原诸侯真有可能败于夷狄，华夏文明也无法延续。他在辅佐齐桓公期间，主张"以法治国"，实行封建性的改革，对内富国强兵，对外"尊王攘夷"，他适应新兴地主阶级的要求，实行一系列变法，瓦解氏族贵族的奴隶制统治，从而使齐国富强起来，成为春秋时期的第一个霸主。

二、齐 法 学 派

在中国传统文化中，法家是非常重要的一支。先秦法家主要划分为"东方法家"（齐法家）和"西方法家"（秦晋法家）两大阵营。齐法学派即齐法家，是春秋战国时期在齐国形成的法家派系。

"西方法家"的代表人物为李斯和韩非，他们是荀子的弟子，是法家的集大成者。而以管仲为代表的"齐法学派"代表着春秋时期社会发展的趋势，适应了当时的需要，据说《韩非子》曾提及"管仲"一百零三次，追述管仲言论及事迹二十一则，由此可以看出"东方法家"代表韩非受管仲的影响很深。

刘邵《人物志》云："建法立制，富国强兵，是谓法家，管仲、商鞅是也。"《显学》篇亦云"今境内之民皆言治，藏商、管之法者"，同样说明了《管子》法家言论之早，传播之广，影响之远。齐法学派的主要观点包含以下四个方面。

第一，强调"统一民心、尊重法令"。

齐法家在法治方面，特别强调统一民心、尊重法令、加强君主集权，以促进政权的稳定和发展。《法禁篇》指出："昔者圣王之治人也，不贵其人博学也，欲其人之和同以听令也。"这是说，圣王治国安民，必须在使民"和同以听令"上下功夫。在齐法家看来，人心不一，则"虽有广地众民，犹不能以为安也"。而人心统一，则可以实现"一国威，齐士义，通上之治以为下法"。

《管子》高度重视国家治理中法的作用和法制建设，反复强调"法者，天下之至道也"（《管子·任法》）；"法者，天下之仪也"（《管子·禁藏》）。在管仲看来，法律是君主治理国家最有效的工具，统治者不仅要立法，更要带头守法执法，以法治国。

第二，提出"礼法兼用、赏罚并举"。

礼是一种自觉的道德行为规范，法则主要是一种强制性的制度规范。管仲是法家的鼻祖，但又被认为是不同于三晋法家的齐法家，一个重要的原因是管仲在推崇法治之外，还重视礼制、道德、民心的作用，是礼法并重的和谐管理的早期主张者。这种礼法并重的管理方式是当时齐国首霸春秋的重要政治原因，对后世传统社会治理模式产生了深远影响。

在刑罚的具体适用上，齐法家主张对人不能滥施刑罚，即使对犯有"不用上令"、

"寡功"、"政不治"等严重罪行的人，也可以给予两次改正悔过的机会，即所谓"一再则宥，三则不赦"（《国语集解·齐语》）。管仲甚至还主张人犯可以用"赎刑"的办法获得免刑。他任相后的改革措施之一就是下令重罪者"甲赎"，轻罪者"盾赎"，从而使齐国一时"甲兵大足"。这种观点与齐法家的"刑罚不足以畏其意，杀戮不足以服其心"的观点是一致的。

第三，突出"爱民之道、富民强国"。

齐法家在治国中要坚持以民为本，《管子·霸形》明确地把"爱民"作为"德"的核心内容提了出来。为了实施"爱民"的主张，齐法家提出了"爱民之道"，旨在把民引上"亲""殖""富""礼""正"的道路，即使民亲爱、繁殖、富裕、知礼、行为端正。与"爱民之道"相一致，齐法家还提出了"富民"的主张。

富民首先要重视农业生产。因为古代社会的经济基础在农业，农业生产是富民的根本和强国的基础。其次，富民要与民同利，让利于民。在管子看来，利益是国家和民众共同的追求，治理国家稳定天下的最高境界是统治者不与民争利，而是"与天下人同利"。再次，富民要"五行九惠之教"。管子富民思想的一个独特之处是最早提出了国家要确保社会弱势群体生活、积极推行社会保障的政策主张。在《管子·入国》中，管子提出了"老老、慈幼、恤孤、养疾、合独、问病、通穷、振困、接绝"九个方面由政府予以保障的问题，这有助于避免两极分化带来的社会动荡，稳固国家统治的社会基础。

管仲辅佐齐桓公成就了当时的霸业，但是，这种建立在人本富民基础上的国家强盛，表明管子实际执行的是"王道"或"仁政"，而不是对内严刑苛政、对外恃强凌弱的"霸道"。所以，管子的政治理念和治理功业才得到后世儒家孔子的高度赞许。

第四，主张"务本饬末、农商互辅"。

先秦时期，人们把农业视为"本"，把商业视为"末"。从"本"到"末"的称谓上，我们可以看出先秦人对商业的轻视。但齐国是个例外，它有重商的传统。姜太公初治齐，就曾"设轻重鱼盐之利"，"通商工之业，便鱼盐之利"（《齐太公世家》），故农、渔、商、盐四业均很发达。管仲改革时，继承者以传统，专门设了盐官、铁官管理工商业。齐法家受其熏陶，也主张"务本饬末则富"（《管子·幼官》）。"务本"指以农业为"本"；"饬末"，即对工商进行整顿、管理，使其有序发展。这颇有点"以农为主，以商为辅"的味道。不过，齐法家允许工商业存在与发展，却不主张工商巨贾干政。《管子·立政》中就有"百工商贾不得服长貌"的规定。因为在齐法家看来，如果让"百工商贾服长貌"（做官），就会产生"商贾在朝则货材上流"（《权修》），即卖官鬻爵的弊端。这或许就是齐国法家"饬末"的本意。

名言警句5-4

仓廪实而知礼节，衣食足而知荣辱。

勿烦勿乱，和乃自成，能正能静，然后能定，执一不失，能君万物，是故止怒莫若诗，去忧莫若乐，节乐莫若礼，守礼莫若敬，守敬莫若静，内静外敬，能反其性，性将大定。

利之所在，虽千仞之山，无所不上；深源之下，无所不入焉。

——《管子》

　　　　　《管子》的作者是管子吗？

对于管仲其人和《管子》其书的关系，有两种错误的认识需要澄清：

一是认为管仲是《管子》的作者，《管子》这部书就是管仲本人写的；二是认为《管子》完全是后人拼凑的，管仲和《管子》这部书没有任何关系。

《管子》主要内容是春秋到战国时期管仲学派成员陆续编撰而成的。因此，认为《管子》就是管仲写的，将管仲与《管子》混为一谈是不正确的。《管子》虽然不是出自管仲之手，但管仲的思想与治国理念是贯穿全书的主导。因此，认为《管子》完全是后人的杂凑之作，否定管仲与《管子》之间的联系，也是不可取的。

景点指南 5-3

景点	景色	地点	简介
管仲纪念馆		山东临淄	管仲纪念馆占地面积20万平方米，总投资近3000万元，分为馆区和园区两部分，馆区占地面积5万平方米，园区占地面积15万平方米。该馆整体设计采用中轴对称与园林分散相结合的方式。整体建筑采用挺拔、简洁的仿汉代风格造型，使其具有传统美的同时，更赋予了现代建筑文化的气息。
管子故里		安徽颍上	颍上县人杰地灵，文化积淀丰厚，春秋时期的管仲、鲍叔牙；战国时期的甘茂、甘罗；当代著名学者常任侠，作家戴厚英，两院院士陈国良、郑守仁，少林寺方丈释永信等都是颍上人。

第4节　邹衍与阴阳学派

导学 5-4

从古至今我们都是一个面朝大海的国家。面海而居的先民们从没有背弃过海洋，但对海洋的认识也千差万别。从甲骨卜辞看，中原人写下"河"字时，就写下了"海"字。《说文》释海为："天池也，以纳百川者，从水每声"，《释名》说："海，晦也"，但在上古之人眼中，海洋是天池之水，是一个充满黑暗恐怖的地方。纵观先秦三大地理经典，写"海"写得最多的是《山海经》，不过和它所写的400多座山，多不可考一样，《山海经》里的海，也多荒诞不经。重"九州"轻"四海"，在"三代"和先秦时，就已是一种正统的地理观了。而打破九州中央理论的是阴阳家的大洋学说，这一海洋理论，批评了陆地体系的小九州，重构了海洋体系的大九州。下面一起认识一下阴阳家邹衍——古代海洋理论第一人。

问题：1. 邹衍的"五德终始说"是什么？
　　　2. 邹衍创立了哪些学说？

一、邹衍的生平经历

邹衍（约公元前324～公元前250年），战国末期齐国人。阴阳家代表人物、五行学说创始人，主要成就是五行学说、"五德终始说"和"大九州说"。同时，他还是稷下学宫著名学者，因他"尽言天事"，当时人们称他"谈天衍"，又称邹子。相传其墓地在今山东省济南市章丘区相公庄街道郝庄村。邹子活动的时代后于孟子，与公孙龙、鲁仲连是同时代人。著有《邹子》《邹子终始》《主运》《大圣》，均亡佚。

齐宣王时，邹衍就学于稷下学宫，一开始用儒学游说列国国君，没有被采纳，就推出了阴阳五行学说，终于名声显赫，被各国尊为座上宾。邹子之所以采用阴阳五行学说游说国君，目的还是达到儒家追求的仁义，达到治国经世济民的目标。邹子是实用主义者，不拘泥于形式，善于变通，他认为只要能达到经世济民的目的，不管运用儒家学说还是阴阳家的观念，都是殊途同归。

知识链接5-5　　　　　　　　　**不辩胜万辩**

邹衍在各国有很高的声望，行至各国都享受到了上等的礼待，这与孔孟二贤周游列国时的境遇大不相同。

邹衍行至梁国，梁惠王亲自出城迎接，并对他行宾主之礼；行至燕国，燕昭王为他扫路，并为他造了一座宫殿，希望做他的弟子，亲自去听他讲课；行至赵国，平原君赵胜走在路旁，在他入座前为他擦拭座位上的灰尘……邹衍路过赵国时，公孙龙也在平原君赵胜处，被尊为座上宾。平原君想让他们来辩论辩论，看看谁更厉害。谁知邹衍并不买账。邹衍直接对平原君说："所谓的辩论，就是区别不同的类型，不相损害；排列不同的概念，不相混淆；阐明自己的观点，让别人清晰理解，而不是越辩越迷惘。像这样的辩论是可以参与的，辩论中胜出的一方能继续坚持自己的观点，挫败的一方也可继续追求真理。但用花言巧语来偷换概念，用繁文缛节来作论据，甚至用互相诋毁来吸引别人的辩论，只求咄咄逼人、纠缠不休，让别人不认输不罢休，这不仅妨碍了治学的根本道理，还有伤君子风度，我邹衍是绝不会参与的。"在座的人听了邹衍的这番话，不禁拍手称道。从此，公孙龙在平原君那里就受到了冷落，最终离开了赵国。邹衍这种"不辩"的态度，很受后人称道和学习。

邹衍就学于稷下学宫，又讲学于稷下学宫，齐国宣王、闵王时期邹衍均很受重视，邹衍也辅佐齐国一度辉煌，但后来齐国国君日益骄奢不听谏言，适时燕昭王招贤纳士，邹子赴燕。燕昭王久闻邹衍才学，得知他前来燕国，便亲自打扫台阶，擦净座席，在黄金台上行弟子之礼，拜邹衍为师，并新建驿馆让他居住，随时恭候他的赐教。邹衍感于燕昭王的礼遇，尽全力辅助燕昭王，燕国在邹衍的帮助下日益强大起来。燕昭王等到时机成熟，便派乐毅将兵南下攻破齐国七十城，又派兵扩疆东北，建立了渔阳郡、辽东郡。邹衍便经常到燕国各地考察，以便给燕昭王切实可行的建议。燕昭王死后，惠王即位。惠王与昭王不同，对先朝旧臣缺乏信任，加之邹衍又是齐人，故听信谗言，把邹衍逮捕下狱。传说上天感于邹衍的冤情，五月飞雪，最终邹衍平冤昭雪。而此时的齐国遭逢大乱，齐潘王已死，齐襄王即位，之后稷下学宫又恢复了过去的繁荣局面。身遭巨变的邹衍，思乡情涌，归心似箭，他又回到了让他名声显赫的稷下学宫，继续著书立说。

知识链接 5-6　　　　　　　　邹 子 吹 律

　　有一年春天，邹衍来到渔阳郡，见那里依然寒气逼人、草木干枯，百姓因为无法播种，生活得异常艰难。邹衍怀着虔诚之心，登上郡城南边的一座小山，吹起律管，演奏春之曲。他不眠不食连吹了三天三夜，直到冰雪消融，空气中飘来暖风。于是树变绿了，小草发芽了，百姓可以下地播种了。邹衍又找来许多当地没有的良种，一一教农民识别、耕种。从那以后，渔阳百姓渐渐过上了好日子。为了纪念邹衍的帮助，就把他吹律管的小山定名为黍谷山，又在山上建了邹夫子祠，在祠前栽了两颗银杏树。时至今日那两棵银杏树依然枝繁叶茂，散发着一缕缕的清香。后来此地便成了密云一景，叫"黍谷先春"。唐朝时李白曾写过一首《邹衍谷》的诗来称赞邹衍的精神："燕谷无暖气，穷岩闭严阴。邹子一吹律，能回天地心。"

　　洪武十年密云城建成，知县听取了百姓建议，便在东门外修了邹夫子祠，重新立碑，碑文仍是"邹衍吹律旧地"。百年以后，祠庙又毁，碑也不知去向。万历年间密云新城建成后，经过官民的努力在原处（当时已是"夹道"了）又建祠立碑。这个碑一直保存到现在。夹道如今已改造为宽阔的新中街口，碑则移立在文庙院内的碑林里。

　　"邹衍吹律"的传说至今还流传在密云大地，百姓怀念这位关心人民疾苦的先贤啊。

二、邹衍的学说以及贡献

（一）阴阳五行论与五德终始说

　　邹衍根据土、木、金、火、水五行之间的循环相克关系创立了五德终始说，试图用五行相生相克的理论来说明事物运动变化的普遍规律，说明事物之间存在着对立统一的关系，具有朴素唯物主义和辩证法的思想因素。此外，此学说还被用来解释历史发展和朝代更替，它把历史的变化看做合理的、必然的，绝对没有万世长存的朝代。

　　五德指土、木、金、火、水五种德运，它们之间存在木克土、金克木、火克金、水克火、土克水的关系（图5-6）。历史发展正是按照这种顺序循环往复，每一朝代都有五德中的一种与之相配合，由此种德运决定这个朝代的命运。新的朝代将要兴起之时，上天必然会出现某种符瑞作为征兆。邹衍的五德终始说具有一定的进步性，但却忽视了历史变革的社会和经济原因，将朝代更替归结为神秘的天意，客观上变成了改朝换代的理论工具，受到历代新王朝建立者的信奉。秦始皇统一六国后，根据邹衍"水德代周而行"的论断，以秦文公出猎获黑龙作为水德兴起的符瑞，进行

图 5-6　阴阳五行论

了一系列符合水德要求的改革，以证明其政权的合法性，遂成为五德终始说的第一个实践者。邹衍的五德终始说不仅在当时受到重视，对后世的学术和政治也产生了重大影响。董仲舒将邹衍的阴阳五行学说与儒学相结合，不仅开了汉代儒学阴阳五行化的

先河，后来还成为支持"君权神授"学说的理论框架。

（二）大九州论

邹衍的大九州学说认为赤县神州（中国）内的九州是小九州，神州之外还有同样的八个大州，连神州算在一起是大九州，这才是整个天下。就是说中国之外还有大州大洋，邹衍的"大九州"论成为中国古代具有"海洋开放型地球观"的第一人。邹衍在距今二千三百多年前就预言了大洲和大洋的存在，这比欧洲学者对地球做出相似的预测早了近一千八百年。邹衍的大九州说虽然是建立在主观推测的基础上，缺乏严密论证和科学判断，但在当时对中国以外的地理几乎一无所知的情况下，无疑突破了人们狭隘的地理观念，开阔了人们的视野，激发了人们探索域外的热情，对古代地理学、海洋学有相当大的贡献。

（三）后世影响及历史评价

邹衍的阴阳五行思想是中国古代唯物哲学朴素的自发的辩证法，对后世哲学、医学、历法、宗教、建筑等领域都有很深的影响。尤其是在中医学的发展上阴阳五行学说贡献颇丰，它被广泛地运用于医学领域，用以说明人类生命起源、生理现象、病理变化，指导临床诊断和防治，成为中医理论的重要组成部分。燕齐一带的方士宋毋忌、正伯侨、充尚、羡门高将神仙学说、方术与黄老道学和邹衍的阴阳五行学说糅合起来形成了方仙道。方仙道的出现是黄老道学向宗教演变的征兆，以至汉时道教的出现都离不开邹衍阴阳五行学说的影响。

无论学习儒学还是创立阴阳五行学说、大九州学说，邹衍的目的只有一个，即追求经世致用之学。不管是钻研学问，还是治理国家，务实才是最根本的，这也充分体现了邹衍匡世济民的入世精神。司马迁在《史记》中把他列于稷下诸子之首，称"邹衍之术，迂大而宏辨"。

名言警句5-5

邹子之徒论著终始五德之运，及秦帝而齐人奏之，故始皇采用之。

——《史记·封禅书》

东莱吕氏曰：方邹衍推五德之运，人视之，特阴阳末术耳，若无预于治乱之数也。及至始皇始采用之，定为水德。以为水德之治，刚毅戾深，事皆决于法，刻削毋仁恩和义，然后合五德之数。于是，急法，久者不赦，则其所系岂小哉。

——《汉书·艺文志考证》

小 结

本章主要介绍了稷下学宫的发展史、地位、作用及荀子在稷下学宫的作用，讲述了墨子的主张及墨家学说"兼爱""非攻"的现实意义，概述了管子及齐法学派的主张，简要说明了邹衍及其主张的"阴阳五行论""大九州论"。通过本章内容的学习，我们可以汲取古代思想精华，增强文化自信，更好地服务于中国特色社会主义事业。

自测题

一、填空题

1. 稷下学宫，又称稷下之学，战国时期田齐的官办高等学府，始建于_____，继承齐国尊贤纳士的优良传统，在齐都临淄的稷门附近建起了巍峨的学宫，设大夫之号，招揽天下贤士。

2. 孔子中心思想为"仁"，孟子中心思想为"义"，荀子继二人后提出_____，重视社会上人们行为的规范。

3. 墨子，名_____，春秋末战国初期鲁国人，墨家学派的创始人，后人尊称墨子为_____。

4. 墨子是中国历史上第一位在力的作用、杠杆原理、_____、光影关系、_____、点线面体圆概念等众多领域都有精深造诣的人。

5. 司马迁在《史记》中把_____列于稷下诸子之首。

二、选择题

1. "民为贵，社稷次之，君为轻。"体现了孟子的（　　）

　　A. 教育思想　　　B. 学术思想

　　C. 等级观念　　　D. 民本思想

2. 春秋时期，管仲辅佐齐桓公称霸。周王准备以上卿之礼赐管仲，管仲推辞说："臣，贱有司也，有天子之二守国、高在，若节春秋（两季）来承王命，何以礼焉？"这反映了（　　）

　　A. 宗法政治渐趋瓦解

　　B. 周朝统治基础有所扩大

　　C. 分封制度逐渐恢复

　　D. 中央集权制度初步形成

3. 荀子是战国末期著名的哲学家、思想家、教育家，以下不属于荀子言论的一项是（　　）。

　　A. 认为人性本恶

　　B. 强调学习、积累

　　C. 尊王攘夷

　　D. 隆礼重法学说

4. 在稷下学宫发展史上，（　　）三度担任稷下学宫祭酒。

　　A. 孟子　　　　　B. 荀子

　　C. 管子　　　　　D. 墨子

5. （　　）是春秋时期法家代表人物，中国古代著名的经济学家、哲学家、政治家、军事家，周穆王的后代，被誉为"法家先驱""圣人之师""华夏文明的保护者""华夏第一相"。

　　A. 管子　　　　　B. 荀子

　　C. 邹衍　　　　　D. 墨子

6. 上之为政，得下之情则治，不得下之情则乱，是（　　）的名句

　　A. 管子　　　　　B. 孟子

　　C. 墨子　　　　　D. 荀子

三、简答题

1. 简述荀子在稷下学宫的作用。

2. 简述墨家学说的核心思想——兼爱、非攻的含义。

3. 简述齐法学派的主要观点。

实践教学设计

【实践题目】

参观位于山东淄博的齐国故城遗址博物馆

【实践类型】

　　参观

【实践目标】

　　通过参观齐国故城遗址博物馆，深入了解以管仲为代表的齐法学派在政治、经济、军事以及外交方面所进行的变革，领悟春秋战国时代齐国的文化和文明，培养学生对中华优秀传统文化的情感。

【实践方案】

　　时间：一天

　　地点：齐国故城遗址博物馆

　　流程：

　　　　一、预热。教师带领同学们回顾齐法学派的代表主张，分析齐国故城博物馆所代表的文化类型及其价值、影响。

　　　　二、参观。提醒学生记录重点信息，在允许的情况下，拍照或摄像。

　　　　三、要求学生撰写观后感，按规定时间提交。

　　　　四、教师点评。课上讨论交流后，做总结。

【实践结果】

　　观后感

【实践评价】

　　教师根据学生的参观表现及观后感的撰写情况给予评价。

得分表

（每 5 分一个档次）

项目	标准	满分	得分
参观情况	态度认真，遵守秩序	40	
观后感撰写情况	结构完整，感情饱满，内容丰富，夹叙夹议，图文并茂	60	
总分	以上各项得分相加	100	

第 6 章

科　技

　　齐鲁文化的沃土，培育和造就了齐鲁人民坚忍不拔、勇于创新、包容和谐的品格，正是在这种品格的孕育下，齐鲁大地科学家层出不穷，科学发明、科技著作不断涌现。你知道齐鲁大地上有哪些著名的科学家吗？你知道这些科学家有哪些重要的发明吗？你知道齐鲁大地出现过哪些著名的科学著作吗？下面就让我们一起走进齐鲁科技，去认识那些星光夺目的科学家们吧。

　　在中国古代科技史中，齐鲁科学家们闪耀着夺目的光辉。中国古代科学技术之源有不少要上溯至齐、鲁。诞生在齐鲁大地的《考工记》是我国第一部手工业技术的百科全书；《管子》中有关我国农学、水利学、植物生态学等的篇章被公认为是各有关学科领域里最早的学术论文；《墨子》里记载了我国古代关于光学、几何学和力学等科学原理的研究成果；甘德是中国天文学先驱之一；邹衍为中国提出开放型地理观第一人；西汉氾胜之《氾胜之书》是我国现存最早的农书。

第1节　巧圣鲁班

导学 6-1

　　"中国梦"的实现离不开所有人的努力和个人梦想的实现。"中国制造"需要一大批大国工匠来实现，职业教育旨在培养高技能人才，工匠的培养和"工匠精神"的教育是职业教育最核心的任务。工匠是有工艺专长的匠人；工匠精神是指工匠不仅要具有高超的技艺和精湛的技能，而且还要有严谨、细致、专注、负责的工作态度和精雕细琢、精益求精的工作理念，以及对职业的认同感、责任感、荣誉感和使命感。

　　中国古代有许多著名工匠，他们身上体现的工匠精神一直影响和激励后人。今天我们来认识其中最有名的代表之一：巧圣鲁班。

　　问题： 1. 鲁班有哪些发明创造？

　　　　　　2. 鲁班身上体现出了哪些值得我们学习的"工匠精神"？

一、鲁班的生平

　　鲁班（约公元前507～约公元前444年），姓公输，名般，春秋时期鲁国滕地（今山东滕州市）人。因为是鲁国人，"般"和"班"同音，古时通用，古人们常称他为鲁班（图6-1）。

　　鲁班生活在春秋末年到战国初期，他出生于世代工匠的家庭。鲁班的家乡是著名的工匠之乡，是鲁国的匠作营。当时的鲁国贵族出于礼治的诸多需要，也就成就了这处百工之乡。鲁班从小跟着家人参加过许多土木建筑工程，逐渐掌握了技能，积累了

图 6-1　鲁班塑像

丰富的经验。

工匠出身的鲁班，对如何提高劳动效率和工艺水平十分专注，喜欢小发明、小创造，专注于自己的职业。他的发明创造很多，包括木工用具、农具等。这些发明大大提高了工匠和劳动人民的劳动效率和工艺水平。

实际上，鲁班是中国民间"英雄崇拜"的一个对象，就像诸葛亮代表智慧、关羽代表义气、观音代表慈慧一样，鲁班则代表了技艺。鲁班是中国千千万万个无名匠师的总代表，他的身上集中体现了我国民间工匠的全部智慧，是一个虚拟人物，至多是人们对公输般这个真实人物进行"周延"而演绎出来的人物。

知识链接6-1

"有眼不识泰山"。传说鲁班是位高人，但也有看走眼的时候。鲁班当年招了很多徒弟，为了维护班门的声誉，他定期会考察淘汰一些人，其中有个叫泰山的，看上去笨笨的，来了一段时间，手艺也没有什么长进，于是鲁班将他扫地出门。几年以后，鲁班在街上闲逛，忽然发现许多做工精良的家具，做得惟妙惟肖，很受人们欢迎。鲁班想这人是谁啊，这么厉害，有人在一旁告诉他："就是你的徒弟泰山啊。"鲁班不由感慨地说："我真是有眼不识泰山啊！"

"班门弄斧"也是与鲁班有关的一个成语。它的意思是：在鲁班门前舞弄斧子。比喻在行家面前卖弄本领，不自量力。这句成语有时也用作自谦之词，表示自己不敢在行家面前卖弄自己的小本领。

二、鲁班的发明创造

鲁班的发明创造很多，《事物绀珠》《物原》《古史考》等不少古籍记载，鲁班在建筑、木工、机械和农具等方面，发明、改良了许多生产工具和生活用具，我们今天使用的很多工具都出自他的手。这些发明使当时工匠们和人民群众从原始繁重的劳动中解放出来，劳动效率成倍提高，使得这些行业出现了崭新的面貌。

（一）木工工具

木工使用的不少工具器械都是他创造的，如曲尺（也叫矩或鲁班尺），又如墨斗、刨子、钻子、锯子等工具传说都是鲁班发明的。

1. 锯子

相传有一次他进深山砍树木时，一不小心，脚下一滑，手被一种野草的叶子划破了，渗出血来，他摘下叶片轻轻一摸，原来叶子两边长着锋利的齿，他用这些密密的小齿在手背上轻轻一划，居然割开了一道口子。鲁班就从这件事上得到了启发。他想，要是用有这样齿状的工具，不是也能很快地锯断树木了吗？于是，他经过多次试验，终于发明了锋利的锯子，大大提高了工作效率。

2. 曲尺

曲尺最早的名称是"矩"，又名鲁班尺。《墨子·天志上》说："轮匠执其规矩，以度天下之方圆。"

3. 墨斗

是木工用以弹线的工具，传为鲁班发明。此工具以一斗形盒子贮墨，线绳由一端穿过墨穴染色，已染色绳线末端为一个弹墨线用的小木钩，称为"班母"，划木料时顶住木头的卡口叫做"班妻"。

（二）古代兵器

钩和梯是春秋末期常用的军用器械，传说都是鲁班发明的。

1. 云梯

《墨子·公输》记他将梯改制成可以凌空而立的云梯，用以攻城："公输盘为楚造云梯之械，成，将以攻宋"。《战国策·公输盘为楚设机章》写到墨子往见公输般时说："闻公为云梯"。《淮南子》曰：鲁班即公输般，楚人也。乃天子之巧士，能作云梯。《淮南子·兵略训》许慎注："云梯可依云而立，所以瞰敌之城中"。

2. 钩强

也称"钩拒""钩巨"。是古代水战用的争战工具，可钩住或阻碍敌方战船。传说是鲁班发明。《墨子·鲁问》记鲁班将钩改制成舟战用的"钩强"，楚国军队用此器与越国军队进行水战，越船后退就钩住它，越船进攻就推拒它。

（三）农业机具

先进农机具的发明和采用是中国古代农业发达的重要条件之一。据《世本》记载，石磨是鲁班发明的。传说鲁班用两块比较坚硬的圆石，各凿成密布的浅槽，合在一起，用人力或畜力使它转动，就把谷粒磨成粉了。这就是我们所说的磨，在此之前，人们加工粮食是把谷物放在石臼里用杵来舂捣，而磨的发明把杵臼的上下运动改变做旋转运动，使杵臼的间歇工作变成连续工作，大大减轻了劳动强度，提高了生产效率，这是古代粮食加工工具的一大进步。

《物原·器原》记载他制作了砻、碾子，这些粮食加工机械在当时是很先进的。另外，《古史考》记载鲁班制作了铲。

（四）建筑方面

鲁班在建筑方面发明创造很多，对房屋开间、基础、立柱、梁架、屋脊等中国古建筑的基本结构，鲁班都做出了杰出贡献，为建筑业的发展打下了坚实的基础。其中鲁氏榫卯结构的发明，更是中国建筑史上的重要事件，中国古建筑多为木质结构，榫卯结构的发明，适应了建筑业发展的需要。包括斗拱等都出自鲁班之手。

（五）其他发明

1. 机封

《礼记·檀弓》记他设计出"机封"，用机械的方法下葬季康子之母，其技巧令人信服。

2. 雕刻

《述异记》记鲁班曾在石头上刻制出"九州图"，这大概是最早的石刻地图。此外，古时还传说鲁班刻制过精巧绝伦的石头凤凰。

3. 伞

传说中鲁班的妻子也是一位出色的工匠，伞是她发明的。相传鲁班妻子云氏因为怜惜鲁班在风雨烈日下工作，见亭子可避雨遮阳，于是想造出一个活动亭子让鲁班带在身边，就造出了伞。

4. 打井

"古者穿地取水，以瓶引汲，谓之为井。"据说，第一个在山区打出深水井的人是鲁班。是鲁班发明创造了打井的技法，才出现了井壁以石砌垒的石井，以砖砌垒的砖井，以陶环套接的陶井，以沙灰捶抹的灰井，以木材构架的木井，人们才懂得了建井台防污水流入。

图 6-2　风筝

5. 风筝

《墨子》记载"公输子削竹木为鹊，成而飞之，三日不下"这里所说的"削竹木为鹊"应是指的风筝（图 6-2），鲁班是风筝的发明者。

6. 滑轮

传说拉水的滑轮也是鲁班发明的。当年鲁班看见乡亲们一头挑着瓦罐，一头挑着一团井绳走上井台，一抽一抽地半天提不上一罐子水来时，他觉得乡亲们太辛苦，于是千思万想想出了拉水的滑轮。

7. 锁钥

在周穆王时已有简单的锁钥，形状如鱼。鲁班改进的锁钥，形如蠡状，内设机关，凭钥匙才能打开，能代替人的看守。

三、鲁班对后世的影响

2400 多年来，人们把古代劳动人民的集体创造和发明也都集中到他的身上。因此，有关他的发明和创造的故事，实际上是中国古代劳动人民发明创造的故事。鲁班的名字实际上已经成为古代劳动人民智慧的象征。后来人们为了纪念这位名师巨匠，把他尊为中国土木工匠的始祖。

名言警句 6-1

墨子鲁班，鲁国双圣

——季羡林（图 6-3）

"不以规矩，不成方圆"，鲁班的高超技艺启示后人的是循规蹈矩的严谨；"周虽旧邦，其命维新"，鲁班的众多发明启示后人的是革故鼎新的勇敢。祖师爷也好，发明家也好，鲁班说到底还是一个打工者，一个手艺人。在我们以民为贵的历史传统里，在我们以人为本的当代理念里，人们对鲁班的敬重表达的都是对劳动的尊重，对知识的褒扬。

只要是人们遭遇很难解决的复杂工程问题时，无论哪朝哪代，鲁班就会出现指点迷津。鲁班成了一个被神话的人物。明朝人编的木工手册也取名为《鲁班经》。时至今日，远在云南的乡村，人们还把他的生日（每年农历四月初二）定为鲁班节来进行庆祝。

图 6-3　季羡林题词碑刻

知识链接 6-2

明成祖朱棣迁都北京，营造紫禁城时，一夜梦见仙楼，有天仙老人告诉他，"此楼乃九梁十八柱七十二脊"。次日即命工部在城角按照梦中仙人所示的图纸建造，这可难倒了建造工匠。工匠们无法交差，急得想要自杀。此时鲁班以卖蝈蝈老人的形象出现，手提一蝈蝈笼子，恰好是角楼的模型。工匠们受到启发，得以完成任务，修成了现在还存在的北京故宫角楼。

今天在中国建筑行业，为了表彰在该领域做出突出贡献的单位和个人，所评选的行业荣誉就命名为"鲁班奖"。

知识链接 6-3

"鲁班奖"的全称为"中国建筑工程鲁班奖"（国家优质工程）（图 6-4）。1987 年设立，1996 年将政府设立并组织实施的国家优质工程奖与建筑工程鲁班奖合并。该奖是中国建筑行业工程质量方面的最高荣誉奖。

图 6-4　鲁班奖的奖杯和证书

景点指南 6-1

景点	景色	地点	简介
鲁班纪念馆		山东滕州	鲁班纪念馆位于滕州龙泉广场，占地 15.2 亩。主体建筑突出"百工圣祖"的特点，采用仿古式建筑风格，以鲁班发明的榫卯结构为主，混凝土框架为辅，构建飞檐画栋、美轮美奂的仿古建筑。设有圣祖堂、公祭大厅、木工器械馆、石器馆、兵器馆、建筑厅、鲁班传人成果厅等。是目前全国建筑体量最大、功能最全的纪念鲁班的专门场馆。
鲁班庙		天津蓟州	鲁班庙，始建年代不详。清朝康熙、乾隆、光绪年间三次重修。位于城区鼓楼北侧、蓟州一中西南侧，整座建筑布局严谨，造型小巧别致、雕梁画栋，工精料细。由山门、大殿和东、西配殿组成，占地八百多平方米。据罗哲文先生考证，这是国内唯一独立供奉鲁班的庙。

第2节 神 医 扁 鹊

导学6-2

　　大医精诚，作为一名医护人员，救死扶伤是自己的使命，时刻为患者的健康着想，把救活生命当作毕生追求。如何成为一名合格的医护人员，如何做到为神圣的职业而自豪，扮演好自己的职业角色？下面我们来认识一位毕生对医术精益求精，把救死扶伤作为己任，不畏艰难、勇于攀登的神医、圣医——扁鹊。

　　问题: 1.扁鹊对中国中医药做出了哪些贡献？
　　　　　2.扁鹊身上体现了哪些做一名优秀医生的职业素质？

一、扁鹊的生平

图6-5　扁鹊

　　扁鹊（公元前401～公元前310年），姓秦，名越人，号卢医，齐国卢邑（今山东长清县）人（图6-5）。

　　扁鹊年轻时虚心好学，做过管理旅店的"舍长"，这期间结识了长桑君，拜其为师学医，刻苦钻研医术，"出入十余年"，终于学成，遂以行医为业。其行医范围，开始时，"或在齐，或在赵"，后又到宋、卫、郑、周、秦等国，走遍了当时比较繁荣的黄河流域。在行医过程中，他把积累的医疗经验，用于平民百姓，周游列国，到各地行医，为民解除痛苦。由于扁鹊医道高明，为百姓治好了许多疾病。

知识链接6-1

　　在山东微山县出土的汉代石刻中，曾有扁鹊的形象，他人手人面，头戴冠帻、鸟身禽立、拖着一束长尾。人们将扁鹊刻画成人首鸟身的模样，既反映了原始鸟图腾的崇拜意识，也说明扁鹊在人们心目中是一个神人（图6-6）。

图6-6　汉代石刻画像中的扁鹊

　　扁鹊在自己的医疗生涯中，不仅表现出高超的诊断和治疗水平，还表现出高尚的医德。他谦虚谨慎，从不居功自傲。如他治好虢太子的尸厥证后，虢君十分感激，大家也都称赞他有起死回生之术，扁鹊却实事求是地说："患者并没有死，我只不过能使他重病消除、回复他原来的状态而已，并没有起死回生的本领。"

　　扁鹊的一生充满坎坷，受诬于齐桓侯，见讥于中庶子，得罪于宋君，遭拒于卫人，后见妒于李醯。因医治秦武王病，被秦国太医令李醯妒忌杀害于他乡。

从司马迁的《史记》及先秦的一些典籍中可以看到扁鹊既真实又带有传奇色彩的一生。《史记·扁鹊仓公列传》《战国策·秦二》里均记载有他的传记和病案。

二、扁鹊的医学成就

扁鹊医术高超全面，精通内、外、妇、儿、五官各科，过邯郸，闻贵妇人，即为带下医；过雒阳，闻周人爱老人，即为耳目痹医；来入咸阳，闻秦人爱小儿，即为小儿医：随俗为变。扁鹊奠定了中医学的切脉诊断方法，开启了中医学的先河。扁鹊创造了望、闻、问、切的诊断方法，称它们为望色、听声、写影和切脉，并创立了脉学理论，奠定了中医临床诊断和治疗方法的基础。是中国传统医学的鼻祖，中医理论的奠基人，尤其是对中医药学的发展有着特殊的贡献。对中国古代医学技术和医学思想都做出了重要贡献。

扁鹊的治疗方法灵活多样，他擅长针灸，精于望诊、脉诊，在行医过程中应用砭刺、针灸、按摩、汤液、热熨等法治疗疾病。相传有名的中医典籍《难经》为扁鹊所著。《汉书·艺文志》也记载，扁鹊有著作《内经》和《外经》，但均已遗失。

（一）脉诊及脉学理论

扁鹊不仅在医疗实践中对脉诊运用自如，而且在脉诊理论上也有重大贡献。据《史记》记载，赵简子得病，"五日不知人"，扁鹊诊断后说："血脉治也，而何怪！……不出三日必间，间必有言也。"经扁鹊治疗，两天半后，赵简子果然苏醒。扁鹊通过切脉为赵简子作出正确诊断，并成功地为他治好了病。"所以贵扁鹊者，非贵其随病而调药，贵其揽息脉血，知病之所从生也"。

据研究证明，扁鹊的脉学著作（或是由后人整理而成的）虽已失传，但却部分地保存在《素问》《灵枢》《难经》以及《脉经》中，通过分析研究这些著作，可大致了解扁鹊在脉学理论上的贡献。

1.《难经》中的"独取寸口"

《难经》旧题"战国秦越人撰"。有人认为它是唯一留传下来的扁鹊著作，有人认为它是扁鹊学派的著作。该书共81章，以问答形式解释《黄帝内经》中关于脉法、经络、脏腑、疾病、胸穴、针法等方面的疑问。特别对脉法、针法等内容的论述，是研究中医学的重要文献。在扁鹊之前，中医脉诊为遍身诊。扁鹊认识到人体气血运行的整体性和统一性，发明切脉于手腕的寸口，这是中医诊断学上的一次大的进步。它在扁鹊那个时代是最先进的脉诊法，至今仍用于中医临床实践，影响深远，延续了2000多年。

2.《脉经》中的扁鹊脉学理论

《脉经》是西晋太医令王叔和编撰的（图6-7）。它是我国现存最早的脉学专著，使祖国传统的脉学理论臻于成熟，提到新的高度。扁鹊的脉学理论被吸收在《脉经》里，《脉经》卷五中有四个部分记录的是扁鹊的脉学理论。

图6-7 《脉经》

知识链接6-5

王叔和（201～280年），山阳高平（今山东微山县）人。魏晋之际的著名医学家、医书编纂家。在中医学发展史上，他做出了两大重要贡献，一是整理《伤寒论》，二是著述《脉经》。《脉经》是我国第一部完整而系统的脉学专著，使脉学正式成为中医诊断疾病的一门科学。

根据《脉经》所保存的扁鹊脉学看，中国医学基础理论中的脉气循行概念、五色诊断方法以及决生死等一些重要脉诊内容来源于扁鹊的理论。

（二）望诊

他精于望色，通过望色判断病症及其病程演变和预后。相传扁鹊曾通过"望齐桓侯之色"而准确判断其病情。扁鹊的望诊即"五色诊病法"，其内容涉及五色的正常与异常，如："青欲如苍璧之泽，不欲如蓝""白欲如鹅羽，不欲如盐""欲如重漆，不欲如炭"，等等。它还涉及各种颜色在诊断上的意义，如："目赤者病在心，白在肺""诊血脉者，多赤多热，多青多痛"，等等。这些色脉关系符合临床实际，颇有实用价值。

扁鹊还利用望诊与脉诊来决死生。"决死生"是对患者，特别是危重患者的预后分析。如"病人面黄目青者不死，青如草滋死""病人面赤目青者六日死""人病脉不病者生，脉病人不病者死"。这是扁鹊望诊与脉诊学中的重要内容，在扁鹊的医学理论中占有突出地位。

在治疗方面，扁鹊能熟练运用综合治疗的方法。扁鹊是一位能兼治各科疾病的多面手，齐桓侯、虢太子等案例，都说明他是内科方面的能手。据记载，扁鹊还精于外科手术，而且应用了药物麻醉来进行手术。

（三）扁鹊在医学思想上的贡献

在医学思想方面，扁鹊提出"六不治"原则。即"骄恣不论于理，一不治也；轻身重财，二不治也；衣食不能适，三不治也；阴阳并，藏气不定，四不治也；形羸不能服药，五不治也；信巫不信医，六不治也"，"六不治"前五条的科学性在于强调心理健康、养生保健以及患者平素的体质直接关系到治疗效果。第六条体现了扁鹊唯物主义和无神论的思想。扁鹊作为一位卓越的医学家，比同时代一般人更清楚地认识到医的科学性和巫的欺骗性。他站在科学的立场上抨击了"信巫不信医"的思想，为医学科学健康发展做出了贡献。

扁鹊十分重视疾病的预防。从齐桓侯这个案例来看，他之所以多次劝说及早治疗，就寓有防病于未然的思想。他认为对疾病只要预先采取措施，把疾病消灭在初起阶段，是完全可以治好的。

《史记·扁鹊仓公列传》中记载的扁鹊治虢太子"尸厥"和为齐桓侯诊病等事迹。经考证这些故事不是信史。但是其中反映出的针灸、脉诊和望诊等医术都是扁鹊所擅长的。这类故事的产生、流传、甚至被写入正史，从另一个侧面说明了扁鹊在中国古代医学史上的重要地位。在历史的发展中，人们对做出过杰出贡献、造福后世的人加以渲染和神化，这是完全可以理解的。

三、扁鹊对后世的影响

扁鹊奠定了祖国传统医学诊断法的基础。他用一生的时间，认真总结前人和民间经验，结合自己的医疗实践，在诊断、病理、治法上对祖国医学作出了卓越的贡献。扁鹊的医学经验，在我国医学史上占有承前启后的重要地位，对我国医学发展有较大影响。在医学界，历来把扁鹊尊为我国古代医学的祖师，说他是"中国的医圣""古代医学的奠基者"。

名言警句 6-2

至今天下言脉者，由扁鹊也。

扁鹊言医，为方者宗。守数精明，后世修（循）序，弗能易也。

——司马迁

国内有纪念扁鹊的古迹多处。扁鹊一生四海行医，足迹遍布大半中国。因此，在很多地方都建有扁鹊的纪念设施，仅扁鹊墓就有多处，由此可见，扁鹊受人民群众的崇敬和爱戴之深。山东济南有鹊王山扁鹊墓，山西永济、陕西临潼也有扁鹊墓，山东长清有卢医墓，河南、山西有卢医庙，河北南宫有扁鹊村和赵简子赐田处等。在河南省汤阴县的一个叫"伏道"的地方，也建有一座扁鹊墓。据说刺客探知扁鹊要回齐国，必经此处，便伏于道旁，将扁鹊刺死，故取名"伏道"。扁鹊被刺后，人们将他就地埋葬并在墓前建了祠。

从古至今，一些医家、名士多去瞻拜扁鹊纪念之地，留下了不少祭奠的文章和缅怀的诗篇。

名言警句 6-3

昔为舍长时，方伎未可录。一遇长桑君，古今皆叹服。天地为至仁，既死不能复。
先生妙药石，起虢何效速！日月为至明，覆盆不能烛。先生具正眼，毫厘窥肺腹，
谁知造物者，祸福相倚伏。平生活人手，反受庸医辱。千年庙前水，犹学上池绿。
再拜乞一杯，洗我胸中俗。

——王磐《扁鹊墓》

景点指南 6-2

景点	景色	地点	简介
扁鹊墓		济南鹊山	济南北郊鹊山西麓有扁鹊墓，墓前石碑署"春秋卢医扁鹊墓"，并有清乾隆十八年（1753 年）重整字样。鹊山之名，来自神医扁鹊。据传说，扁鹊曾在山上炼制丹药，死后就葬在了此山脚下，因此山以人显，遂改为了鹊山。扁鹊葬于鹊山的传说事过两千多年，口耳相传。《长清县志》载"今卢地有越人墓"。秦越人墓，即扁鹊墓。

续表

景点	景色	地点	简介
鹊山祠		河北邢台	即扁鹊庙，位于河北省邢台市内丘县，占地3700平方米，现为全国重点文物保护单位。史书记载：赵简子为答谢扁鹊治病之功，将中丘（今邢台内丘）蓬山一带四万亩土地赐封给扁鹊，扁鹊遂将此作为行医采药之地。据《内丘县志》记载，扁鹊庙汉唐有之，始建不详。自汉至今，历代均有修葺，现存为元代建筑，是全国最早、最大、最著名的纪念扁鹊的古建筑。

第3节　贾思勰和《齐民要术》

导学6-3

农业是人类衣食之源、生存之本，是一切生产的首要条件。我国是一个农业大国，有着历史悠久的传统农业，国土幅员辽阔，区域间差异十分显著，农作物类型和作物栽培制度各不相同，如何保证农业生产的发展和进步？如何提高农业生产力水平？一直都是人们关注的问题。我国历朝历代均高度重视农业生产的发展，经过各族劳动人民共同努力，在精耕细作、用养结合、地力常新、农牧结合等方面都积累了丰富的经验。在农业历史发展的过程中，南北朝时期有一个历史人物非常善于总结农业生产的先进经验，编写了一部举世闻名的农书，在中外农学史上都占据重要地位。让我们一起走进贾思勰和他的《齐民要术》。

问题： 1. 《齐民要术》属于哪一门学科？贾思勰是怎样写成此书的？

2. 《齐民要术》的主要内容是什么？

3. 《齐民要术》对于农业生产有什么作用？影响如何？该书有何历史地位？

一、贾思勰的生平及主要成就

（一）贾思勰的生平

贾思勰（5世纪末~6世纪中叶），北魏齐郡益都县（今山东寿光市）人，生平不详，中国北朝北魏农学家。史籍记载，他出生在一个世代务农的书香门第，其祖上很喜欢读书、学习，尤其重视农业生产技术知识的学习和研究，对贾思勰的一生有很大影响。他的家境虽然不是很富裕，但却拥有大量的藏书，使他从小就有机会博览群书，从中汲取了各方面的知识，为他以后编撰《齐民要术》打下了基础（图6-8）。

贾思勰成年以后，开始走上仕途，曾经做过高阳郡（今山东淄博市临淄区一带）太守等官职。其生活的年代正值北魏由经济繁荣、社会安定走向经济衰落、政治腐败，社会动荡、战乱频仍。他深感恢复国民经济、保障人民生活对巩固

图6-8　济南泉城广场的贾思勰塑像

政权实为必要。贾思勰自任职高阳太守开始，就致力于农学研究，足迹遍至今河南、山西、河北、山东等地。每到一地，他都非常重视农业生产，认真考察和研究当地的农业生产技术，向一些具有丰富经验的老农请教，获得了不少农业方面的生产知识。中年以后，他卸任回到故乡，开始经营农牧业，亲自参加农业生产劳动和放牧活动，进行各种实验，饲养牲畜、栽种粮食，对农业生产有了亲身体验，掌握了多种农业生产技术。

大约在北魏永熙二年（533 年）到东魏武定二年（554 年）期间，他将自己积累的许多古书上的农业技术资料、询问老农获得的丰富经验以及自己的亲身实践，加以分析、整理、总结，怀着济世救民的抱负，写成农业科学技术巨作《齐民要术》。"齐民"，指平民，"要术"，指为从事生产生活重要事项的技术。

（二）贾思勰的主要成就

贾思勰的主要成就体现在他的著作《齐民要术》中，具体说来有以下几点。

一是建立了较完整的农学体系。贾思勰撰写的《齐民要术》全书结构严谨，创建了较为完整的农学体系，对农学类目做出了合理的划分。从开荒到耕种；从生产前的准备到生产后的农产品加工、酿造与利用；从种植业、林业到畜禽饲养业、水产养殖业，论述全面，脉络清楚。在学科类目划分上，书中基本依据每个项目在当时农业生产、民众生活中所占的比例和轻重位置来安排顺序。在饲养动物方面，按照马、牛、羊、猪、禽类的顺序，多是各按相法、饲养、繁衍、疾病医治等项进行阐说。对水产养殖也安排一定的篇幅作专门介绍。叙述的农业技术内容重点突出，主次分明，详略适宜。这种注重种植业、养畜业、林业、水产业、加工业间的密切联系，叙述所处疆域兼及其境外农产的结构体系，在中国农业科学技术史上具有首创的意义。

二是精辟透彻地揭示了黄河中下游旱地农业技术的关键所在，规范了耕、耙、耱等项基本耕作措施。贾思勰在书中介绍耕、耙、耱等重要农具，对耕、耙、耱、锄、压等技术环节的巧妙配合，犁、耧、锄等的灵活操用诸方面都作了系统的归纳，规范了秋耕、春耕的基本措施；书中在改造土性、熟化土壤、保蓄水分、提高地力，在作物轮作换茬，在绿肥种植翻压，在田间井群布局与冬灌等方面，有许多重要的创见。贾思勰把黄河中下游旱地农耕技术在添加重要的新内容的同时，推向了较高的水平。

三是将动物养殖技术向前推进了一步。贾思勰既总结了历代的家畜饲养经验，也吸取了北方各民族的畜牧经验。书中根据动物形态鉴别品种优劣的知识，介绍了饲养牲畜的各种措施，提出要依据各种动物的生长特性适其天性进行管理。贾思勰已注意到饲育畜禽等在群体中要保持合理的雌雄比例，并在书中做了详细的描述。

贾思勰在书中总结了我国 6 世纪以前家畜家禽的饲养经验并搜集记载了兽医处方四十八例，涉及外科、内科、传染病、寄生虫病和普通病等方面。这也是我国现存最早的有关兽医药学的记载。

四是记录了农产品加工、酿造、烹调、贮藏等技术。贾思勰把这些技术在《齐民要术》中做了详细记录，并占显著地位。其中记录的我国独特的制曲、酿酒、制酱、作醋、煮饧以及食品保存和加工工艺，许多是现存最早的资料。

五是记载有许多精细植物生长发育及有关农业技术的观察材料。贾思勰用了不少篇幅介绍了蔬菜种植、果树和林木的扦插、压条和嫁接等育苗方法以及幼树抚育方面的技术。在植物保护方面，提出了一些防治病虫害的措施。贾思勰非常重视选育良种对于提高农畜产品的产量和质量的重要作用。贾思勰所做的都是很有启发意义的观察记载材料，得到了后世农学家的重视。

六是重视对农业生产、科学技术与经济效益进行综合分析。贾思勰尽管在《齐民要术》序中写有"故商贾之事，阙而不录"的话，反映他受当时崇本抑末、非议经商的思想影响较深。但在全书中，如栽种蔬菜瓜果、植树营林、养鱼、酿造等篇，却详细描述了怎样进行多样经营，如何到市场售卖，怎样多层次利用农产品等有关经济效益的内容。书中还记载较多以小本钱多获利的实际操作。现代学者从经济科学角度研究《齐民要术》，认为本书不单是一部影响深远的古代农业技术典籍，也是关于中国封建社会农业经营方法的百科全书。

名言警句 6-4

顺天时，量地利，则用力少而成功多。任情返道，劳而无获。

采捃经传，爰及歌谣，询之老成，验之行事。

入泉伐木，登山求鱼，手必虚；迎风散水，逆坂走丸，其势难。

天为之农，而我不农，谷亦不可得而取之。

智如禹汤，不如常耕。

——贾思勰

此外，贾思勰在《齐民要术》中有关水稻催芽技术的记载是中国农学史上的最早记录；他在书中记载了丰富的微生物学内容，说明当时的人们已能较熟练地掌握微生物发酵技术，用来进行农产品加工。贾思勰通过归纳总结把这些技术上升到比较系统的规律性认识。

二、《齐民要术》的著书特点和历史意义

（一）《齐民要术》的著书特点

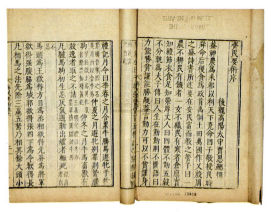

图 6-9　《齐民要术》

《齐民要术》是一部规模宏大、内容丰富的农业科学专著，全书共 92 篇，分成 10 卷，正文大约 7 万字，注释 4 万多字，加上书前的《自序》和《杂说》，共 11 万多字。《齐民要术》全书包括土壤耕作和农作物栽培管理技术；园艺和植树技术，含蔬菜和果树栽培技术；动物饲养技术和畜牧兽医；农副产品加工和烹饪技术等，以至文具、日用品的生产等，几乎所有农业生产活动都作了比较详细的论述（图 6-9）。

《齐民要术》在编著的过程中，认真吸收前人的典籍和农书中的精华，搜罗了大量农谚歌谣。书中许多卷篇都有相当分量的前代文献引述，为后世农书树立了范例，这是本书一大特点。西汉《氾胜之书》已佚失，它的重要片段由于《齐民要术》的摘引，才得以保存下来。陶朱公的《养鱼经》等佚籍亦是如此。历史文献的征引，一方面使人们较易看出农业科学技术的发展脉络与继承关系，极大地丰富了本书的内容；另一个方面使得这些已经佚失的重要典籍的部分内容得以保存，具有重要的史料价值。

《齐民要术》在编写过程中，非常注重考察和汇集同时代人的生产经验，注重调研和实地体验，这是本书的另一大特点。贾思勰当过太守，他对农业的研究，不是停留在嘴上，或单单把别人的经验写在纸上。他是亲自去做，有了体验，再记录下来。就是说他写出来的，或总结出来的经验，是经过实践的。"养羊第五十七"记述了他自己家养羊的经验教训；"作酢法第七十一"中讲的作醋方法，是"已尝经试"的。如果没有坚实可靠的调查访求和亲自尝试，《齐民要术》难以达到如此精炼正确的程度，更不可能影响这样久远。贾思勰从事农业科技研究总结出的"采捃经传，爰及歌谣，询之老成，验之行事"原则，几乎成为其后我国古代农学家共同遵循的守则。时至今日，农学家们也是奉为圭臬。

《齐民要术》强调遵从事物发展规律，强调因时因地制宜，这是本书的又一大特点。《齐民要术》继承了我国农学注重天时、地利和人力三要素的思想，要求人们掌握农作物的生活规律，这一基本思想贯穿于全书之中。贾思勰认识到，气候有一年四季的变化，土壤有温、寒、燥、湿、肥、瘠之分，农作物的生活和生长既有其自身的规律，又因时因地而各有所宜。要获得农业生产的好收成，就必须了解农作物的生活规律和所需生活条件，顺应农作物生长的要求。在《齐民要术》中，并没有仅仅要人们被动地去顺应天时、地利，书中更加重视人力的作用。在各篇中都着重地介绍和评述如何合理利用人力、物力，搞好经营管理的重要性。这种把天时、地利、人力有机地结合起来，强调因时制宜、因地制宜、精耕细作、合理经营的思想，对我国古代农业生产有着深刻的影响。

《齐民要术》的另一特点是儒家"经世致用"思想在书中得到了很好的体现。《齐民要术》"序"中指明，学习古圣先贤的教导，其根本目的是"要在安民，富而教之"。本书总结了历史上的重农思想，引证历史经验，希望北魏的统治阶级向历史上提倡课督农桑，对发展农业生产做出贡献的人物学习，做好农业生产和"安民"工作，以稳定和巩固封建政权。对待历代人们提出的兴农主张和具体措施，书中都是给予很高评价，称之为"益国利民，不朽之术"。书中认为农业科技水平的高低关系到国家是否富强，当下农业生产还没有达到很高的水平，有待于得到进一步的发展。

（二）《齐民要术》的历史意义

《齐民要术》系统地总结了 6 世纪前我国北方的农业生产和农业科学技术，为后来的农学奠定了基础，对后世影响很大。在中国农学史占有很重要的地位。

首先，《齐民要术》是我国第一部完整保存至今的大型农业百科全书。在《齐民要术》之前，我国也有许多农书问世，如公元前 1 世纪的《氾胜之书》等，但是它们或佚失，或者是某一方面的介绍，只有《齐民要术》涵盖了农业的方方面面和农业生产的各个环节。《齐民要术》许多卷篇都有相当分量的前代文献引述，涉及 100 多种古代农书和杂著，涉及各个方面的知识。该书是我国现存最早和最完善的农学名著，被称为中国古代农业百科全书。

名言警句 6-5

《齐民要术》是"地主治生之学的奠基之作"。

——赵靖《中国经济思想通史》

《齐民要术》是"我国现存的一部古代家庭经济学""封建地主经济的经营指南"。

——胡寄窗《中国经济思想史》

其次，《齐民要术》是中国以精耕细作为核心的传统农业发展的里程碑。《齐民要术》对秦汉以来中国黄河流域农业科学技术知识进行系统总结，其中不乏作者的独见之处，保存了汉代农业技术的精华，书中对旱地农耕作业的精湛技艺和高度理论概括，使中国农学第一次形成精耕细作的完整体系，具有里程碑的意义。在此后的 1500 多年中，中国北方旱地农业技术的发展，基本上没有超出它所总结的方向和范围。

再次，《齐民要术》对后世农学和农业生产影响深远。该书自出版后，长期受中国历朝政府重视（图 6-10）。《齐民要术》可解作平民谋生方法，亦可解为治理民生的方法。北宋时期的官刊善本不易看到，有"非朝廷人不可得"之说。唐、宋以来出现不少农书，无不以它为范本，其中，元《农桑辑要》、王祯《农书》，明代徐光启《农政全书》，清《授时通考》均受其影响。

图 6-10　清代刊印的《齐民要术》

书中所载的种植、养殖技术原理原则；播种前选种、晒种、浸种和用药物或者肥料拌种等种子处理方法；直肠掏结术和疥癣病的治疗方法；鲜菜冬季贮藏的方法；熰烟防霜方法等，这些技术或者做法，历时千年，直到今天有的还普遍应用于农业生产等领域，有的仍有重要的参考借鉴作用。

贾思勰从事农业科技研究总结出的"采捃经传，爰及歌谣，询之老成，验之行事"原则，几乎成为其后我国古代农学家共同遵循的守则。时至今日，农学家们也不能对之稍有轻忽。

最后，《齐民要术》不仅在中国农学史上占有重要地位，也是世界农学史上最早的名著之一，在世界范围内也产生了巨大的影响。《齐民要术》在国外也备受赞誉，特别在日本更是受到重视。该书约于唐末时传入日本，至今日本还藏有北宋最早刊印的残本。在日本和欧美一些国家，对《齐民要术》的研究也很流行，并称之为"贾学"。

《齐民要术》约 19 世纪传到欧洲，亦常被作为研究古物种变化的经典。19 世纪英国伟大的生物学家、进化论的创立者——达尔文说过，他的人工选择思想是从"一部中国古代的百科全书"得到启示的。从达尔文所引述的内容看，该书正是《齐民要术》。

景点指南 6-3

景点	景色	地点	简介
贾思勰 纪念馆		淄博 临淄	该馆位于齐城农业高新开发区，建筑面积1000多平方米，主要展示贾思勰生平和其对农业所作的巨大贡献；国内外现存《齐民要术》版本的实物、复制件、影印本照片、引用的历史典籍和国内外对《齐民要术》的研究情况。 该馆汇集了当今研究成果之大成，系统展示了《齐民要术》之精要，整个展厅空间丰富，具有强烈的时代感。

第4节 刘徽和《九章算术注》

导学 6-4

数学是中国古代最为发达的学科之一，通常称为"算术"，即"算数之术"。中国古代数学由于其自身的历史渊源和独特的发展过程，形成了与西方迥然不同的风格，成为世界数学发展历史长河中一支不容忽视的源头。它的历史悠久，成就辉煌。如果说一部中国数学发展史像一条源远流长的河流，那么几千年来祖先们摘取的一块块世界金牌，就是这河流中最耀眼的浪花。下面我们掬起一朵特别大的浪花，来感受一下我们祖先创造的卓越的数学成就

问题： 1．刘徽在数学领域做出了哪些贡献？

2．《九章算术注》的主要内容是什么？该书有何历史地位？

3．"割圆术"的含义是什么？与圆周率是什么关系？

一、刘徽及其在数学方面的成就

（一）刘徽的生平

刘徽，魏晋期间伟大的数学家，史籍无传，其生平事迹不可详考。据《宋史·礼志》记载，北宋末年算学祀典曾封刘徽为"淄乡男"，据《汉书》的资料，淄乡在今山东境内，可能在邹平县境，故现在一般认为他是山东滨州邹平县人（图6-11）。

刘徽自撰《九章算术注·序》中说："徽幼习《九章》，长再详览。观阴阳之割裂，总算术之根源，探赜之暇，遂悟其意。是以敢竭顽鲁，采其所见，为之作注。……又所析理以辞，解体用图，庶亦约而能周，通而不黩，览之者思过半矣。"据此，可知刘徽曾对《九章算术》作过长期的学习研究，又搜集到了当时所能见到的许多数学成果，然后采取"析理以辞"和"解体用图"的方法，对《九章算术》作详细的注释和发挥。

刘徽注中不仅明确引用《墨子》《考工记》《左氏传》的话，而且对《周易》《论语》《管子》《庄子》等先秦典籍的话，信手拈来，天衣无缝，说明他谙熟诸子百家言，这

图6-11 刘徽

是和他生活在齐鲁地区，受到良好的文化教育分不开的。

（二）刘徽在数学方面的成就

刘徽是中国古典数学理论的奠基人之一，是中国古代最伟大的数学家之一。他思想敏捷、方法灵活，既提倡推理又主张直观。他是中国最早明确主张用逻辑推理的方式来论证数学命题的人。刘徽的一生是为数学刻苦探求的一生，在数学上的成就很多，最突出的有以下三个方面：

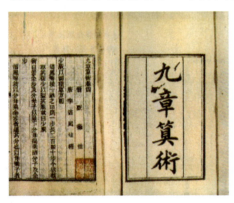

图6-12 《九章算术》

第一，刘徽在数学方面主要成就之一，是为《九章算术》做了注释，撰成了《九章算术注》。《九章算术》约成书于东汉之初，是古代流传下来的最早的一部数学著作，是以问题集的形式编著的，共有246个应用数学问题和各类问题的解法（图6-12）。该书文字非常简略，缺少对解法或结论的必要解释和说明，至于这些解法或者结论所依据的理论，更没有任何系统的探讨。注释《九章算术》是一项艰巨的工作，对此，许多学者都致力于《九章算术》的研究，刘徽是其中之一。他承担了这一历史任务，出色地并创造性地完成了工作，是一个巨大的贡献。刘徽对《九章算术》进行了全面的考订、诠释，对书中的重要结论一一证明，对其错误予以纠正，方法予以改进。在曹魏景初四年写成此书，该书共9卷（原为10卷，后第10卷"重差"以《海岛算经》为名单独行世）。《九章算术注》中显示了刘徽在众多方面的创造性贡献，是他留给后世的十分珍贵的数学遗产，是中国传统数学理论研究的奠基之作。

第二，刘徽在数学方面的另一个成就是，在对《九章算术》进行全面解说的过程中，提出一些卓越的新理论、新思想，开辟了数学发展的新途径。刘徽不仅对《九章算术》原有的各种算法和公式作了深入细致的分析研究和理论论证，而且糅合进了他自己对各种数学问题的长期思考，提出了许多《九章算术》原来没有的新的数学方法和数学理论。例如刘徽是世界上最早提出十进小数概念的人，并用十进小数来表示无理数的立方根。在代数方面，他正确地提出了正负数的概念及其加减运算的法则，改进了线性方程组的解法。在几何方面，提出了"割圆术"。他利用割圆术科学地求出了圆周率 $\pi=3.1416$ 的结果。刘徽在数学上的新贡献是多方面的，其中最精彩、并在数学史上最负盛名的，就是"割圆术"。

刘徽在自撰《海岛算经》中，提出了重差术，采用了重表、连索和累矩等测高测远方法。他运用"类推衍化"的方法，使重差术由两次测望，发展为"三望""四望"。而印度在7世纪，欧洲在15～16世纪才开始研究两次测望的问题。这些新的理论和方法，使中国古代代数、几何及计算技术的水平又提高了一步。

第三，刘徽完善而丰富的数学思想是他留给后世的另一个重要成就。他在数学理论方面，立论严谨，旁征博引，既在前人基础上，又不迷信古人，以实事求是的精神，以理服人，取得诸多数学成果；在学术思想方面，兼收百家思想，继承并发展着中国数学的传统，从而形成自己独特的数学学术思想。归纳起来主要有：程序思想，刘徽的程序思想渗透在著作的各个部分，在乘除法连续运算、方程解法等方面提出了自己的新见解，这些程序化思想也直接影响了后世的中国数学；推广思想，刘徽在《九章算术注》中一再提倡研究数学要由此及彼，善于推理，"举一反三"；演绎思想，刘徽在数学推理过程中，使用了大量图形进行论证，充分发挥了数形结合的优势。提出了"割补法"，也称"出入相补原理"；探赜思想，刘徽分析大自然中阴、阳的割裂、变化关系，总结数学中理论及其历史渊源，并认识到各种各类事物都有共同的根源，而数学问题的分支、种类虽多，但都有同一的主干，都发源于同一根源。

二、《九章算术注》的价值和影响

（一）《九章算术注》的价值

《九章算术注》是中国古代重要数学著作之一，是历代对《九章算术》所作的注释和研究中最有价值的一种（图6-13）。它的价值主要体现在以下几个方面。

图6-13　《九章算术注》

第一，运用逻辑方法对《九章算术》中的一系列数学概念都作出了科学的定义。《九章算术》在给出数学法则和公式时，曾使用了大量的数学概念，但这些数学概念基本上都是约定俗成的，并没有明确的定义。而数学概念没有明确的定义，必然含义模糊，不易理解，影响理论研究的开展。因此，作为理论研究的第一步，刘徽不厌其烦地对古代数学中的名词概念逐个进行科学定义。书中经刘徽定义的数学概念多达二十余个，如率、齐、同、衰分、列衰、正负、勾、股、弦等，而且都非常简洁明了。如"率"是《九章算术》中使用最多的概念之一，刘徽把它定义为："数相与者"，指出当两数同时缩小或同时扩大若干倍时，其率不变。这个定义非常准确、科学，它为"率"在《九章算术》各章中的广泛应用提供了理论依据。

第二，对《九章算术》所给出的数学法则和公式进行了全面的逻辑证明。《九章算术》共给出了大大小小202个"术"，每一个"术"即是一种算法。但这些算法只指出了应该如何去做，而没有指出为什么要这样去做的道理，也就是说都没有给出理论的证明。使人读后只知其然，不知其所以然。刘徽不满足于此，他要追求其中的所以然之"理"。他认为，一个好的数学家不能"拙于精理徒按本术"，即只会按照术文去做而不懂其间的道理；而应该如"庖丁解牛，游刃理间"。

知识链接6-6

　　"庖丁解牛"是先秦典籍《庄子》中的一个寓言故事。说的是梁惠王有一次看到厨师（庖丁）正拿刀分割一头牛，只见他手起刀落，又快又好，便连声夸奖并询问如何练就如此高超的技术。庖丁回答说，我之所以能练成这样，是因为我已经把握了牛的内在生理和全部结构。哪里是关节，哪里有经络，从哪里下刀，需要多大力，我全都心中有数，所以才能得心应手、运刀自如。庖丁所握的不仅仅是熟练的技术，而是其内在的道理和规律，这正是高于一般技术而又能统率一般技术的东西。

刘徽认为数学研究也应该如庖丁解牛，也应该把握其内在的规律和道理，所以他对《九章算术》的每一个"术"都进行了详细的证明和理论的探讨。他把自己的证明方法概括为两条：一条是"析理以辞"，即运用逻辑判断和推理去分析各种算法得以成立的根据和道理；另一条是"解体用图"，即运用形象直观的图像来帮助说明和验证其内在道理的正确。有了这两条方法的综合运用，中国古代数学就再也不是纯粹应用的计算技术了，而是走上了理论研究和实际应用相结合的发展道路。刘徽的注释在一定程度上弥补了《九章算术》理论分析不够的缺陷，并由此而初步奠立了中国古典数学理论的基础。

第三，为整个数学理论构建一个具有内在联系的整体系统。刘徽认为整个数学体系应该像一棵大树，各种算法和算理虽然很多，就像大树的枝条一样，归根结底要汇聚到大树的树干上。即汇集到少数几个甚至一两个带根本性的数理上。通过努力，刘徽从各种分散的、单独的算法和算理中，找到了一些带有普遍性和根本性的数学原理，例如"齐同术"（分数运算法则）。在刘徽看来，掌握了齐同术这一带有普遍意义的数理，就好像有了解结的工具，再不会有什么死结解不开了。他把诸如今有术、方程术、勾股术、重差术、割圆术和"图验法"（平面图示证明法）、"棋验法"（立体模型辅助法）等都称之为"都术"，并力图用这些来统率各种各样具体的算法和算理。从这个意义上讲，刘徽的数学理论已经有了一个初具规模的体系。

第四，在注释《九章算术》的过程中，提出了许多新的创造性见解。这些成就在前面已经论述，不再重复。

（二）精思绝巧的"割圆术"

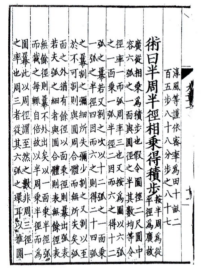

图6-14　《九章算术注》中有关割圆术的记载

刘徽在《九章算术注》中详细解释了"割圆术"（图6-14），为计算圆周率建立了严密的理论和准确的解法，开创了圆周率研究的新阶段。他的这一科学方法，奠定了此后千余年来中国圆周率计算在世界上的领先地位。

圆周率（圆的周长和直径的比）是数学上的一个重要数据，计算圆面积、圆周长、球表面积和球体积等，都要用到圆周率。因此，推算出它的准确数值，在理论上和实践上都有重要意义。从某种意义上说，一个国家历史上圆周率数值的准确程度，可以衡量这个国家数学的发展情况。

所谓"割圆术"，是用圆内接正多边形的周长去无限逼近圆周并以此求取圆周率的方法。我们知道. 关于圆的周长与其直径之间的比率问题（即圆周率），是古今中外的数学家们共同感兴趣并一直孜孜以求的重要问题。中国古代从先秦时期开始，一直取"周三径一"（即 $\pi = 3$）的数值来进行有关圆的计算，《九章算术》使用圆周率时，沿用自古以来的数据，取圆周率三，但是用这个数值进行计算的结果误差很大。刘徽以极限思想为指导，提出用"割圆术"来求圆周率，既大胆创新，又严密论证，从而为圆周率的计算指出了一条科学的道路。这个思路为我国古代的圆周率计算确立了理论基础。

"割圆术"是在圆内作内接正多边形,然后用正多边形的面积近似代表圆面积来计算圆周率的近似数值。刘徽利用这个方法,从圆内接正六边形算起,边数依次加倍,相继算出了正12边形,正24边形……直到正192边形的面积,得到圆周率的近似值是157/50(相当于3.14),他还继续计算直到求出了正3072边形的面积,进一步得到的圆周率是3 927/ 1 250(相当于3.1416)。这个结果是当时世界上的最精确数据(图6-15)。

图6-15 圆周率的记载

早在春秋战国的时候,不少思想家就已经讨论过无穷大、无穷小、无穷分割的极限思想。特别是"一尺之棰,日取其半,万世不竭"的命题,更是一个无穷分割和数列极限的典型例子。然而,真正用无穷分割和极限思想来解决数学中的具体问题,到刘徽之时还是史无前例的。刘徽的"割圆术"不愧为精思绝巧的数学方法,不愧为数学史上的伟大创举。

(三)对后世的影响

《九章算术注》在中国数学史上有着很深远的影响。后世数学家的许多数学成果,是在刘徽思想方法的启迪下才取得的。例如南北朝时数学家祖冲之、祖暅父子循着刘徽的体积理论继续前进,终于得到了"缘幂势既同,则积不容异"(即同高的两立体,若其任意等高处的水平截面积相等,则这两立体体积亦必相等)的"祖氏公理",比西方与此内容相同的"卡瓦列里公理"早了一千多年。他们又运用刘徽所设想的求球体积的思想方法,深入钻研,终于得到了计算球体积的正确无误的公式。祖冲之还求得圆周率3.141 592 6<π< 3.141 592 7,精确到小数点后第七位有效数字,据后来数学家考证,其所使用的方法,正是刘徽的"割圆术"。唐初数学家王孝通称刘徽"思极毫芒""一时独步",李淳风等奉敕编纂《算经十书》时,《九章算术》与《海岛算经》并列其中,成为国子监算学馆的主要教材和明算科的考试科目。凡治《九章算术》者必不能舍刘徽之注文。清代数学家焦循则把刘徽比作汉代著《说文解字》的一代大师许慎。

刘徽的工作,不仅对中国古代数学发展产生了深远影响,而且在世界数学史上也确立了崇高的历史地位。今天,刘徽的《九章算术注》已经成为世界科学名著,被译成多种文字出版,为世界数学界所推崇。日本现代数学史家三上义夫和薮内清也都把刘徽称为古今东西"数学界的一大伟人"。鉴于刘徽的巨大贡献,所以不少书上把他称作"中国数学史上的牛顿"。

知识链接6-7

我国一共发行了四套纪念古代科学家的邮票(图6-16),时间跨度47年,每套4人,一共是16位科学家,其中有山东3位。分别是1980年发行的贾思勰,2002年发行的扁鹊、刘徽。

图 6-16　我国发行的古代科学家纪念邮票

小　结

　　本章主要介绍了齐鲁大地上的四位著名科学家的生平经历、科学思想和科技成就。他们在我国乃至世界科技史、发明史上，都曾达到古代文明的辉煌顶点。

　　总结归纳他们的人生和成功经验，我们不难看出，他们身上闪烁的科学精神和人格魅力有相近或相似之处：一是紧密切合社会实际的创新意识，在继承和总结前人经验的基础上独立思考，大胆创新；二是奋发有为的积极进取精神，比较实事求是，都重视调查研究；三是"经世致用"的思想始终影响着他们。他们都是爱国爱家的齐鲁人，都具有勇于干事的精神。他们用自己的聪明才智，以自己的科学理论和科学发明，推动了齐鲁大地、中国甚至是世界科学技术的进步。

　　我们在了解和认识这些伟大科学家和他们的事迹的同时，应该思考作为未来的中国职业从业人员，作为未来的工匠，从这些前辈身上能学到什么？能受到哪些启发？我们如何借鉴他们的成功经验实现自我的人生价值？

自 测 题

一、填空题

　　1. 诞生在齐鲁大地的_____是我国第一部手工业技术的百科全书；_____是中国古代农业百科全书。

　　2. 中国古建筑多为木质结构，鲁班发明的_____，较好地解决了建筑难题，这是中国建筑史上的重要事件。

　　3. 扁鹊作为一位卓越的医学家，在医学思想方面提出了"_____"原则，至今都还有积极的指导意义，为医学科学健康发展做出了贡献。

　　4. 贾思勰在《齐民要术》中搜集记载了处方四十八例，这是我国现存最早的有关_____的记载。

　　5. 刘徽的"割圆术"用无穷分割和_____来解决数学中的具体问题，不愧为精思绝巧的数学方法，不愧为数学史上的伟大创举。

　　6. 刘徽采取"_____"和"_____"的方法，对《九章算术》作详细的注释和发挥，使中国古代数学走上了理论研究和实际应用相结合的发展道路。

二、选择题

　　1. 我国古代最早出现的有名有姓的科

学家是（　　）

　　A. 墨子　　　　　B. 鲁班

　　C. 神农　　　　　D. 扁鹊

　　2. 扁鹊是战国前期的名医，他总结出的中医的四诊法，一直被沿用至今，其中下面哪一项不属于四诊（　　）

　　A. 听　　　　　　B. 望

　　C. 闻　　　　　　D. 问

　　3. 刘徽《九章算术注》最大、最突出的贡献是创立了（　　）

　　A. 割圆术　　　　B. 今有术

　　C. 齐同术　　　　D. 重差术

　　4. 中国第一部保存完整的大型综合性农书是（　　）

　　A.《氾胜之书》　　B.《四民月令》

　　C.《齐民要术》　　D.《陶朱公养鱼经》

　　5. 贾思勰的《齐民要术》被誉为"中国古代农业百科全书"，其中"要术"是指（　　）

　　A. 黄河中下游地区的农牧业生产经验

　　B. 关中地区的农牧业生产经验

　　C. 齐国官营手工业的设计规范和制造工艺

　　D. 长江流域食品的加工与贮藏技术

　　6. 刘徽在《海岛算经》中提出了（　　），这是世界上最早进行两次测高测远方法的实践和理论。提高了中国古代计算技术。

　　A. 重差术　　　　B. 方程术

　　C. 图验法　　　　D. 勾股术

三、简答题

　　1. 简述扁鹊的主要医学成就。

　　2. 简述《齐民要术》的著书特点。

　　3. 简述刘徽在数学方面的成就。

🔺 实践教学设计（一）（两个活动可任选一）

【实践题目】

　　观看电影《鲁班的传说》《神医扁鹊》等影片。

【实践类型】

　　观看

【实践目标】

　　通过观看电影《鲁班的传说》《神医扁鹊》等影片，更深刻地体察感悟齐鲁科学家的魅力和他们的伟大成就，使学生情感受到感染，思想受到启迪，培养学生对中华优秀传统文化的情感。

【实践方案】

　　时间：半天

　　地点：有多媒体设备的教室或者是会议室、学术报告厅等

　　流程：

　　　　一、背景介绍。教师讲解即将观看的影片的人物和取得的成就，以及对后世的影响。

　　　　二、观看。

　　　　三、撰写观后感，提交。

　　　　四、教师点评。课上讨论交流，并做总结。

【实践结果】

　　观后感

【实践评价】

教师根据学生的观影表现及观后感的撰写情况给予评价。

得分表

（每5分一个档次）

项目	标准	满分	得分
观影情况	态度认真，遵守秩序	40	
观后感撰写情况	结构完整，感情饱满，内容丰富，夹叙夹议，图文并茂	60	
总分	以上各项得分相加	100	

🔺 实践教学设计（二）（两个活动可任选一一）

【实践题目】

让学生搜集、讲述山东古代科学家的科技发明故事。

【实践类型】

搜集整理、讲述

【实践目标】

通过搜集整理山东古代科学家的科技发明故事，了解知道更多齐鲁科学技术的发展及伟大成就，更加了解他们的成就和贡献，更好的学习科学家的科研精神，构建学生的情感意识，树立热爱科学，为民族复兴努力学习的意识。

【实践方案】

时间：半天

地点：教室

流程：

一、前期准备。教师让学生利用包括文献资料和网络信息等各种资源，分组分朝代，搜集整理齐鲁大地历史上著名科学家的发明故事。

二、各组推荐代表在课堂上讲述故事，其他的同学上交书面资料。

三、评选出优秀的故事，通过板报的形式展示。

四、教师点评并总结。

【实践结果】

历史故事

【实践评价】

教师根据学生搜集故事的质量、讲解的效果及优秀故事的评选总结出这些故事反映的历史事实和科学家身上体现的精神，给予综合评价和总结。

得分表

（每5分一个档次）

项目	标准	满分	得分
搜集故事情况	故事可读性强，能表现出某一种科研精神，结构完整，内容丰富	40	
故事讲述情况	讲解清晰，感情饱满，引人思考	60	
总分	以上各项得分相加	100	

第7章

文 学

齐鲁大地，人文荟萃，自古被称为文学之邦，并以众多的作家、丰富的作品、多样的形式、独特的风格，在我国文学宝库中熠熠闪光。你知道历史上这方水土养育了哪些文学名家吗？他们创作了什么样的作品？又有哪些名人曾到过齐鲁之邦，留下名篇章句呢？

文学作为艺术的一种表现形式，是用语言文字塑造形象反映社会生活、表达思想感情的艺术。它传承着真、善、美，可以带给人们精神的愉悦、思想的启迪。山东文学是中国文学重要的组成部分，在诗歌、小说、散文、戏剧等方面，不同的历史时期，大家辈出，形式多样，代有创新。这些作家作品不论是思想内容还是艺术价值方面，都达到了人类文学史上的辉煌高度。

第1节 诗 词

导学7-1

人们在抒发情感时，经常会引用一些耳熟能详的古诗词，如"会当凌绝顶，一览众山小""长风破浪会有时，直挂云帆济沧海""众里寻他千百度。蓦然回首，那人却在，灯火阑珊处"。这些诗句音韵和谐、优美动听，很好地起到了表情达意的作用，历来为人们所喜爱。

问题： 1. 你知道这些诗句出自谁人之手？
2. 我们齐鲁之邦有哪些著名的古代诗人？
3. 他们的诗歌有什么特点？

诗歌是历史最悠久的文学形式。它是一种语言凝练、音韵和谐、想象丰富、重在抒情，以情景交融的审美意境为主导追求的文学样式。诗词，是指以古体诗、近体诗和格律词为代表的中国古代传统诗歌。通常认为，诗较为适合"言志"。中国是世界上诗歌最发达的国度之一。齐鲁故地也有着悠久的诗歌传统，从中国最早的诗歌总集《诗经》问世，到五言诗、七言诗的发展，再到鼎盛时期的唐诗宋词中，我们处处可见名家名品。

一、《诗经》

(一)《诗经》概况

《诗经》是中国最早的诗歌总集（图7-1）。《诗经》原本叫《诗》，共收录了自西周初年至春秋中叶五百年间的诗歌305首（另外还有6篇有题目无内容，即有目无辞，称为笙诗），因此又称"诗三百"。从汉朝起儒家将其奉为经典，因此称为《诗经》。

《诗经》所录诗歌由风、雅、颂三部分组成。"风"是采集自十五个诸侯国的民间歌谣；"雅"多为宫廷宴饮或朝会时的乐歌，按音乐的不同又有大雅和小雅之分；"颂"

图 7-1　《诗经》

是用于宗庙祭祀的诗歌，内容多为歌颂祖先的功业。《诗经》在艺术上创造了赋、比、兴的表现手法，开创了我国文学现实主义的创作道路。

孔子曾概括《诗经》宗旨为"思无邪"，并教育弟子、孩子读《诗经》以作为立言、立行的标准。先秦诸子中，引用《诗经》者颇多，如孟子、荀子、墨子、庄子、韩非子等在说理论证时，多引述《诗经》中的句子以增强说服力。后来，《诗经》被儒家奉为经典，成为《六经》之一。

（二）《诗经》中的山东诗歌

《诗经》中收集的诗歌，今属山东地区的主要在《小雅》《齐风》《曹风》《鲁颂》中。具体篇章见表 7-1。

表 7-1　《诗经》中的山东诗歌

分类	篇章	主要内容
齐风	《鸡鸣》《著》《东方之日》《甫田》	反映齐地的婚恋风情。
	《还》《卢令》《猗嗟》	反映齐地狩猎生活和尚武精神。
	《南山》《载驱》《敝笱》	讽刺齐国上层淫乱的。
	《东方未明》	是对统治阶级的揭露和批判。
曹风	《蜉蝣》	借蜉蝣小虫写出对生命短暂、光阴易逝的叹息。
	《候人》	对好人沉下僚、庸才居高位的现实进行讥刺，慨叹小人物命运不幸，批判谴责不公平的社会现实。
	《鸤鸠》	是颂扬"淑人君子"德行的诗。
	《下泉》	写曹国臣子感伤周王室衰微，各诸侯国以强凌弱，小国得不到保护，因而怀念周初比较安定的社会局面。
小雅	《大东》	反映了征服者的周王朝与被征服的东方旧国统治阶级的矛盾。
鲁颂	《駉》《有駜》《泮水》《閟宫》	鲁国宗庙祀典乐歌。

《诗经》中的《国风》大部分是民间歌谣，是劳动人民口头创作的，是《诗经》中的精华。它以各具特色的地域文化情调，向我们展示了各个诸侯国家绚丽多彩的生活画卷。《齐风》是产生于齐地的诗歌，是我们今天研究齐鲁文化的重要资料。《齐风》今存 11 篇，大都为春秋时期的作品。这些诗篇来源于社会现实，直接抒写对生活的真实感受。在表现方法上，以通俗生动的语言、复沓的章法、灵活的句式，很好地体现了赋、比、兴的艺术手法。如：

东方未明

东方未明，颠倒衣裳。颠之倒之，自公召之。

东方未晞，颠倒裳衣。倒之颠之，自公令之。

折柳樊圃，狂夫瞿瞿。不能辰夜，不夙则莫。

这首诗在一定程度上真实反映了那个时代的现实生活，使读者犹如身临其境，感受到奴隶们心底隐藏着一种压抑已久而行将喷发的愤怒。全诗三章，皆为四句。每句两个音拍。前两章运用回环复沓的艺术手法，渲染环境气氛，突出事物特点。且以工整的排列，朗朗上口的语言形式，尽情抒发抑郁情感，增强了音乐效果。第三章则转变风格，避免通篇一致的枯燥感，显得起伏有致。诗作的另一特点就是通篇明白晓畅，语言通俗易懂。

还

子之还兮，遭我乎猫之间兮。并驱从两肩兮，揖我谓我儇兮。

子之茂兮，遭我乎猫之道兮。并驱从两牡兮，揖我谓我好兮。

子之昌兮，遭我乎猫之阳兮。并驱从两狼兮，揖我谓我臧兮。

这是一首猎人相遇互相赞誉猎技高超的诗，两位猎人在山间打猎，不期而遇，情不自禁地赞叹对方。此诗不用比兴，三章诗全用"赋"，以猎人自叙的口吻，真切地抒发了他们猎后暗自得意的情怀。三章叠唱，意思并列，每章只换四个字，但却很重要，首章互相称誉敏捷，次章互相颂扬善猎，末章互相夸赞健壮，起到了文义互足的作用。

二、李白、杜甫在山东的诗歌创作

唐诗是中国古典诗歌的高峰。盛唐诗乃是这座高峰的顶点。8世纪初，唐王朝出现了"开元盛世"，经济、文化发展到鼎盛。这一时期，诗坛名家辈出，风格多样，流派纷呈，其中最为杰出的代表是李白和杜甫。这两位伟大诗人受到鲁地风光和文化的吸引，都曾先后在山东留下足迹。

（一）李白在山东的诗歌创作

李白（701～762年），字太白，号青莲居士，唐朝诗人，有"诗仙"之称，是我国历史上最伟大的浪漫主义诗人。原籍陇西成纪（今甘肃静宁），出生于西域的碎叶城（在今吉尔吉斯斯坦境内），约五岁时，其家迁居绵州昌隆（今四川江油）。著有《李太白集》（图7-2）。

图7-2 李白

李白主要生活在大唐盛世，当时国家富强，社会安定，人民安居乐业，礼贤下士成为社会的主流风气。良好的社会环境给具有杰出天赋的诗人带来了游览和歌颂祖国大好河山的几乎所有便利条件。李白一生多次漫游齐鲁。

李白第一次来山东的时间一般认为是在开元二十四年（736年），携家经中都（今汶上）"学剑来山东"（《五月东鲁行答汶上翁》），移居东鲁，先后寓居任城（今山东济宁）、瑕丘（今山东兖州）等地，曾与孔巢父等会于徂徕山酣饮纵酒，人称"竹溪六逸"。天宝元年（742年）四月，李白"从故御道上泰山"，作《游泰山六首》。这一年，李白游毕泰山，便离开山东入剡中（今浙江），结束了诗人在山东的第一阶段游历生活。

李白再度来山东是在天宝三载（744年），被"赐金放还"以后。李白途中在洛阳与唐代另一位大诗人杜甫相会，二人同往开封。后又遇高适，三人同游梁宋、单父。数日后，李白和杜甫又同游齐鲁。同年秋天，杜甫准备去长安，两位诗人相别于鲁郡石门，李白的《鲁郡东石门送杜二甫》就是当时的送别之作。之后，李白又游历了青州、中都等地。天宝四载（745年）暮秋，李白去姑苏、扬州等地游历，他的《别东鲁诸公》（即《梦游天姥吟留别》）就是告别山东的作品。天宝五载（746年），李白游历济南期间，曾作《陪从祖济南太守泛鹊山湖三首》，描绘了济南历城一带的湖光山色。这三首诗是描写鹊山湖现存的最早的诗篇。

李白居东鲁近二十年，几乎遍游齐鲁胜地。期间迎来赠往，会亲别友，创作了大量的诗文，如：《客中作》《嘲鲁儒》《金乡送韦八之西京》《沙丘城下寄杜甫》《答王十二寒夜独酌有怀》《忆旧游寄谯郡元参军》《寄王屋山人孟大融》等。这些作品充分体现了李白诗歌的浪漫主义特色。

鲁郡东石门送杜二甫

醉别复几日，登临遍池台。

何时石门路，重有金樽开。

秋波落泗水，海色明徂徕。

飞蓬各自远，且尽手中杯。

这首送别诗以"醉别"开始，干杯结束，首尾呼应，一气呵成，充满豪放不羁和乐观开朗的感情，给人以鼓舞和希望而毫无缠绵哀伤的情调。诗中的山水形象，隽美秀丽，明媚动人，自然美与人情美互相衬托；纯洁无邪、胸怀坦荡的友谊和清澄的泗水秋波、明净的徂徕山色交相辉映，景中寓情，情随景现，给人以深刻的美感享受。

梦游天姥吟留别（别东鲁诸公）

海客谈瀛洲，烟涛微茫信难求；

越人语天姥，云霞明灭或可睹。

天姥连天向天横，势拔五岳掩赤城。

天台四万八千丈，对此欲倒东南倾。

我欲因之梦吴越，一夜飞度镜湖月。

湖月照我影，送我至剡溪。

谢公宿处今尚在，渌水荡漾清猿啼。

脚著谢公屐，身登青云梯。

半壁见海日，空中闻天鸡。

千岩万转路不定，迷花倚石忽已暝。

熊咆龙吟殷岩泉，栗深林兮惊层巅。

云青青兮欲雨，水澹澹兮生烟。

列缺霹雳，丘峦崩摧。

洞天石扉，訇然中开。

青冥浩荡不见底，日月照耀金银台。

霓为衣兮风为马，云之君兮纷纷而来下。

虎鼓瑟兮鸾回车，仙之人兮列如麻。

忽魂悸以魄动，恍惊起而长嗟。

惟觉时之枕席，失向来之烟霞。

世间行乐亦如此，古来万事东流水。

别君去兮何时还？且放白鹿青崖间，须行即骑访名山。

安能摧眉折腰事权贵，使我不得开心颜！

这是一首记梦诗，也是一首游仙诗。全诗既写梦境，也写现实，构思缜密，极富想象，将神话传说和实境奇幻地交织在一起。这是诗人迭遭失意后对神仙世界的向往，觉得只有梦境才更值得流连；然而梦总是要醒的，一旦接触到现实，只能发出"安能摧眉折腰事权贵"的呼喊。本诗意境雄伟，变化惝恍莫测，缤纷多彩的艺术形象，新奇的表现手法，向来为人传诵，被视为李白的代表作之一。

据不完全统计，在李白传世的980余首诗文中，作于齐鲁或在他地所作但涉及齐鲁自然人文的诗文近180首（篇），约占其诗文总数的18%，这些诗文极大地丰富了齐鲁文化宝库。

（二）杜甫在山东的诗歌创作

图 7-3　杜甫

杜甫（712～770年），字子美，自号少陵野老，世称"杜工部""杜少陵"等。祖籍襄阳，河南府巩县（今河南省巩义市）人，唐代伟大的现实主义诗人。杜甫被世人尊为"诗圣"，其诗被称为"诗史"。创作了《春望》《北征》《三吏》《三别》等名作。著有《杜工部集》（图7-3）。

杜甫在青年时代曾数次漫游。山东是孔孟的故乡，是我国古代文化的摇篮，源远流长的文化，给杜甫以强烈的吸引。他曾两次游历山东。

开元二十三年（735年），杜甫回故乡参加"乡贡"。二十四年（736年）在洛阳参加进士考试，结果落第。他的父亲时任兖州司马，杜甫遂赴兖州省亲，开始齐赵之游。其间，登兖州城楼，望东岳泰山，访张氏隐居，去任城（今山东济宁）南池，游宴瑕丘石门，杜甫创作了《登兖州城楼》《望岳》（岱宗夫如何）《刘九法曹郑瑕丘石门宴集》《题张氏隐居二首》《与任城许主薄游南池》等诗作。

天宝三载（744年）四月，杜甫在洛阳与被唐玄宗"赐金放还"的李白相遇，他们互相钦佩，结为知己，两人相约为梁宋之游。到了开封，又遇到高适，三人一同游历。天宝四载（745年），杜甫与李白又到齐州（今山东济南），杜甫与北海郡太守李邕在历下亭相聚。杜甫在济南时，还去临邑看望时任主簿的弟弟杜颖。这年秋天，杜甫结束济南之游，转赴兖州与李白相会，二人一同寻仙访道，谈诗论文。之后，二人握手相别，杜甫结束了"放荡齐赵间，裘马颇清狂"的漫游生活，回到长安。此次杜甫漫游山东期间，写下了《赠李白》《与李十二白同寻范十隐居》《陪李北海宴历下亭》等诗。

杜甫游历山东创作的诗歌，形象地描绘了山东优美的自然景物，真实地叙写了他在山东的漫游生活，显示了其诗歌创作的才华。

登兖州城楼

东郡趋庭日，南楼纵目初。

浮云连海岱，平野入青徐。

孤嶂秦碑在，荒城鲁殿馀。

从来多古意，临眺独踌躇。

这首诗从纵横两方面，即地理和历史的角度，分别进行观览与思考，从而表达出登楼临眺时触动的个人感受，颇具特色。诗人一方面广览祖国的山海壮观，一方面回顾前朝的历史胜迹，而更多的是由临眺而勾引起的怀"古"意识。对句工整，是杜甫现存最早的一首五律诗。

赠 李 白

秋来相顾尚飘蓬，未就丹砂愧葛洪。

痛饮狂歌空度日，飞扬跋扈为谁雄。

天宝四年（745 年）秋天，杜甫与李白在鲁郡（今山东兖州）相别，杜甫写了《赠李白》。这首七绝，沉郁有致，抑扬顿挫，跌宕起伏。突现了一个狂字，显示出一个傲字。狂与傲的风采、骨力、气度，显示出李白安能摧眉折腰事权贵的精神，傲骨嶙峋，狂荡不羁，这就是杜甫对于李白的写照。它不仅同杜甫歌咏李白的其他诗篇是一脉相承的，而且也形象地揭示了李白的性格和气质特征。

知识链接7-1 　　　　　　　　古体诗和近体诗

古体诗就是古代的自由诗，形式自由，篇幅不限，每句字数不定（指杂言），不讲对仗，押韵自由等。它有四言古诗、五言古诗、七言古诗、乐府诗（标题有的加上"歌""行""引""曲""吟""弄"等名称）等形式。古体诗不讲格律，唐代以前的诗歌都是古体诗。

近体诗鼎盛于唐代，除排律外，篇有定句，句有定字，字有定声，韵有定位。它有绝句和律诗两种类型，绝句分五言绝句（五绝）、七言绝句（七绝）两种，律诗分五言律诗（五律）、七言律诗（七律）、排律三种。

律诗或绝句的区别主要在句数上。绝句只有四句，可以对仗，也可以不对仗。律诗共八句，一二两句为首联，三四两句为颔联，五六两句为颈联，七八两句为尾联；首联和尾联可对仗，可不对仗，颔联和颈联必须对仗；无论律诗还是绝句，都有平仄声的要求。八句以上的律诗为排律。

三、李清照、辛弃疾的词作

词，原名"曲子词"，就是"歌词"的意思。词起源于隋，所配的音乐是燕乐，即一种供宴会演奏的音乐。它在体制上和诗有很大的区别。首先，词有词调，同一词调又有不同的格律，形成数体。其次，由于乐调繁简不同，而形成长短不同的诗篇，一般分为小令、中调和长调三种。词在唐代开始发展起来，到了宋代达到鼎盛时期。济南词人李清照、辛弃疾在两宋之际，以其高度的艺术成就炳耀词坛，并称"二安"。

（一）李清照的词作

李清照（1084～约 1155 年），自号易安居士，宋代（南北宋之交）女词人，济南章丘（今属山东济南）人。生长于书香门第，仕宦之家。父亲李格非，中过进士，官至礼部员外郎，又曾以文章受知于苏轼，学识渊博，尤用意于经学，在齐、鲁一带颇负盛名。母王氏，也知书善文。李清照小时候就在良好的家庭环境中打下文学基础。出嫁后与夫赵明诚共同致力于书画金石的搜集整理。金兵入据中原时，流寓南方，境遇孤苦。李清照有《易安居士文集》《易安词》等著作，但久已不传。现存诗文集为后人所辑。代表作有《声声慢》《一剪梅》《如梦令》《醉花阴》《武陵春》等（图7-4）。

李清照是中国历史上最杰出的女作家，诗、文、词俱佳，尤以能词著称。受生活经历的影响，李清照的词可以宋室南迁为界，分前后两个时期。前期多写其悠闲生活，主要内容是描写爱情生活、自然景物，风格清新明丽，韵调优美。

图7-4 李清照

一 剪 梅

红藕香残玉簟秋。轻解罗裳，独上兰舟。

云中谁寄锦书来，雁字回时，月满西楼。

花自飘零水自流。一种相思，两处闲愁。

此情无计可消除，才下眉头，却上心头。

这是一首倾诉相思、别愁之苦的词。是李清照写给新婚未久即离家外出的丈夫赵明诚的，她诉说了自己独居生活的孤独寂寞，急切思念丈夫早日归来的心情。作者在词中以女性特有的敏感捕捉稍纵即逝的真切感受，将抽象而不易捉摸的思想感情，以素淡的语言表现出具体可感、为人理解、耐人寻味的东西。

宋室南迁后，国破、家亡、夫死，以及长期的颠沛流离，使李清照后期的词在内容与感情方面都发生了显著的变化。多慨叹身世，怀乡忆旧，风格沉郁凄婉。《声声慢·寻寻觅觅》便是这时期的典型代表作品之一。

声 声 慢

寻寻觅觅，冷冷清清，凄凄惨惨戚戚。乍暖还寒时候，最难将息。

三杯两盏淡酒，怎敌他晚来风急！雁过也，正伤心，却是旧时相识。

满地黄花堆积，憔悴损，如今有谁堪摘？守着窗儿，独自怎生得黑！

梧桐更兼细雨，到黄昏、点点滴滴。这次第，怎一个愁字了得！

这是李清照晚年所作，抒写其孤苦无依的生活境况和极度的精神痛苦，为历代词评家所赞誉。开篇连用十四个叠字，在感情上层层递进，奠定凄惨愁苦的氛围。全词以暮秋景色为衬托，通过一些生活细节来表现孤独痛苦的心境，如泣如诉，非常感人。语言通俗自然，抒情含蓄曲折。

李清照的词作在艺术上达到了炉火纯青的境界，在词坛中独树一帜，形成了自己独特的艺术风格——"易安体"。她不追求绮丽的藻饰，而是提炼富有表现力的"寻常语度八音律"，用白描的手法来表现对周围事物的敏锐感触，刻画细腻、微妙的心理活动，表达丰富多样的感情体验，塑造鲜明、生动的艺术形象。在她的词作中，真挚的感情和完美的形式水乳交融，浑然一体。她将"语尽而意不尽，意尽而情不尽"的婉约风格发展到了顶峰，以致赢得了婉约派词人"宗主"的地位，成为婉约派代表人物之一。有"千古第一才女"之美誉。

（二）辛弃疾

辛弃疾（1140～1207年），原字坦夫，改字幼安，别号稼轩，历城（今山东济南）人。南宋著名词人，豪放派代表人物。在文学上，他与苏轼并称为"苏辛"，与李清照并称"济南二安"。他出生时，中原已为金兵所占。21岁参加抗金义军，不久归南宋。历任湖北、江西、湖南、福建、浙东安抚使等职。一生力主抗金。曾

图 7-5　辛弃疾

上《美芹十论》与《九议》，条陈战守之策。晚年在镇江任上，他特别重视伐金的准备工作，但为权相韩侂胄所忌，落职。一生抱负未得伸展，1207 年 10 月 3 日，终因忧愤而卒。据说他临终时还大呼"杀贼！杀贼！"（《康熙济南府志·人物志》）。后赠少师，谥号忠敏。著有《稼轩长短句》。代表作品有《永遇乐·京口北固亭怀古》《清平乐·村居》等（图 7-5）。

辛弃疾词的题材极为丰富多彩：既有悲歌慷慨的爱国词，也有清新自然的农村词，还有不少流连诗酒的闲适词。生活在宋金对峙时期的辛弃疾，不仅是一位词人，而且还是一位伟大的爱国将领。强烈的爱国主义思想和战斗精神是他的词的基本思想内容。以此为主旋律，辛弃疾的词或表现对抗敌斗争的颂扬，或表现壮志难酬的愤懑与慨叹，或表现对南宋苟安局面的不满。

永遇乐·京口北固亭怀古

千古江山，英雄无觅，孙仲谋处。舞榭歌台，风流总被雨打风吹去。斜阳草树，寻常巷陌，人道寄奴曾住。想当年，金戈铁马，气吞万里如虎。

元嘉草草，封狼居胥，赢得仓皇北顾。四十三年，望中犹记，烽火扬州路。可堪回首，佛狸祠下，一片神鸦社鼓。凭谁问，廉颇老矣，尚能饭否？

此词写于宋宁宗开禧元年（1205 年），辛弃疾六十六岁。当时韩侂胄执政，正积极筹划北伐，闲置已久的辛弃疾于前一年被起用为浙东安抚使，这年春初，又受命担任镇江知府。辛弃疾调任镇江知府以后，登临北固亭，感叹报国无门的失望，凭高望远，抚今追昔，于是写下了这篇传唱千古之作。这首词用典精当，有怀古、忧世、抒志的多重主题。

辛弃疾继承苏轼开创的豪放词风，并加以发展。他不仅打破了诗与词的界限，而且打破了诗与散文的界限。他创造性地融会了诗歌、散文、辞赋等多种文学形式，丰富了词的表现手法与语言技巧。辛词无事无意不可入词，反映内容广阔，更以宏阔的意境，比兴手法的运用和大量运用典故，形成其豪壮沉郁的词风。

知识链接7-2　　　词的知识

词全称曲子词，简称曲词。又叫诗余。词可以入乐而歌唱，句子的长短随歌调而改变，又称长短句。

词按字数多少，分为小令（58 字内）、中调（59～90 字内）和长调（91 字以上）三种形式。每一首词都有一个乐谱，每一个乐谱都有一定的音律、节奏，这些因素的组合叫词调。每一个词调都有一个名称叫词牌：如沁园春、西江月。词调有定格，句有定数，字有定声，韵有定位。

词必须有词牌，但不一定有题目。题目和词牌的区别：词的题目是词的内容的体现，词牌是一首词的曲调名称。如《念奴娇·赤壁怀古》中，"念奴娇"是词牌，"赤壁怀古"是题目。

景点指南 7-1

景点	景色	地点	简介
太白楼		山东济宁	太白楼是山东省重点文物保护单位，现为李白纪念馆，陈列了大量珍贵的历史图片、石刻和文物文献，是追溯李白文化渊源的重要遗迹之一。
李白纪念馆		四川江油	国家 AAAA 级旅游景区。位于江油市北郊昌明河畔。1962 年开始筹建，1982 年正式向外开放。2009 年，被中宣部命名为全国爱国主义教育示范基地。有太白堂、归来阁、太白书屋等景点。
李白纪念馆		安徽马鞍山	位于马鞍山市采石矶风景名胜区内，成立于1959 年。珍藏明清以来国内外各种版本李白集 40 多套，其中善本集 7 套，藏有明代以来各种书画作品 700 多幅，历代文物数百件，并设有李白研究资料室。
李白纪念馆		湖北安陆	位于国家 AAAA 景区的湖北省安陆市白兆山，为重檐庑殿式仿唐建筑。陈列有关李白遗迹的明清石碑四通。同时藏有明清时期二十多种《李太白全集》版本和二百多种李白研究专著。
稼轩祠		山东济南	位于大明湖南岸遐园西侧。1961 年由李公（鸿章）祠改建而成，为古代官署型建筑。大门悬匾额"辛弃疾纪念祠"，为当代陈毅元帅题书。

续表

景点	景色	地点	简介
辛弃疾纪念馆		山东济南	位于济南市历城区遥墙镇四风闸村南，由纪念馆和辛家坟两部分组成。建有石坊、六角碑亭、辛弃疾塑像、辛弃疾纪念祠、稼轩祠书法艺术刻石碑廊等景观。
少陵台		山东兖州	位于兖州九州大道中段（原少陵西街）。杜甫由洛阳来兖州省父，以后于此寓居。现为兖州重点文物保护单位。近年，在台周围以砖砌墙，加以保护，可供登临。
杜甫草堂		四川成都	位于成都市，是杜甫流寓成都时的故居。是首批全国重点文物保护单位，首批国家一级博物馆，全国古籍重点保护单位，国家AAAA级旅游景区，是中国规模最大、保存最完好、知名度最高且最具特色的杜甫行踪遗迹地。
杜甫故里		河南巩义	位于郑州巩义市站街镇南瑶湾村，背依笔架山，是诗圣杜甫出生和少年时期生活的地方，现为河南省重点文物保护单位。
李清照故居		山东章丘	清照园坐落在明水百脉泉公园西北角。是全国规模最大、内涵最丰富、功能最齐全的李清照纪念堂（馆）。

续表

景点	景色	地点	简介
李清照纪念堂		山东济南	位于趵突泉公园内，漱玉泉旁，1959 年始在原丁公（丁宝桢）祠处辟建而成，1999 年进行较大规模扩修建，现今面积达 4000 余平方米。
李清照纪念祠		山东青州	位于青州的范公亭公园内。于 1989 年 5 月揭幕开馆。有"归来堂""四松亭"等景。
李清照纪念堂		浙江金华	位于金华市南隅八咏路八咏楼上。八咏楼，为南朝齐隆昌元年（494 年）东阳太守沈约修建，1994 年，八咏楼文物保护管理所将八咏楼正厅改为李清照纪念堂。

第 2 节 刘勰与《文心雕龙》

导学 7-2

中华民族历史悠久，中国的文学理论也纷繁浩瀚、源远流长。产生于不同时代的无比丰富的诗论、文论和戏曲、小说理论，是值得我们今天珍惜和借鉴的宝贵财富。比如《毛诗序》中说："故诗有六义焉：一曰风，二曰赋，三曰比，四曰兴，五曰雅，六曰颂"；班固在《汉书·司马迁传》中赞扬《史记》"其文直，其事核，不虚美，不隐恶，故谓之实录"。

问题： 1. 你知道上面这些句子表达了怎样的文学理论观念吗？

2. 你还了解我国古代有哪些文学理论著作吗？

文论即文学理论。与文学创作的成就相媲美，中国古代文学理论与批评也硕果累累。齐鲁之邦是中国文化学术的重要发源地。先秦时期，齐鲁特别是邹鲁一带，是我国散文最为发达的地区。同时，也是中国诗歌理论的发源地。在先秦诸子散文中，已有关于文学特征与批评准则的丰富论述。至魏晋南北朝时期，已达到了空前繁荣的程度，曾先后涌现出众多专门性的文学理论型著作。刘勰的《文心雕龙》就是我国古代文学理论史上的一部集大成者。

一、刘 勰 生 平

图7-6 刘勰

刘勰（465～约532年），字彦和，祖籍东莞莒县（今山东莒县），世居京口（今江苏镇江）。南朝齐梁时学者、文学理论家、文学批评家。他曾官县令、步兵校尉、宫中通事舍人，颇有清名。晚年在山东莒县浮来山创办（北）定林寺。刘勰虽任多种官职，但其名不以官显，却以文彰，一部《文心雕龙》奠定了他在中国文学史上和文学批评史上的地位（图7-6）。

南北朝宋泰始初年（465年），刘勰生于京口（今江苏镇江），祖父灵真，宋司空秀的弟弟。父亲名刘尚，曾担任越骑校尉，早卒。刘勰自幼家境贫寒，二十多岁时，母亲也去世了。但他"笃志好学，家贫不婚娶"（《梁书·刘勰传》），投奔南京附近的钟山定林寺（南定林寺）。在这里，刘勰广泛阅读了寺内所藏各类典籍。他协助当时著名的佛学大师僧佑整理经书，他分门别类地整理了这些经文，抄录下来，还为经文写了序言。如今定林寺里面藏的经文，都是刘勰编写修订的。天监二年（503年），刘勰出任奉朝请，又兼职做中军将军临川王萧宏记室，后升职担任车骑仓曹参军。担任太末县（今浙江衢州衢江区）县令时，政绩清正廉洁。兼任昭明太子通事舍人时，刘勰向皇上建议佛教和道教都应该与其他的宗教祭祀一起改革。皇帝下诏书讨论此提案并按刘勰所提建议通过。后升任步兵校尉。后来，刘勰奉敕与释慧震上定林寺撰经，经成后，他就弃官为僧，法名慧地，一年后去世。

刘勰一生最重要的成就和贡献就在于，他撰写了我国第一部文论专著《文心雕龙》。刘勰32岁时开始写《文心雕龙》，历时五年成书。除《文心雕龙》外，刘勰的著作现存的还有《灭惑论》和《梁建安王造剡山石城寺石像碑》两种。

二、《文心雕龙》

（一）《文心雕龙》的主要内容

《文心雕龙》是中国古代文论中最为体大虑周的杰作。全书共10卷，50篇，37000多字。包括总论5篇，文体论20篇，创作论19篇，批评论5篇，最后一篇《序志》是总结全书的自序。这部书是中国古代文学理论著作中最系统的一部（图7-7）。

在这部著作中，作者以宏阔的文化视野、缜密的理论思辨、生动凝练的语言，对文学作品的

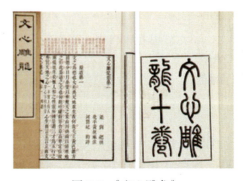

图7-7 《文心雕龙》

源流、功能、体式、风格以及文学技巧、文学想象、文学阅读等重要问题，进行了全面的阐述。

第一部分是总论。包括《原道》至《辨骚》五篇，是作者自称的"文之枢纽"，主要阐明自己所建立的文学批评体系的理论基础和指导思想。《原道》篇提出写作最根本的是要表现"自然之道"，也就是说文学创作必须由事物的本质意义出发，不能以文害志，以文害物。刘勰这样强调"道"，也是为了反对六朝文学创作中过分雕琢而违反自然美的不良倾向。

第二部分是文体论。包括《明诗》至《书记》20 篇。这部分从"原始以表末""释名以章义""选文以定篇"和"敷理以举统"四个方面，论述了 35 种文体的源流、特点和写作时应遵循的基本原则。并列举以往的作家的创作，评论其作品。

第三部分是创作论。包括《神思》至《总述》19 篇。作者分别从不同的角度，对文学的构思、艺术风格、内容与形式的关系、文学创作与现实生活的关系、文学的继承与革新、文学创作中的具体的艺术技巧等问题进行了专题论述。这一部分是《文心雕龙》理论体系的核心部分。

第四部分是文学史论及文学批评论。包括《时序》至《程器》5 篇。刘勰在概述自古及今的文学发展概貌的同时，又对历代作家作品进行评论，总结出带有规律性的东西。《知音》篇是专门论述文艺批评方法论的，指出批评的方法是要通过作品的文辞来考查其表达的思想感情，以探求文章所用的体裁、文辞、结构等是否能与所要表达的思想感情相一致。

最后一篇《序志》是作者交代写作动机和目的的篇目。篇中还概括了全书内容和写作时所遵循的一些基本原则和方法，类似于"跋"。

知识链接 7-3

1. 逍遥以针劳，谈笑以药倦。（《文心雕龙·养气》）
2. 缀文者情动而辞发，观文者披文以入情。（《文心雕龙·知音》）
3. 操千曲而后晓声，观千剑而后识器。（《文心雕龙·知音》）
4. 改章难于造篇，易字艰于代句。（《文心雕龙·附会》）
5. 善删者字去而意留，善敷者辞殊而意显。（《文心雕龙·熔裁》）
6. 夸而有节，饰而不诬。（《文心雕龙·夸饰》）
7. 意少一字则义阙，句长一言则辞妨。（《文心雕龙·书记》）

(二)《文心雕龙》的主导思想

《文心雕龙》就其本来意义说，这是一本写作指南，而不是文学概论。书名的意思，"文心"谓"为文之用心"，"雕龙"取战国时驺奭长于口辩，被称为"雕龙奭"典故，指精细如雕龙纹一般进行研讨。合起来，"文心雕龙"等于是"文章写作精义"。讨论的对象，是广义的文章，但偏重于文学。书的本意虽是写作指导，但立论从文章写作的一系列基本原则出发，广泛涉及各种问题，结构严谨，论述周详，具有理论性质。

《文心雕龙》是在全面总结继承前人理论成就的基础上创作而成。刘勰生活的时代，儒、道、佛都很兴盛，形成了名教与自然、佛道与儒道相容并存，甚至三教合流的局面。刘勰对儒、道、佛都很精通，他在构建他的文学理论体系的时候，则主要采用了儒家的文学观点，同时兼有道家和佛家的思想，形成兼综百家之说、不受一家之教束缚的论文特色。

作为指导文学创作和评论的总原则，刘勰还提出了一些重要的文学主张。一是强调重视文学的教育作用。二是强调有教育意义的内容和如何表达这种内容，以反对汉魏以后由丽而淫的趋向。使文学创作回到"衔华而佩实"的正确道路上来。三是主张文学创作应以儒家经典为榜样，创造出内容充实、形式优美的作品。

（三）《文心雕龙》的作品价值

《文心雕龙》是一部"体大思精""深得文理"的文章写作理论巨著。全书内容丰富，见解卓越，皆"言为文之用心"，全面而系统地论述了写作上的各种问题。尤为难得的是对应用写作也多有论评。这些理论是在继承前人有关论述基础上的发展或提高，其价值主要体现在：

1. 初步建立了文学史的观念

刘勰认为，文学的发展变化，终归要受到时代及社会政治生活的影响。他在《时序》篇中说："文变染乎世情，兴废系乎时序"，并在《时序》《通变》《才略》诸篇里，从上古至两晋结合历代政治风尚的变化和时代特点来探索文学盛衰的原因，品评作家作品。他还注意到了文学演变的继承关系。并由此出发，反对当时"竞今疏古"的不良倾向。这些都是十分可贵的。

2. 对文学创作作了全面探讨

在《文心雕龙》中，刘勰对文学创作的构思、风格、继承与革新、内容和形式、篇章结构、声律和修辞等都作了全面的探讨。刘勰分析了文学创作内容与形式的关系，主张文质并重，坚决反对片面追求形式的倾向。在构思上，他提出了"神与物游"，说明了精神活动与外界事物的关系。他还指出，不同风格是由于作家先天的才情、气质与后天的学识、习染存在着差异的结果。针对当时"近附而远疏""驰骛新作"的风气，他提出了继承文学传统的必要，论述了文学创作中"新""故"的关系。此外，他对创作中诸如韵律、对偶、用典、比兴、夸张等手法的运用，也提出了许多精辟的见解。

3. 建立了文学批评的方法论

刘勰要求批评家"无私于轻重，不偏于憎爱"。与此同时，他还提出了"六观"的批评方法：一观位体，看其内容与风格是否一致；二观置辞，看其文辞在表达情理上是否确切；三观通变，看其是否继承与变化；四观奇正，看其布局是否严谨妥当；五观事义，看其用典是否贴切；六观宫商，看其音韵声律是否完美。这在当时是最为全面和公允的品评标准。

《文心雕龙》是我国齐梁以前的文学理论的总结，其内容的丰富及理论体系的系统严密，在中国古代文论史上是空前绝后的。它的问世，标志着中国古代文学理论的成熟。它的丰富内容，精到的理论观点，对后世产生了巨大的影响。也是中国文学理论批评史上的一份十分宝贵的遗产。

景点指南 7-2

景点	景色	地点	简介
定林寺		山东日照	位于日照市莒县城西浮来山。千年古刹定林寺是山东省现存最古老的寺院之一，为刘勰故居所在地，始建于南北朝时期，距今已有 1500 年的历史。
刘勰与文心雕龙纪念馆		江苏南京	设于南京钟山南麓的定林山庄内，纪念馆分前、中、后三个展厅，有"钟山与六朝都城""钟山定林寺""刘勰与《文心雕龙》"三个展览单元。

第 3 节　戏　　剧

导学 7-3

在古希腊，当葡萄熟了的时候，要举行盛大的节日。那么在这个节日上，要祭奠酒神狄俄尼索斯，因此，在这些歌舞中间，就开始有人来扮演人物了。最开始是扮演"羊人"，也就是载歌载舞的人们头戴羊角，身披羊皮，还弄个羊尾巴，在古希腊语里这种叫做萨堤洛斯"羊人"。"羊人"在酒神的颂歌中间，扮演人物，并讲述有关酒神的故事。戏剧因此就开始诞生了。

问题：中国古代的戏剧怎样产生发展的？山东作家代表性作品有哪些？

中国戏剧主要包括戏曲和话剧。戏曲是中国固有的传统戏剧。它的发展经历了悠久而漫长的过程。以富于艺术魅力的表演形式，为历代人民群众所喜闻乐见。而且，在世界剧坛上也占有独特的位置。作为文学作品的戏剧剧本，是基于戏剧表演需要而产生的一种文学样式，是随着戏剧表演本身的发展而发展的。在中国历史上，戏剧表演萌芽于先秦至唐代，成形于宋金，兴盛于元代。而山东则是元杂剧的创作中心之一，出现了一大批杂剧作家，其中不乏名家名作。如高文秀的《渑池会》、康进之《李逵负荆》等。至明清时代，随着社会文化的进步和经济的发展，戏剧文学的思想与艺术水平又有多方面的提高。清代文坛上出现了有"南洪北孔"之称的著名剧作家洪昇和孔尚任，分别为中国古典戏剧文学贡献了《长生殿》与《桃花扇》两部艺术珍品。其中孔尚任即为山东最负盛名的剧作家。

一、孔　尚　任

孔尚任（1648～1718 年），字聘之，又字季重，号东塘，别号岸堂，自称云亭山人，山东曲阜人。孔子六十四代孙，早年承家学，中过秀才。他是清代诗人、著名戏

图 7-8 孔尚任

曲作家（图 7-8）。

他的一生大概可以分为三个阶段。

居家读书阶段：三十七岁前，在家过着养亲、读书的生活。他青年时代曾经非常热衷于科举仕途，但数次应山东乡试都未能中举。后隐居曲阜城北石门山，他接触了一些南明遗民，了解到许多南明王朝兴亡的第一手史料和李香君的轶事。对写一部反映南明兴亡的历史剧萌发浓厚兴趣，开始了《桃花扇》的构思和试笔，但"仅画其轮廓，实未饰其藻采也"（《桃花扇本末》）。

出仕阶段：康熙二十三年（1684 年），康熙南巡北归，特至曲阜祭孔，孔尚任被推举在御前讲经，受到康熙的赏识，破格授为国子监博士，赴京就任。后奉命赴淮扬治水，历时四载。这个时期，他的足迹几乎踏遍南明故地，又与一大批有民族气节的明代遗民结为知交，接受他们的爱国思想，加深了对南明兴亡历史的认识，进一步激发了创作欲望。他有意识地探寻南明弘光遗事，积极收集素材，为日后《桃花扇》的创作做了充分的积累。康熙二十九年（1690 年），奉调回京，历任国子监博士、户部主事。康熙三十八年（1699 年），经过毕生努力，三易其稿，五十二岁的孔尚任，终于写成了《桃花扇》。脱稿后，王公贵人竞相借抄，康熙也命内侍索阅。次年春，《桃花扇》上演，岁无虚日，座无虚席，引起朝野轰动。康熙三十九年（1700 年），孔尚任被提拔为户部广东清吏司员外郎。不料，仅十来天就突然被罢官。"命薄忍遭文字憎，缄口金人受诽谤"（《容美土司田舜年遣使投诗赞予〈桃花扇〉传奇，依韵却寄》），从这些诗句看，他这次罢官很可能是因创作《桃花扇》得祸。

隐居阶段：罢官后，孔尚任在京赋闲两年多，接着回乡隐居。康熙五十七年（1718 年），这位享有盛誉的一代戏曲家，就在曲阜石门家中与世长辞了，年七十岁。

他的作品还有和顾采合著的《小忽雷》传奇及诗文集《湖海集》《岸堂文集》《长留集》等，均传世。

二、《桃花扇》

（一）《桃花扇》思想内容

《桃花扇》共 40 出，分上、下两本（图 7-9）。剧本借侯方域、李香君的爱情故事，写南明王朝的覆亡历史。书生侯方域来南京应科举之试落第，一时留在南京，寓居莫愁湖畔，参加了反对阉党的复社。后经杨龙友的介绍，结识了秦淮名妓李香君，两人萌发爱情，侯方域题诗扇以赠香君，作为信物。阉党文人阮大铖闻讯即出重金置办妆奁，托其结拜兄弟杨龙友送给香君，意在拉拢复社文人侯方域。李香君义正词严地拒绝，不让侯方域接收阮

图 7-9 《桃花扇》

的馈赠。阮为此忌恨，乘左良玉移兵南京之时，诬告侯方域暗通左军。为避害，侯方域只身逃离南京投奔扬州督师史可法。崇祯在北京煤山自缢后，奸臣马士英等在南京

迎立福王，建立南明朝廷。昏王奸臣不理朝政、征歌逐舞、迫害复社文人。马、阮等逼迫李香君嫁给新任漕抚田仰，香君宁死不从，以头撞地，血染侯方域当年所赠诗扇。后来杨龙友略施点染，描画成桃花图，是谓桃花扇。马、阮为博得君王欢心，将李香君拘捕进宫，于赏心亭置酒赏雪，李香君乘机骂筵以泄愤恨。侯方域回到南京，被阮捕获入狱。清兵南下，昏君奸臣出逃，侯方域出狱后避难栖霞山，与李香君相遇于白云庵，在张道士的点拨下，他们双双出家入道。

作品以侯方域、李香君悲欢离合的爱情故事为中心线索，展示了从 1643 年明代灭亡前夕到弘光小朝廷覆亡的 1645 年期间，发生在以南明王朝都城南京为中心的政治舞台上的诸多重大事件。展现了明末腐朽动乱的社会现实，揭露了南明王朝的腐朽堕落和内部重重的矛盾，热情歌颂了敢于和权奸作斗争的高尚气节和爱国情感。

（二）《桃花扇》的人物形象

《桃花扇》塑造的人物形象中，最为突出的是秦淮名妓李香君。她被赋予了新的特点，不同于古代戏曲作品中传统意义上的佳人，也不是一般的青楼女子。李香君是秦淮歌妓，身份虽然低下、卑微，但在国家民族利益面前，她具有清醒的政治头脑和敏锐的目光。她的性格主要是通过《却奁》《守楼》和《骂筵》三出关键场次展现。

《却奁》一出中，当她知道阮大铖出资收买侯方域的阴谋活动时，义正词严地责备了侯方域的动摇："官人是何说话，阮大铖趋附权奸，廉耻丧尽，妇人女子，无不唾骂。他人攻之，官人救之，官人自处于何等也？"并坚决辞却阮大铖暗中为她置办的妆奁，以自己鲜明的政治态度影响了侯方域。《拒嫁》《守楼》中，她坚决拒绝再嫁，不管是利诱、还是威胁，她毫不动摇，公开声称"奴是薄福人，不愿入朱门"。在斗争中她性格的光辉一面又有所发展，终至"碎首淋漓不肯辱于权奸"。并进一步认识了马、阮统治集团的狰狞面目和丑恶的本质。在《骂筵》一出里，她更冒着生命的危险痛骂马士英、阮大铖："堂堂列公，半边南朝，望你峥嵘。出身希贵宠，创业选声容，后庭花又添几种。把俺胡撮弄，对寒风雪海冰山，苦陪觞咏。"〈五供养〉

这些描绘使李香君成为中国古典戏曲中罕见的一个光彩照人的妇女形象。她不仅美丽聪明，而且正直刚强，明大义有气节，她有着鲜明的政治是非观，把爱情的关系和选择建立在政治的关系和选择的基础上，这是她比《西厢记》中的崔莺莺、《牡丹亭》中的杜丽娘形象更高大的基点，也是《桃花扇》在思想和艺术上取得重大突破之所在。

（三）《桃花扇》的艺术成就

第一，历史真实与艺术真实的统一。作者根据历史剧必须忠实历史事实为线索的信条，剧中的主要人物、故事情节都有史实的依据。又能够根据作品主题对历史事件进行适当的加工，以符合剧情和人物塑造的需要，从而达到了历史真实与艺术真实的统一。

第二，艺术构思精巧。作品在结构上以"一生一旦为全纲领，而南朝之治乱系焉"，终而达到"借离合之情，写兴亡之感"的创作目的。作品以侯李的爱情为中心线索，侯方域一线连接史可法、江北四镇，以及驻扎在武昌的左良玉。李香君一线则以南京为中心，牵动弘光王朝及朝臣和秦淮歌妓艺人。虽然情节起伏多变，结构却浑然一体，不枝不蔓。

全剧情节纷繁复杂，却以侯方域和李香君的定情物桃花扇贯串始终，一线到底。孔尚任《桃花扇凡例》说："剧名《桃花扇》，则桃花扇譬则珠也，作《桃花扇》之笔譬则龙也。穿云入雾，或正或侧，而龙睛龙爪，总不离乎珠。观者当用巨眼。"桃花扇经历了一个从赠扇、溅扇到画扇、寄扇，最后撕扇的过程，这样一柄宫扇反复多次出现，贯穿了整个剧情的发展，展现出"南明兴亡，逐系桃花扇底"的艺术匠心，形成了《桃花扇》剧目的宏伟艺术机构。

　　第三，人物形象丰满，个性特征鲜明。《桃花扇》中塑造了众多的人物形象，他们之间既有主次之分，也有褒贬之别，即使是同一部的人物，作者也注意写出其性格差异。剧中塑造人物有血有肉，个性特征鲜明。

　　第四，曲词和宾白刻意求工，安排合度。《桃花扇》中在语言上有独特的风格，曲词写景抒情，典雅亮丽，宾白交代情节，整练自然，雅饬顺畅。并且根据剧情场景不同，同一人物语言，有时香艳缠绵，有时激昂慷慨。人物的语言做到了与性格合拍。

知识链接 7-4　　　　明 清 传 奇

　　传奇，源于宋元南戏，由于传奇这种戏剧样式一直延续至清代，故又被人习惯地称作明清传奇。明清传奇在形式上承继南戏体制，且更加完备。一个剧本，大都只有 30 出左右，常分为上、下两部分；作家还特别注意结构的紧凑和科诨的穿插。传奇的音乐也是采取曲牌联套的形式，但比南戏有所发展，一折戏中不再限于一个宫调；曲牌的多少，也取决于剧情的需要；所有登场的角色都可以演唱。代表作品有汤显祖的《牡丹亭》、洪昇的《长生殿》、孔尚任的《桃花扇》。

景点指南 7-3

景点	景色	地点	简介
孔尚任故居		江苏泰州	坐落于泰州凤城河桃园景区内的陈庵，又名藏经禅院。
孔尚任墓		山东曲阜	位于孔林东北部，墓前石碑圆首，雕二龙戏珠，碑文为"奉直大夫户部广东清吏司员外郎东塘先生之墓"。清雍正十三年（1735 年）四月立石。墓前有石供案。

续表

景点	景色	地点	简介
孤云草堂		山东曲阜	位于曲阜城东北 25 千米处石门山，现为国家森林公园。孔尚任两度隐居于此。

第4节　小　说

对《水浒传》和《聊斋志异》这两部小说，后世学者给予了很高的评价。胡适曾评价《水浒传》是一部奇书，在中国文学史占的地位比《左传》《史记》还要重大的多。梁实秋也曾评价这是一部伟大作品，可以和庄、骚、史记、杜诗并列，一读再读，不忍释手。鲁迅说《聊斋志异》是"亦颇学唐人传奇文字，而立意则近于六朝之志怪，其时鲜见古书，故读者诧为新颖，盛行于时，至今不绝。"郭沫若评价说："写鬼写妖高人一等，刺贪刺虐入骨三分。"老舍也评价说："鬼狐有性格，笑骂成文章。"

问题：你知道这两部作品的作者是谁？作品有何特色吗？

小说是一种以虚构想象为基本方式，注重刻画人物，讲述故事，描写环境，能够更为广阔深入地反映社会生活的文体。与诗歌、散文相比，小说的优势在于，可以在虚构的时空中，塑造栩栩如生的人物形象，展示历历在目的环境，设计引人入胜的故事情节。

明清时代，是中国古典小说发展的高峰期。这一时期，小说创作极为活跃，不仅作品纷涌，而且品类众多。这些作品，不论在语言表达还是在描写生活的深度与广度方面，不论在叙述故事还是在刻画人物方面，都达到了很高的水平。最能体现明代山东小说创作成就的是明代山东章回小说。被称为中国古代章回小说开山之作的《三国演义》和《水浒传》，都与山东有着密切的关系。步入清代，山东的文言短篇小说具有很高的成就。蒲松龄的《聊斋志异》成为中国古代文言短篇小说创作的最高峰。

一、《水浒传》

（一）《水浒传》的作者

关于《水浒传》的作者是谁，从明朝到现在，一直存在争议。目前通行的说法一般赞同《水浒传》一书由施耐庵原创，罗贯中编辑整理成书。

施耐庵（约 1296～1370 年），元、明小说家。名子安（一说名耳），号耐庵，泰州兴化人，祖籍苏州吴县阊门（今江苏苏州）。少精敏擅文，35 岁中进士，在钱塘做了两年官，后弃官归里，闭门著述。罗贯中是其得意弟子。著作有《三国演义》《三遂平妖传》《江湖豪客传》（即《水浒传》）等。每写成一书，都让罗贯中帮忙校刊，最后定稿。

（二）《水浒传》的主要内容

《水浒传》是在长期群众创作的基础上，经过接近民众的作家的综合加工和再创造，又经过不同时期、不同思想倾向的文人们多次增删修改而成的。其故事内容主要来自于宋元小说话本以及元杂剧等。小说描写了梁山泊英雄好汉的故事。以百二十回为例，全书可分为三段：第一至第七十回讲述的是各个好汉的故事，叙述了梁山泊一百单八将陆续上山的经过。他们既有独立性又有关联性；第七十一至第八十一回讲述的是好汉们在梁山集合，形成了以宋江为寨主的梁山山寨，并发动一系列对官僚恶霸及附近城池的战争，直到接受北宋朝廷的招安；第八十一回至第一百二十回讲述的是梁山好汉归顺朝廷后，镇压田虎、王庆、方腊等的战争，到最后鸟尽弓藏、悲壮死亡的故事。

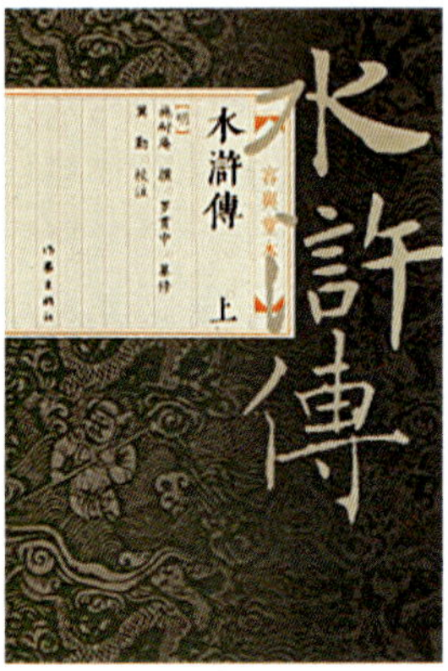

图7-10 《水浒传》

《水浒传》是我国第一部描写农民起义的长篇章回体小说，它生动地描写了一群不堪暴政欺压的"好汉"揭竿而起，聚义水泊梁山，直至接受招安致使起义失败的全过程。反映了我国历史上人民起义发生、发展直至失败的整个过程。特别是众多草莽英雄不同的人生经历和反抗道路，鲜明地表现了"官逼民反"这一主题。这部小说最闪光的思想在于：它对封建统治者视为"盗贼草寇"的起义农民给予充分肯定，并深刻揭示了农民起义的社会根源：即上至皇帝和高俅这样的大臣，下至大小官吏的横行霸道、昏庸无能，致使民不聊生，尖锐的阶级矛盾逐渐加深（图7-10）。

（三）《水浒传》的艺术成就

《水浒传》作为一部伟大的长篇小说，不仅因为其在思想内容上的丰富，也由于其艺术上的成熟。它的艺术成就主要表现在人物塑造、故事结构以及语言艺术三个方面。

1. 人物塑造

《水浒传》最值得称道的地方，无疑是在人物形象的塑造方面。金圣叹说书中"人有其性情，人有其气质，人有其形状，人有其声口"（《〈第五才子书施耐庵水浒传〉序三》）。作者把人物置身于特定的社会现实环境中，紧紧扣住人物的身份、教养、经历和遭遇，从复杂的社会关系的各个方面多层次地刻画人物性格，塑造出典型环境中众多个性鲜明的典型人物。作者善于通过人物的言行来刻画人物形象，并且善于处理英雄人物共性与个性的辩证关系，不仅写出了英雄们性格的异中之同，更注意以同中之异来表现性格相近的人物之间的细微差别。例如鲁智深、林冲、杨志在逼上梁山的过程中，鲁智深正义感强，林冲忍无可忍，杨志功名绝望，这便显示出三人性格的同中之异。性格刻画方面，作者把英雄人物的传奇性、现实性、超常性与平凡性结合起来刻画。既注重对英雄人物的本质特征和传奇行为极力加以夸张渲染，把他们塑造成高度理想化的典型，同时也注意描写他们与常人接近的一面，以富于生活气息的细节把他们置于真实合理的具体环境中，使得这些英雄既可敬可佩，又可亲可信。

作者以其对社会生活的广泛了解、深刻的人生体验和丰富的艺术想象，对人物的描写和刻画达到了个性化的程度，标志着古代小说的人物塑造从类型化向典型化的过渡。

2. 情节结构

小说继承了民间说话的传统，十分重视故事情节的生动曲折。它很少静止地描绘环境、人物外貌和心理，而总是在情节的展开中通过人物的行动来刻画人物的性格。这些情节又通常包含着激烈的矛盾冲突，包含偶然性的作用和惊险紧张的场面，包含着跌宕起伏的变化，富于传奇色彩。这种非凡人物与非凡故事的结合，使得整部小说充满了紧张感，很能引人入胜。它把许多原来分别独立的故事经过改造组织在一起，既有一个完整的长篇框架（特别是到梁山大聚义为止），又保存了若干仍具有独立意味的单元，可以说是一种"板块"串联的结构。从长篇小说的结构艺术来说，这固然有不成熟的地方，但从塑造人物形象来说，却也有其便利之处。一些最重要的人物，在有所交叉的情况下，各自占用连续的几回篇幅，他们的性格特征得到集中的描绘，表现得淋漓酣畅，给人以极深刻的印象。

3. 语言艺术

《水浒传》堪称是中国白话文学的一座里程碑。此前的文言小说虽然也能写得精美雅致，但终究是脱离口语的书面语言，要做到"绘声绘色、惟妙惟肖"八字，总是困难的。《水浒传》以生动流畅的白话口语为基础，进行加工提炼，使之成为个性化、形象化的文学语言。特别是写人物对话，作者以很高的文化修养，驾驭流利纯熟的白话，来刻画人物的性格，描述各种场景，显得极其生动活泼。更是闻其声如见其人，其效果是文言所不可能达到的。有了《水浒传》，白话文体在小说创作方面的优势得到了完全的确立，这在整个中国文学史上的意义极为深远。

二、蒲松龄和《聊斋志异》

（一）蒲松龄生平

蒲松龄（1640~1715年）字留仙，一字剑臣，别号柳泉居士，现山东省淄博市淄川区洪山镇蒲家庄人。出身于一个逐渐败落的地主家庭，书香世家，但功名不显。19岁应童生试，接连考取县、府、院三试三个第一，名震一时。补博士弟子员。以后屡试不第（图7-11）。

20岁时，与同乡学友李希梅、张历友等结"郢中诗社"。31~32岁时，应同邑进士新任宝应知县好友孙蕙邀请，到江苏扬州府宝应县做幕宾。这是他一生中唯一的一次离乡南游，对其创作具有重要意义。南方的自然山水、风俗民情、官场的腐败、人民的痛苦，他都深有体验。北归后，以到缙绅家设馆为生，主人家藏书丰富，使他得以广泛涉猎。70岁撤馆归家，过了一段饮酒作诗、闲暇自娱的生活。1715年正月病逝，享年76岁。

图 7-11 蒲松龄

　　蒲松龄一生热衷科举，却不得志，71 岁时才补了一个岁贡生，因此对科举制度的不合理深有体验。加之自幼喜欢民间文学，广泛搜集精怪鬼魅的奇闻异事，汲取创作营养，熔铸进自己的生活体验，创作出杰出的文言短篇小说集《聊斋志异》。以花妖狐魅的幻想故事，反映现实生活，寄托了作者的理想。除《聊斋志异》外，还有《聊斋文集》4 卷，《聊斋诗集》5 卷，《聊斋词集》1 卷，《聊斋俚曲》14 种，《聊斋杂著》9 种，《聊斋戏曲》3 种。

知识链接 7-5　　　　　　　　　　　　**蒲松龄自勉联**

有志者，事竟成，破釜沉舟，百二秦关终属楚；
苦心人，天不负，卧薪尝胆，三千越甲可吞吴。

图 7-12　《聊斋志异》

（二）《聊斋志异》思想内容

　　《聊斋志异》是蒲松龄的代表作，在他 40 岁左右时基本完成，此后不断有所增补和修改。书中故事来源主要有：作者自己的亲身见闻，继承古书题材加以变化创造，还有就是当时民间和一些文人中间的故事传说（图 7-12）。

　　蒲松龄在《聊斋自志》中说："集腋为裘，妄续幽冥之录；浮白载笔，仅成孤愤之书。寄托如此，亦足悲矣！"在这部小说集中，作者是寄托了他从现实生活中产生的深沉的孤愤的。《聊斋志异》中的优秀作品，反映了广阔的现实生活，提出许多重要的社会问题，表现了作者鲜明的态度。小说中的故事主要分以下几类：

　　第一类，是反映社会黑暗，揭露和抨击封建统治阶级压迫、残害人民罪行的作品。作者把矛头直接指向封建社会中的统治者、贪官污吏、豪绅恶霸，揭露他们贪婪、暴虐、谄媚、昏庸、无耻等本性，以及欺压剥削人民的累累罪行，表达了对人民疾苦的深切同情。这样的作品在书中占了很大的比重。如《促织》《红玉》《梦狼》《梅女》《续黄粱》《窦氏》《商三官》《席方平》《向杲》等；

　　第二类，是反对封建婚姻，批判封建礼教，歌颂青年男女纯真的爱情和为争取自由幸福而斗争的作品。描写爱情主题的作品，在全书中数量最多，它们表现了强烈的反封建礼教的精神。其中一些作品，通过花妖狐魅和人的恋爱，表现了作者理想的爱情。如《婴宁》《青凤》《阿绣》《连城》《青娥》《鸦头》《瑞云》等；

　　第三类，是揭露和批判科举考试制度的腐败和种种弊端的作品。作者饱含感情地揭露了科举制度埋没人才的罪恶，对那些不肯向科举制度低头、不屑"易面目图荣耀"的士子，则给予热情的赞扬。如《叶生》《于去恶》《考弊司》《贾奉雉》《司文郎》《王子安》《三生》等；

　　第四类，总结生活中的经验教训，教育人要诚实、乐于助人、吃苦耐劳、知过能改等等，带有道德训诫意义的作品，如《种梨》《画皮》《崂山道士》《瞳人语》

《狼》三则等。

（三）《聊斋志异》艺术成就

《聊斋志异》代表了中国古代文言小说的最高峰。其总的特点是"用传奇法，而以志怪"，即依唐人传奇小说的写法，如描写细致、情节曲折、人物生动、叙次井然等来写怪异的故事。这样它既继承了六朝志怪小说和唐宋传奇小说的传统，又不是简单地沿袭，而是把中国古代文言小说的两种基本写法有机地结合起来，创造了文言小说最完善的艺术形式，从而确定了它在中国小说史上的崇高地位，它的艺术成就主要表现在以下三个方面：

一是情节离奇曲折，富于变化。《聊斋志异》采用了《史记》因人写事的传记体结构。每叙一事，力避平铺直叙，尽量做到有起有伏，有变化，有高潮，有余韵，一步一折，变化无穷；故事情节力避平淡无奇，尽量做到奇幻多姿，迷离惝恍，奇中有曲，曲中有奇。曲是情节的复杂性，奇是情节的虚幻性，曲而不失自然，奇而不离真实，这是《聊斋志异》艺术力量之所在。

二是用多种多样的手法塑造了一大批具有鲜明个性的人物形象。《聊斋志异》刻画人物时，或通过人物的声容笑貌和内心活动，或通过生动、准确的细节，或通过自然环境的衬托，从正面、侧面、反面各个不同的角度来突出人物的主要性格，往往寥寥数笔，便能形神兼备。

《聊斋志异》所写鬼狐花妖，作家一方面赋予它们以人的社会性，另一方面又保持它们某种自然性，写得狐有狐形，鬼有鬼态，从而显得生趣盎然，如虎精的粗犷，牡丹精葛巾的芳香，蜂精绿衣少女的细腰，这就不仅使人物性格特点突出，而且使读者有鲜明的形象感受。

三是语言简练、典雅、生动、形象。蒲松龄能创造性地运用语言。他博古通今，对先秦史传，唐宋诗词无不精研娴熟，而且又能提炼当时民间俚语，口语另铸新词，从而使《聊斋志异》的语言，既具有文言的厚重典雅，含蓄，又因融入了民间口语、俗语而显得活泼清新，富蕴生活之神韵。

知识链接7-6　　　　　　　　　《水浒传》作者与版本

关于《水浒传》的作者学术界大致有四种说法：

（1）认为历史上本无施耐庵其人，施耐庵仅是一个化名而已——或许就是罗贯中的化名，甚至罗贯中也是一个托名。（2）认为是罗贯中写的，就是说《水浒传》的作者是罗贯中。（3）认为《水浒传》是施耐庵和罗贯中两人合作的。（4）认为是施耐庵一个人写的。

《水浒传》的版本大体来说，主要有三种：

（1）七十回本，是明末清初金圣叹的批评本，全名《第五才子书施耐庵水浒传》。保存了水浒故事主要部分即前七十一回。此本最为流行。一般简称"金批水浒"。（2）百回本，包括"罗本"《忠义水浒传》一百卷和"郭本"（或"嘉靖本"）《水浒传》。百回本的《水浒传》均有征辽和征方腊的情节。（3）百二十回本，包括澄江梅氏藏本《古本水浒传》，"余本"的《水浒传》和"杨本"的《水浒全传》。后两者增加了征王庆、征田虎的情节。

景点指南 7-4

景点	景色	地点	简介
水泊梁山		山东济宁	位于山东省西南部的梁山县境内，是中国古典文学名著《水浒传》故事的发祥地，山东省政府首批公布的省级风景名胜区，现为省级森林公园和省级地质公园，国家AAAA级旅游景区。
蒲松龄故居		山东淄博	位于山东省淄博市淄川区洪山镇蒲家庄，是一座典型的北方农家建筑。1980年扩建为蒲松龄纪念馆。

小 结

本章主要从诗歌、文论、戏剧、小说等不同的角度，介绍山东文学中有代表性的作家作品。通过对这些作家作品的了解，使我们可以获得丰富的社会历史知识和生活知识，提高观察生活、认识生活的能力和思想觉悟水平，培养高尚的情操和健康的审美观念，并且从中学到如何区分社会生活中的真伪、善恶、美丑。

自 测 题

一、填空题

1. 我国最早的一部诗歌总集是_____，收录了自_____到_____的诗歌_____篇。

2. "李杜"是指_____和_____；"二安"中的"易安"是词人_____，"幼安"是词人_____。

3. 孔尚任《桃花扇》的主人公是_____和_____。

4. 清代代表文言短篇小说最高成就的文言短篇小说是_____，作者_____；中国文学史上第一部反映农民革命战争的长篇小说是_____。

5. _____是刘勰写的文学理论巨著。

6. 凭谁问，廉颇老矣，_____？

二、选择题

1.《诗经》的艺术表现方法是（　　）
A. 风、赋、比　　　B. 赋、比、兴
C. 比、兴、雅　　　D. 兴、雅、颂

2. 中国文学理论批评史上第一部有严密体系的、"体大而虑周"的文学理论专著是（　　）
A.《二十四诗品》　B.《典论·论文》
C.《诗品》　　　　D.《文心雕龙》

3. 以复社名士侯方域与秦淮名妓李香君爱情故事为主线，借"离合之情，写兴亡之感"的作品是（　　）
A.《长生殿》　　　B.《四婵娟》
C.《桃花扇》　　　D.《救风尘》

4. 其词被称为"易安体"的词人是（　　）

A. 李清照　　　　　B. 辛弃疾　　　　　　A. 李清照　　　　　B. 苏轼

C. 苏辙　　　　　　D. 秦观　　　　　　　C. 辛弃疾　　　　　D. 张元干

5. 婴宁是下面哪部作品中的人物（　　）　三、简答题

A.《金瓶梅》　　　B.《儒林外史》　　　1. 简述《水浒传》的人物塑造艺术。

C.《隋唐演义》　　D.《聊斋志异》　　　2. 简要说明《聊斋志异》的思想内容。

6. 下列属于婉约派词人的是（　　　）　3.《桃花扇》的创作意旨是什么？

🔺 实践教学设计

【实践题目】

诗文朗诵比赛

【实践类型】

朗诵

【实践目标】

通过诗文朗诵比赛，让学生感受诗词的音律美，提高学生的审美能力和审美情趣，从而激发热爱祖国语言文字，热爱中华优秀传统文化的感情。

【实践方案】

时间：90分钟

地点：教室

流程：

一、分组准备：教师负责组织活动，邀请嘉宾评委；全班按5人左右一组分组，每组设立组长一名，组织活动。各组出一人比赛，其余学生参与搜集整理山东古代文学家的诗文作品，帮助选择朗诵作品。

二、朗诵比赛：各组选派朗诵选手参加比赛。由评委老师负责打分。

三、评委点评。

四、公布比赛结果。

【实践结果】

朗诵比赛

【实践评价】

评委根据选手情况进行打分，最后总结点评。

评分标准

项目	标准	满分	得分
朗诵内容	朗诵内容符合比赛要求，切实体现"中华经典"，宜选择具有鲜明时代特色、长远影响力、具有较高的思想和艺术价值、为群众所称颂的名家名篇	1.5分	
表现形式	形式新颖，令观众耳目一新	1.5分	
语言技巧	普通话标准，声音条件较好，语言流畅，发音准确，吐字清晰，音量适中，语速得当	4分	
临场表现	着装大方得体，态势语言运用得当，感情充沛，感染力强	3分	
总分	以上各项得分相加	10分	

第8章

艺 术

同学们，你可曾听说过王羲之、王献之、颜真卿等大家？你可曾听过柳子戏和吕剧？你可知道曾在山东两任知县的画家郑板桥？齐鲁大地是中华文明的发源地之一，是轴心时代的文化重心，是两千多年来中华文化的圣地，蕴含了美不胜收的艺术，在书法、美术、音乐和戏曲方面造诣都很高。那就让我们一起走进齐鲁大地艺术的殿堂，接受艺术的熏陶吧！

齐鲁艺术文化源远流长，在中华文明发展史上贡献巨大。在齐鲁文化源远流长的历史进程中，齐鲁大地艺术之花千姿百态、绚丽绽放。这里不仅诞生了博大精彩、灿烂辉煌的书法、绘画、音乐、戏曲艺术，也涌现出了许多彪炳史册的名人、名家和代表作品。这些骄人的成就，正以独特的魅力润泽着齐鲁大地。

第1节 书 法

导学8-1

到济宁游玩，导游一定会向你隆重推介"中国汉碑半济宁"。的确，济宁作为闻名中外的孔孟之乡，礼仪之邦，也是著名的汉碑集中地。济宁地区是发现和保存汉代碑刻最多的地区之一。目前，已知的汉碑刻石藏量多达40种，其中汉碑21种，刻石19种。在中国书法史上占有重要地位。

登临泰山，你一定会看到那些刻在山崖上的图画或文字，这是著名的摩崖石刻，具有很高的艺术和史料价值。

问题： 1.你知道这些汉碑、摩崖石刻作品中的书法具有什么特点吗？

2.这些汉碑和石刻有什么价值？

一、汉 碑

汉碑即汉代碑刻。碑文字体以隶为主，碑额文字多用篆书。汉碑（包括拓本）流传甚多，著名的有《华山庙碑》《礼器碑》《史晨碑》《曹全碑》等。《乙瑛碑》《史晨碑》《礼器碑》是孔庙珍品，它们并称为山东曲阜孔庙三大名碑。

《乙瑛碑》刻于东汉永兴元年（153年），碑书工整壮观，端庄秀气，温柔醇厚，既有方笔也有圆笔，圆滑美丽，苍峻潇洒，波磔十分鲜明（图8-1）。

《史晨碑》刻于灵帝建宁二年（169年），书风峻峭，端正严谨，然又风神流宕。前后碑方圆兼备，刚柔适度，结构平整，法意两得（图8-2）。

《礼器碑》，又称《修孔子庙器碑》，是中国东汉重要碑刻（图8-3）。东汉永寿二年（156年）立。此碑是汉代隶书的重要代表作之一。礼器碑中正典雅，法度森严，飘逸而不失沉着，规整而不失畅快。笔画以瘦硬为主，粗细变化明显，尤其是部分捺

图8-1 乙瑛碑

图8-2 史晨碑

图8-3 礼器碑

画，劲健有力，干脆利落，粗与细之间形成明显反差，平正于外，奇崛于内，体势变化看似平淡，而结体细细推敲却并不简单，布局疏朗，而字字重心稳固，通篇骨力通达，神完气足。碑文字迹清劲秀雅，有一种肃穆而超然的神采。

总体来讲，汉碑书法艺术上承秦篆，下启正楷，完成了一个演变的过程。汉隶可分为典型隶书、通俗隶书两大主要类型。典型隶书总的特点是，笔画有明显波挑，讲究蚕头燕尾，用笔婉转精到，结体方正，多取横势，庄重飘逸，法度森严，书风严谨，是汉代书法家们的艺术创作。济宁诸多汉碑大体如此，皆为官方书派的代表作，而各具风韵，如《景君碑》字形修长，劲健古雅，尚有篆意，为全国现存最早的汉碑之一；《礼器碑》瘦劲如铁，变化若龙；《史晨碑》笔致流动，以韵见长。至于《武荣碑》《鲁峻》等其他碑，风貌多样，不失官体之法度，而各有奇趣。相传《鲁峻碑》、魏《范式碑》为东汉著名书法家蔡邕所书，为汉氏碑刻艺术奇葩。

通俗隶书总的特点是，笔画劲直无波挑，用笔率意自然，结体多取纵势，以方正为主，书写简洁通俗，是汉代民间实用的一种隶书，艺术性相对较差。济宁两汉刻石大致这样，但因书刻时间跨度大，故风格绚丽多姿，如西汉的《北陛刻石》古朴粗犷，篆意较浓；《五凤刻石》《禳盗刻石》等，皆朴拙典雅，笔画径直，结体方正而无成法；东汉的《任城王墓题记刻石》，共发现单体刻石800多块、4000多字，为目前我国已知汉墓出土刻石文字之最。这些题记大都是石工和送石者的籍贯、姓名。其刻石属民间隶书或称作通俗隶书，其文字率真自然，笔画劲健，笔意游动，结体或纵或横。有的字明显带有楷书因素，这种因素，正是中国文字由隶向楷演变的原动力。

知识链接8-1 汉碑的形制

汉碑的形制，可分为碑座、碑身和碑首三部分。碑座称"趺"，为长方形：有龟趺、方趺等。碑身则为长方形竖石，正面谓"阳"，刊刻碑文；碑的反面谓"阴"，刻题名；碑的左右两面谓"侧"，也用以刻写题名。碑首称"额"，用以刊刻标题，有半圆形、圭形和方形三种类型，四周多刻有螭龙、蟠螭雕饰。此外，"首多有穿，穿之外或有晕者，乃墓碑施鹿虚之遗制。"汉末魏晋以后，穿晕逐渐消失（图8-4）。

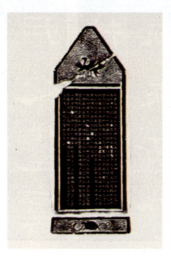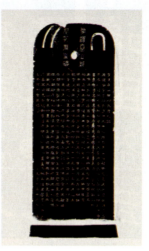

图 8-4　汉碑

俗话说"汉碑三字为宝"。就历史考古和艺术研究而言，年代愈久远愈有价值。这些屈指可数的、历经两千多年天灾人祸保留至今的两汉碑刻，尤显得弥足珍贵。汉碑是研究汉代社会风俗、意识形态、历史史实以及文化艺术的重要实物资料，具有极高的学术价值和艺术价值。作为当时人留下来的原始史料，汉碑比传世文献资料更有权威性，同时又是极其宝贵的具有鲜活生命力的书法艺术作品。

立碑纪事源于汉代，汉字的成熟离不开汉隶的形成这一重要阶段。正是因为有了汉代时"隶变""八分"，才使得汉字由初时篆体的圆转笔势发展为折笔方块字的隶书，由圆入方、由繁入简，为楷书的出现和流行奠定了基础。因此可以毫不夸张地说：没有包括济宁汉碑在内的这些实物佐证，今人便无法真切地感受和把握中国汉字发展的全貌，作为语言文化载体的汉字将会出现一个认识断层。

二、摩崖石刻

摩崖石刻，有广义和狭义之分。广义的摩崖石刻是指人们在天然的石壁上摩刻的所有内容，包括各类文字石刻、石刻造像，甚至岩画也可归入摩崖石刻。狭义的摩崖石刻则专指文字石刻，即利用天然的石壁刻文记事。本书所指为狭义。

摩崖石刻起源于远古时代的一种记事方式，盛行于北朝时期，直至隋唐以及宋元以后连绵不断，很多人在悬崖陡壁上刻字以记录功绩。由于崖壁的凹凸不平，刻字要根据它的山势进行布局，从而使这种刻字在章法上参差错落而又有一种天然形成的意趣，在线条处理上注意把握大的效果而不是精细的雕琢。

在中国的广大风景名胜区和过去的人类活动地点，保存着许多重要的摩崖石刻，字体包括篆、隶、楷、草、行等，内容涉及范围很广，包括文学、人物生平、历史、医药和水利等方面的内容。齐鲁大地分布着众多的山脉，留下了以泰山为代表的许多摩崖石刻。

1. 泰安泰山摩崖石刻

泰山摩崖石刻是中国文化史中的一枝奇葩。它不仅仅是中国书法艺术品的一座宝库，而且是中华民族的文化珍品。历代帝王到泰山祭天告地，儒释道传教授经，文化名士登攀览胜，留下了琳琅满目的碑碣、摩崖、楹联石刻，而泰山摩崖石刻是名山之最。泰山石刻源远流长，自秦汉以来至中华人民共和国成立后，上下两千余载，各代皆有石刻（图 8-5）。

图 8-5 泰山摩崖石刻

石刻主要包括历代帝王封禅告祭文、寺庙创建重修记、石经墓铭、颂岱诗文、题景及楹联等 5 类，大部是自然石刻。其文字既有洋洋数千言的鸿篇巨制，也有一字之惊，既有帝王御言，也有黔黎之说。其形式既有雄伟高大的"万丈碑"，也有盈尺小碣，既有龟趺螭首、精雕细磨之作，也有粗犷片石之刻，其书法艺术，既有真草隶篆，也有四体糅融，既有如斗大字，也有蝇头小楷，既有古拙若痴者，也有龙飞凤舞者，既有大家之手，也有石匠之书。真乃瑰丽多姿，把泰山扮点得更加庄严典雅，无愧为最壮观的"中国天然书法展览"。历代游人无不为之流连忘返，赞叹无穷。

泰山摩崖石刻以《纪泰山铭》、经石峪《金刚经》《宋摩崖》和元《天门铭》最为著名，其他刻于自然石上的题名、题记、题诗，几乎遍布泰山上下。其中《纪泰山铭》刻石，又称唐摩崖，刻于唐开元十四年（726 年），在岱顶大观峰崖壁上。摩崖高 13.2 米，宽 5.3 米，碑文书 24 行，满行 51 字，现存 1008 字，为唐玄宗李隆基封禅泰山后撰书的铭文，书法遒劲婉润，短严雄浑。它记载了唐玄宗神奇的封禅故事和一段鲜为人知的皇家秘史。在泰山的石刻中最为瞩目，是十分珍稀、瑰丽的国宝。

2. 莱州云峰山摩崖石刻

云峰山摩崖石刻在中国书法史上占有重要地位。现为全国重点文物保护单位，在山东省莱州市东南。云峰山共有历代刻石 35 处，现存北魏刻石 16 处、北齐刻石 1 处。云峰山刻石以山势取之，大小不一，形态各异，或矗立，或斜依，或偃卧，多处突兀岩石侧面，由山腰散布至山巅，形成天然碑林。山腰以上有《郑文公下碑》《论经书诗》等碑刻。山顶有《云峰之山题字》《九仙之名题字》《赤松子》等题字。东西两侧峰亦有题字、碑记。《郑文公下碑》肃穆庄重、气宇轩昂，自清代中叶以来即为著名书法家包世臣、叶昌炽、康有为等所推重。此碑为郑道昭书写，结字宽博舒展，笔力雄强圆劲，字体近楷书，并有篆隶意趣相附，为魏碑佳作之一。

3. 威海圣经山摩崖石刻

圣经山摩崖石刻地处威海文登圣经山风景区。位于葛家镇西于村北圣经山上，系金元时期重要的道教遗迹。山巅一巨石，似刀砍斧削，一半滚落 30 米外，一半似新月屹立，高 5 米，宽 15 米，俗称"月牙石"。阳面阴刻"老子道德经"上下两卷，146 行，6000 余字，颜体楷书，略带魏体风格，竖排成行。部分经文因年久风化，加上石花覆盖已经模糊不清，但大部尚可辨认。落款已完全模糊。

4. 青州市云门山摩崖石刻

图 8-6　云门山摩崖石刻

青州历史文化底蕴深厚，有着丰富多彩的摩崖石刻艺术作品，且年代久远，种类齐全，数量众多。玲珑山、云门山、驼山、仰天山等多处摩崖石刻，在山东闻名遐迩，如玲珑山的郑道昭魏碑题刻、云门山大"寿"字等，都是青州摩崖石刻中的珍品。明嘉靖年间为衡王朱载圭祝寿，衡王府内掌司冀阳周全，以"寿比南山"之意，在山阴处崖壁上镌刻了国内外罕见的大"寿"字以讨好衡王。大"寿"字，字体结构严谨，端庄大方，坐南朝北，通高 7.5 米，宽 3.7 米，仅"寿"字下面的"寸"字就高达 2.23 米。所以当地人有"人无寸高""寿比南山"之说（图 8-6）。

这些摩崖石刻无不透露出丰厚的齐鲁文化的底蕴。摩崖石刻有丰富的历史内涵和史料价值，是研究我国宗教文化极为珍贵的第一手资料。许多摩崖石刻书法精美，在书法史上占有重要位置，具有珍贵的艺术价值。同时，这些不同年代、不同民族文字的摩崖石刻，或富于天然之意趣，或体量巨大、气势恢弘，或为名家手笔，为秀美的自然风景增加了深厚的人文内涵，留给了后人可以触摸的人文脉络。

三、王羲之、王献之书法

（一）王羲之书法

王羲之（约 307～365 年），字逸少，琅邪人（今山东临沂费县人）。东晋时期著名书法家。永和七年官至右军将军，世称王右军，由于他在书法方面成就突出，被后世尊为"书圣"（图 8-7）。

王羲之出身于魏晋名门琅邪王氏，他七岁就擅长书法。传说晋帝当时要到北郊去祭祀，让王羲之把祝词写在一块木板上，再派工人雕刻。刻字者把木板削了一层又一层，发现王羲之的书法墨迹一直印到木板里面去了。削进三分深度才见底，木工惊叹王羲之的笔力雄劲，书法技艺炉火纯青，笔锋力度竟能入木三分。王羲之书风最明显特征是

图 8-7　王羲之

用笔细腻，结构多变。他对书法史上的贡献主要是在全面继承传统的基础上，凭借其个人天性、才思，适应了书法发展的潮流与趋势，变汉魏以来楷、行、草质朴、隶意浓郁的古体书风，创妍美流变的今体书，从而达到"兼撮众美，备成一家"的高度。后世今体书法，无论是古典主义的还是浪漫主义的，都以此为源头而拓展变化为无穷无尽的风格面目，影响直至千百年后的今天。

1. 楷书

王羲之的楷书在楷书艺术的演变发展史上占有重要的位置。他的楷书遗迹主要有《乐毅论》《黄庭经》《东方朔画像赞》等（图 8-8）。王羲之书法继承钟繇，又向前迈进了由"古"到"今"质变的一大步。其特点主要表现在：字体由钟繇的横向趋势变为纵向趋势，字的体态基本上都直立了起来，重心大都居中或偏上。与钟书的

醇厚古拙相比，王羲之的小楷更加端庄秀美，将楷书推进到一个新的境地。

2. 行书

王羲之的行书是他的书法中最富有特色和情趣的。他的行书所达到的高度，成为行书的主流标准和长久遵守的书写规范。他的行书完成从古质到新妍的转变，经过王羲之改进发展的行书，有行云流水之美、挥洒悠畅，收缩自如，创作了遒劲流美、文雅洒脱的行草书风。流传至今的行书帖多为短札，只有《兰亭序》是文稿，总体上都表现为一种潇洒流美的风韵。东晋穆帝永和九年（353 年），农历三月三日，王羲之和谢安、孙绰等 41 人在绍兴兰亭修禊（一种被除疾病和不祥的活动）时，众人饮酒赋诗，王羲之汇诗成集，并挥毫为此诗集作序，这便是有名的《兰亭集序》，记述了当时文人雅集的情景。作者因当时天时地利人和效果发挥极致，据说后来再写已不能逮。《兰亭序》一共 28 行，324 字

图 8-8　《黄庭经》

（图 8-9）。它的章法浑然一体，笔画粗细多变，运笔藏露相间，字形疏密相掺，连墨气也忽淡忽浓。整篇作品具有含蓄和谐的节奏韵律。其中有二十多个"之"字，七个"不"字，虽然均为一字，但写法各不相同，笔法结构千变万化，令人赞不绝口。唐僧怀仁在《圣教序》中也收集了《兰亭序》中的不少字。宋代米芾称之为"天下第一行书"。《兰亭序》为历代书法家所敬仰，不仅蜚声华夏，而且驰誉海外，是我国和世界文化艺术宝库中一颗璀璨的明珠，放射着夺目的光彩。

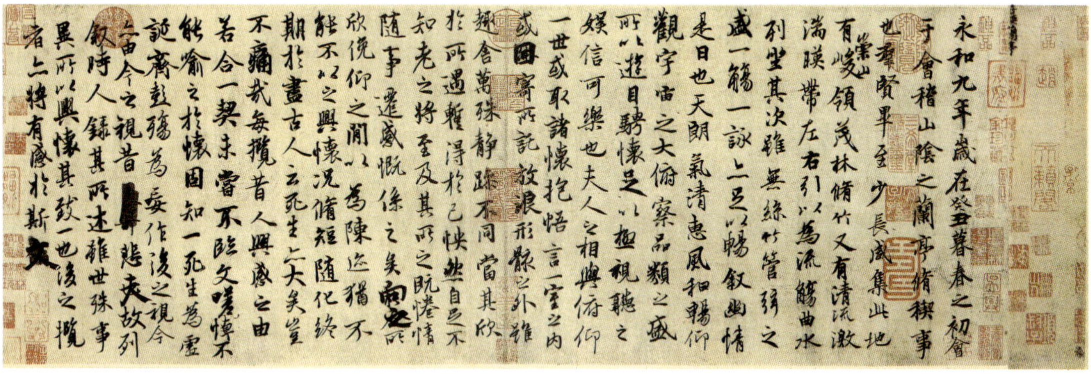

图 8-9　《兰亭序》

知识链接 8-2　　　　　　　　　巧 补 春 联

王羲之每逢除夕都要亲手写春联贴之于门。因为他的字号称"天下第一行书"，很多人都想得其字而又难得。所以每年除夕他的春联一贴出，不到半夜，就被人偷偷揭走。这一年，除夕又至，王羲之写了"福无双至，祸不单行"八个字的春联，留下了下半截。想偷对联的人一看此八个字太不吉利，便扫兴而归。到了寅时，王羲之补了后半截，变成了"福无双至今朝至，祸不单行昨夜行。"第二天一大早，想偷春联的人见春联变了样，皆赞叹不已，拍手叫绝。

3. 草书

在留存至今的王羲之书帖中，草书的数量最多，约占总数的 70%，这说明草体是王羲之最喜爱最常用的字体。王羲之最著名的草书法帖是《十七帖》，这是一部汇帖，集合了王羲之写给益州刺史周抚的一组书信，是千百年来公认的习草范本。全帖运笔方圆兼备，寓方折于圆转之中，姿态妍媚而气格清健。帖中文字行行分明，不像后来的大草、狂草书法那样依靠字与字之间的牵连来强化整体感，虽然字与字之间很少有牵连，但体势顾盼生辉，气脉通畅。

王羲之作为一代书圣，为我国文化艺术的发展做出了不可磨灭的贡献。王羲之的书法影响到他的后代子孙。王氏一门书法传递不息。其中王羲之与其子王献之同称"二王"。

（二）王献之书法

王献之（344～386 年），王羲之第七子，因官至中书令，故人称王大令，他在书法史上的突出贡献在于在其父书法基础上"穷其妍妙"再创新风。笔法上变王羲之内擫法为外拓法。这就造成了王献之的字具有"奇纵、华美"的特点，与其父"平和"有异。另外王献之的字特别加强了对笔势连贯的运用，尤其是在行草作品中更加注重"造势"，字的动态感大大加强，整副作品给人以气势奔放、一泻千里之感，对宋、明尚意、尚姿书风的形成作用重大。

1. 楷书

流传到现在的王献之的楷书作品只有《洛神赋十三行》刻帖，此帖用笔灵秀细劲，结构中宫收紧而四面开张，是在王羲之书法基础上进一步妍变美化的产物。此帖墨迹曾传至柳公权手中，对柳公权书风的形成作用重大。

2. 行草书

传世者有《鸭头丸帖》《廿九日帖》《送梨帖》《地黄汤帖》《鹅群帖》《十二月帖》等。其中《廿九日帖》为早期作品，字形偏于扁方形，用笔含蓄深沉，点画厚朴，带有模拟意味，可以看出是他个人风格未形成前学习王羲之、钟繇书作时所写。《鸭头丸帖》《鹅群帖》均能代表其成熟时期的书法风格（图 8-10）。笔势连贯，一泻而下，结体随势而变，俯仰翻侧，疏密有致，极尽跌宕之美。

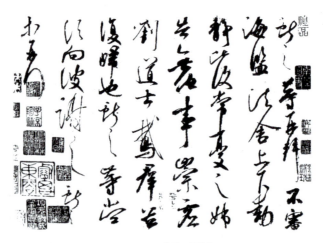

图 8-10 《鹅群帖》

四、雄强书风的颜真卿

颜真卿（709～785年），字清臣，祖籍琅邪（今山东临沂）。初为平原太守，后迁尚书右丞，封鲁国公，故又称颜平原、颜鲁公。颜真卿是唐代中期杰出的政治家、书法家。他秉性正直，笃实纯厚，不阿于权贵，不屈意媚上，刚正有气节，以义烈闻名于世，终被缢杀（图8-11）。

图8-11　颜真卿

颜真卿少时家贫缺纸笔，用笔醮黄土水在墙上练字。初学褚遂良，后师从张旭，汲取初唐四家特点，兼收篆隶和北魏笔意，自成一格，一反初唐书风，创造了新的时代书风，创造出方严正大、朴拙雄浑、大气磅礴的楷书书法审美范式，他的行草也传递出沉着痛快、豪迈洒脱的大师气象。颜真卿的书体被称为"颜体"，与柳公权并称"颜柳"，有"颜筋柳骨"之誉。

颜体的成熟标志着唐法的确立，但它的意义，绝不仅限于丰富了唐代书法面貌，它标志着自六朝以来二王书体专美于世的历史的结束，其与晚唐的柳公权对宋、元、明、清、中华民国以至现代的影响绝不亚于二王父子。

1. 颜体楷书

颜真卿的书法艺术成就主要体现在楷书上。颜真卿楷书风格多变，从流传下来的遗迹来看，一帖有一帖的独特风格，但大体上都保留着雄强、浑厚、质朴的风格特征，这是颜体的高明之处。用笔以中锋为主，顿按分明、强调起笔与收笔处的动作，横线稍细而呈弧形，竖线较粗而纵长，结体注重疏密开合的对比，呈现出了笔势雄强、体势宽博的书风。也正因如此，颜真卿成为继二王之后，后世不可企及的一座高峰。代表作有《多宝塔碑》《麻姑山仙坛记》《大唐中兴颂》《颜勤礼碑》《颜氏家庙碑》等（图8-12、图8-13）。

图8-12　多宝塔碑

图8-13　颜勤礼碑

2. 颜体行书

颜真卿的行书也有极高的造诣。颜真卿的行书与楷书放在一起很难想象是出自一人的笔下，他的楷书严谨至极，而行书却能放任随意，不拘绳墨，轻松空灵，富有情韵，虽脱胎二王，然能自出新意，不践古人。颜真卿的行书遒劲郁勃，这种风格也体现了大唐帝国繁盛的气象，并与他高尚的人格契合，是书法美与人格美完美结合的典例。代表作有《祭侄文稿》《争座位帖》《告伯父帖》，习惯上称为"鲁公"三稿，观三书，用笔以中锋为主，圆润遒劲，舍弃了楷书中起笔、收笔与转折、钩挑等处的华饰动作，但却保留了其沉实的线条质量，有篆书意味，字与字常势相连，用墨枯润相间，楷、行、草相互加杂，字形大小参差错落，黑与白对比强烈。

《祭侄文稿》是以墨迹传世，后人评价最高，有"天下第二行书"之誉，影响仅次于王羲之的《兰亭序》。《祭侄文稿》是为祭奠其亡侄颜季明而作。颜季明在安史之乱中被叛军抓获，他英勇不屈惨遭杀害。颜真卿性情忠直刚烈，听到颜季明慷慨赴死的壮举，既觉欣慰又悲愤不已。本帖通篇用笔之间情如潮涌，书法气势磅礴，纵笔豪放，一泻千里，常常写至枯笔，更显得苍劲流畅，其英风烈气，见于笔端。此书无意于工整而工整，由于颜真卿心情极度悲愤，情绪难以平静，错舛之处增多，时有涂抹。但正因为如此，此幅字写得凝重峻涩而又神采飞动，笔势圆润雄奇，姿态横生，纯以神写，得自然之妙。《祭侄文稿》是行书在表现力扩张方面的一大突破，用笔顿挫奔放，力透纸背。线条偾张激扬，冲决回荡，极富艺术震撼力（图8-14）。

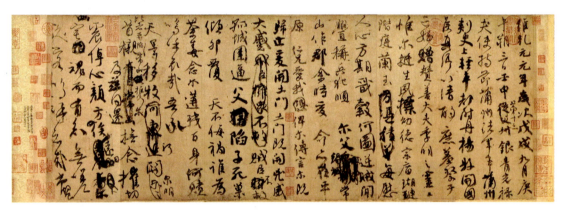

图8-14　《祭侄文稿》

第2节　美　术

导学8-2

　　山东是孔子的故乡，龙山文化的发祥地，历史悠久，底蕴深厚，美术艺术更是内容丰富、技艺精湛，享誉国内外。其中位于山东省济宁市嘉祥县武翟山北麓武家林的武氏墓群石刻俗称武氏祠，因其画像内容丰富、雕刻精美，而蜚声中外。另外山东潍县县令、"扬州八怪"中的重要人物郑板桥更是山东传统画家的杰出代表，这些都在一定时期集中反映着山东美术艺术的水平和特点，也构成了中华民族优秀文化艺术的重要组成部分，更对我们当代美术产生了深远的影响。

问题： 1. 武氏祠汉画像石题材内容集中表现为哪几类？有何艺术特色和美学价值？
　　　　2. 郑板桥绘画题材主要是什么？他的绘画对山东绘画有何影响？

一、武氏祠汉画像石

汉画像石是一种石刻绘画,作为汉代墓葬文化的组成部分,广泛地分布于山东、河南、江苏、四川和陕西等地,对于研究汉代的政治、经济和文化习俗具有重要的作用。山东汉画像石,在鲁中南发现最多,大都属东汉时期,其中当推长清郭巨祠、沂南画像石和嘉祥武氏祠最具有代表意义。郭巨祠在山东省济南市长清区孝堂山,祠内画像石大多为古代故事和出行图、神人像、搏斗图、百戏图、出猎图等。沂南画像石墓在山东省沂南县北寨村,全墓共有画像石 42 块,画像 73 幅,分别刻有攻战、伏羲、女娲、东王公、西王母及其他神仙怪异和野兽的图像。在金石界及汉画像石爱好者中,流传着这样一句话:"全国汉画看山东,山东汉画看嘉祥",位于嘉祥的武氏祠汉画像石,其造型特点突出,被记录发现较早,在世界范围内引起史学界、考古界和艺术界的广泛关注。

(一) 武氏祠汉画像石简介

武氏祠位于山东省嘉祥县城南 15 千米纸坊镇武翟山村北,旧称武梁祠,是东汉末年武氏家族墓地上的一组石构建筑。据武氏石阙和武梁碑记载,它的创建年代在东汉桓帝建和元年(147 年)前后,由石工孟孚、李第卯、孙宗等刻造,并由"良匠卫改雕文刻画"而成,距今已有 1800 多年的历史。祠内现存石阙、石狮各一对,汉碑两块,汉画像石四十余块。武氏祠汉画像石是中国最大、保存最完整的汉碑、汉画像石群,是国家一级重点文物保护单位,为世界文化遗产中的瑰宝。联合国教科文组织评价其与同期埃及的浮雕和希腊的瓶画,并称"世界三绝"(图 8-15)。

武氏祠汉画像石内容丰富,雕制精巧,取材广泛。祠内画像大致划分为:社会生活类画像,历史故事类画像,神话传说类画像。

社会生活类画像有车马出行、楼阁尊居、宴饮庖厨、乐舞伎戏、水陆攻战等内容。这类画像内容反映了汉代社会生活的诸多方面。如车马出行图是最常见的社会生活类画像之一。车马出行场面的大小,既反映了高低等级的差别,一定程度上反映了统治阶级奢侈腐朽的生活状况,也反映了人们对死后的追求。嘉祥武氏祠前右室即武荣祠三壁上部的车马出行图(图 8-16),图上有"令车""为督邮时""君为郎中时"等榜题,清楚地显示了武荣的仕宦历程。武氏祠前右室第二石第四层中,车前有一题榜为"此丞卿车"四字,在此车的前榜,还刻有"门下功曹"四字,此车马图像象征着墓主的官职地位。

历史故事类画像有古代帝王圣贤,如三皇五帝和夏禹、夏桀、文王及十子,孔子见老子与孔门弟子等;有忠臣义士,如二桃杀三士、蔺相如完璧归赵、荆轲刺秦王、豫让刺赵襄、聂政刺韩傀等;有孝子烈女,如老莱子娱亲、丁兰刻木、邢渠哺父、梁高行、楚昭贞姜、京师节女等。

神话传说类画像有被奉为人类始祖神的

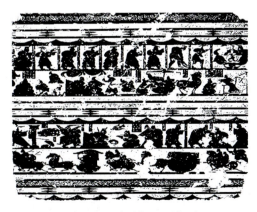

图 8-15　武氏祠汉画像石

嘉祥武氏祠前石室后壁横额车马出行图画像石中"令车"、"门下功曹"、"门下贼曹"榜题图

图 8-16　车马出行图

伏羲、女娲，有炼制长生不老药的西王母及东王公，有雷公、电母、风伯、雨师、北斗星君等天象神，有乘云车驾翼龙、飞鸟的神人，有驾鱼车、骑鱼的海神海灵，有肩生双翅或羽化自飞的仙人，有各种奇禽怪兽、祥瑞灵异等。这类画像内容具有浓厚的神秘色彩，包含了儒、道、阴阳五行等各种思想和神话传说，也含有古人对宇宙认识的朴素唯物思想。这些题材绘成一部现实、历史、神话等杂陈混糅的百科画卷，从各个不同的角度反映了东汉时期的社会状况、风土人情、典章制度、宗教信仰等。无论生活、经济还是军事，在其中都得到了充分的体现，其艺术价值和历史价值都不可估量，武氏祠画像石就是汉代社会生活的百科全书。

（二）武氏祠汉画像石的艺术特色和美学价值

武氏祠汉画像石是汉代遗留下来的重要的美术作品，作为一种综合性艺术形式，展现了丰富的艺术特色和美学价值。

在画像内容上，武氏祠汉画像石具有艺术的教育性。很多画像如三皇五帝、忠臣孝子、烈士贞女等题材内容明显渗透了儒学思想意识，突出维护封建统治秩序的忠孝思想和人身依附关系。这些是奉行封建伦理道德"三纲五常"的形象标本，也为研究当时的伦理道德提供了素材，这些趣味性十足的石刻画像，有明显教育世人的意义。在武氏祠的汉画像中，其人物大小、体态都是根据人物的社会地位或情感倾向而定，和真实身高无关。这一造型方式直接影响了历代美术，构成了中国美术的一个特色，即强调美术的伦理意义。

在构图方法上，武氏祠汉画像采用分层分格的构图方法。题材内容常常是分上下层刻画，而且通常是把不同的题材罗列在一起，画面饱满丰富，复杂而又均衡匀称，画像平面排列，布局张弛有度，在艺术形式上充分展现秩序美感。

在雕刻方法上，武氏祠画像石的雕刻方法主要为凸面线刻。先将石面磨平再勾出物像，然后把物像周围部分凿去，使画面浮起造成阳文轮廓，最后在阳文上用阴线精雕细刻而成。这种技法所刻图像的外轮廓凸起和细部刻画的线条流畅纤细，技巧灵活娴熟、大胆夸张，能够生动表现出刻画对象的特点。雕刻精工细致，画像凝重醒目，既保持了壁面的平整，又使画像跃然而出。

在造型特点上，人物造型夸张简练、高度概括，通过突出人物形象动态和故事情节的连续状态来强化画像主题，极具视觉张力。侧面人物以剪影手法处理不必要的细节，突出人物的特征和动态；内部以简练的结构线体现人物的基本特征和动作，夸张主体人物的动势。如《荆轲刺秦王》，画中的秦王和荆轲的动作及相互位置都渲染了"刺"的紧张，旁边还以燕国勇士秦舞阳吓得仰面倒地的形态烘托气氛。特别是引人注目的细节是匕首穿柱心并露出锋尖，夸张地表现了荆轲孤注一掷的抗争（图 8-17）。

图 8-17　荆轲刺秦王

武氏祠画像石以其不事细节修饰的粗犷外形和夸张姿态造就了力量与动感，从而形成一种气势之美。《荆轲刺秦王》图中匕首掷出插入柱中的一瞬间；《泗水取鼎》图中鼎将坠未坠、拽绳拉鼎的人们正在一个个仰面跌倒的一刹那，无不透露出紧张激烈的气势，显示出其力量和速度。

总体来讲，武氏祠汉画像石画面工整朴实，呈现出严谨、朴素、古拙的写实特色，具有高度的艺术价值和美学意义。不论从构图、造型、表现手法还是艺术风格上看，武氏祠汉画像石都是当今美术界学术研究的课题，它正以独特的魅力、璀璨的光华装点着齐鲁大地。

知识链接 8-3　　　　　鲁迅与武氏祠汉画像石结伴终生

鲁迅在北京教育部任职期间便与武氏祠汉画像石结缘。自 1913 年 9 月 11 日"胡孟乐贻山东画像石刻拓本十枚"（癸丑书账：胡君孟乐赠武梁祠画像佚存石拓本十枚）之后，鲁迅搜集武氏祠汉画像拓片的活动就一直没有停止过，尤以 1913～1927 年最为集中。他的第二个收藏高峰，是 1934 年至 1936 年 8 月 18 日，距离逝世仅两个月。鲁迅不仅倾心于对武氏祠汉画像拓片的收集，还善于将研究成果及时运用到与友人交流、杂文创作、讲演及推动中国新兴版画事业等活动中去。

鲁迅对武氏祠汉画像给予了高度评价。据许寿裳说，鲁迅在 1917 年曾告诉他："汉画像的图案，美妙无伦，为日本艺术家所采取，即使一鳞一爪，已被西洋名家交口赞许，说是日本的图案如何了不得，而不知其渊源固出于我国的汉画呢。"

汉画像石成为我国文化艺术中的杰出代表和文化艺术瑰宝。著名历史学家翦伯赞先生说："我以为除了古人的遗物以外，再没有一种史料比绘画雕刻更能反映出历史上的社会之具体的形象。"他认为汉代的石刻画像"几乎可以成为一部绣像汉代史"。可以说，汉画像在艺术形式上它上承战国绘画古朴之风，下开魏晋风度艺术之先河，奠定了中国画的基本法规和规范。汉画像石不仅是汉代以前中国古典美术艺术发展的巅峰，而且对汉代以后的美术艺术也产生了深远的影响，在中国美术史上占有承前启后的重要地位。

二、郑板桥绘画

（一）郑板桥绘画

图8-18 郑板桥

郑板桥（1693～1765年），名郑燮，字克柔，号理庵，又号板桥，人称板桥先生，江苏兴化人，是"扬州八怪"最具代表性人物。郑板桥是清代著名画家、文学家，著有《郑板桥集》。他出身于书香门第，幼年家境贫寒，主要靠乳母教养。康熙末年中秀才，雍正十年中举人，乾隆元年中进士，乾隆七年任山东范县县令。乾隆十一年至十八年，调署山东潍县，为官清廉。后弃官靠卖画为生。离开潍县之日，仅以驴子三头自乘和驮行李书卷等，满城百姓遮道相送，如望清风归去（图8-18）。

郑板桥在山东做官的十二年在他的一生中占有十分重要的地位。这十二年，他不但在艺术方面广受齐鲁文化的润泽，而且在思想人格的塑造和形成上更是深受恣肆汪洋、疏达狂放的齐文化和博爱仁厚、以民为本的鲁文化的深刻影响。在山东的十二年是他的许多重要思想形成并成熟的时期，尤其是在潍县做官的七年对他影响深远。潍县为郑板桥施展从政抱负和综合艺术水平实现升华巨变提供了最好的条件。郑板桥对山东感情深厚。他弃官而去前，回首七年潍县时光，感慨万千，挥毫画出八尺巨幅墨竹，并在画上题跋"七载春风在潍县"。官潍七年郑板桥无论诗作、书法还是绘画都达到了新的高峰。老年的郑板桥居住在扬州，非常怀念潍县，曾写过《怀潍城》："相思不尽又相思，潍水春光处处迟。隔岸桃花三十里，鸳鸯庙接柳郎祠。"

郑板桥的作品以诗、书、画"三绝"著称。郑板桥酷爱绘画艺术，30岁后来到扬州靠卖画糊口。地位低微，书画也不出名，中了进士以后，书画名气大增。在范县任职期间，公务之余，仍不忘吟诗作画，正如他所言"时时作画，乱石秋苔；时时作字，古与媚皆；时时作诗，写乐鸣哀"。做潍县县令时作画更多，甚至还在乾隆东巡封禅时，去泰山做了几十天的书画使。

郑板桥的绘画题材，以兰、竹、石为主要描绘对象，画竹最为出色。他以平凡的题材表现出新意趣，藉由这些题材抒写他心底敢冲破传统观念的"倔强不驯之气"。

1. 墨竹

郑板桥画竹，有一竿竹、两竿竹、三竿竹、六竿竹……有春竹、春夏之间竹、秋竹、冬竹、夜间竹……有风中之竹、山中之竹、卧竹、新竹、老竹……他笔下的竹千姿百态，变化无端，趣味无穷。他欣赏苏轼的竹、文同的竹、石涛的竹，但他绝不雷同，他的竹是他自己的创造。所画之竹气韵生动，形神兼备，特别强调要表现气、意、趣三真。郑板桥擅长墨竹，多得之于"纸窗、粉壁、日光、月影中"。郑板桥的墨竹，虽在题材上没有超出传统文人画的范围，却在风格上远远超越了传统文人画。他所画的墨竹，笔法瘦挺，墨色淋漓，随手写去，潇洒流畅，有着清瘦洒脱的意趣。他通过观察和艺术创作的实践，指出了画竹的三个境界：眼中之竹、胸中之竹和手中之竹。"眼中之竹"是自然实景，是对现实生活直观反映；"胸中之竹"是艺术创作时的构思；"手中之竹"是艺术创作的实现。他把主观与客观、现象与想象、真实与艺术有机地融为一体，创造了师承自然，而又高于自然的境界。他笔下的竹子寓意深刻，如在《竹石图》的画眉上题诗曰："咬定青山不放松，立根原在破岩中。千磨万击还坚劲，任尔东西南北风"，高度赞扬竹子不畏逆境、蒸蒸日上的秉性。画幅上几枝瘦劲的竹子，从石缝中挺然后立，坚韧不拔，遇风不倒，郑板桥借竹抒发了自己洒脱、豁达的胸臆，表达了勇敢面对现实，绝不屈服于挫折的品性。

图 8-19 《墨竹图》

郑板桥任山东潍县知县时，曾作过一幅《墨竹图》送给山东巡抚包括（图 8-19）。上面题画诗就是著名的《潍县署中画竹呈年伯包大中丞括》："衙斋卧听萧萧竹，疑是民间疾苦声，些小吾曹州县吏，一枝一叶总关情。"由风吹竹摇之声而联想到百姓生活疾苦，表达了郑板桥对民生疾苦的深切关怀和同情。

知识链接8-4   **梅兰竹菊四君子之"竹"**

　　竹枝杆挺拔修长，四季青翠，凌霜傲雨，备受中国人民喜爱，有"梅兰竹菊"四君子之一的美誉，为历代文人墨客所钟爱。中国悠久的文化与竹结下不解之缘，形成了丰富多彩、独具特色的中国竹文化。看到竹子，人们自然想到它不畏逆境、不惧艰辛、中通外直、宁折不屈的品格，这是一种取之不尽的精神财富，也正是竹子特殊的审美价值。画竹艺术在中国传统绘画艺术中具有相当的地位，中唐时期，竹已形成专门的绘画题材；北宋文同开创了"湖州竹派"，被后世人尊为墨竹绘画的鼻祖；元明清也涌现出一批画竹名家。时至今日，中国的画竹艺术仍保持长盛不衰的势头，当是中国特有的文化现象。

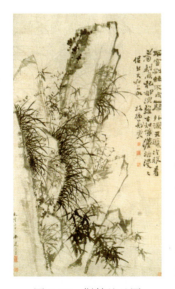

图 8-20 荆棘丛兰图

2. 写兰

　　郑板桥画兰，有香兰、幽兰、素心兰……有一箭兰、数笔兰、半盆兰、两盆兰、八畹兰、九畹兰……有峭壁兰、山腰兰、荆棘兰……，他笔下的兰花，少而不疏，多而不乱，秀劲绝伦，兰香四溢。郑板桥写兰形神兼备，笔精墨妙，出神入化，曲尽玄微。他也赋予兰花以意义。有的借兰花特征，透溢出做人胜不骄、败不馁，持平常心态的胸臆；有的借一丛丛兰花，夹着一些荆棘的自然现象，抒君子能宽容小人之大度的气质。《荆棘丛兰图》题画诗云："不容荆棘不成兰，外道天魔冷眼看，看到鱼龙都混杂，方知佛法浩漫漫"（图 8-20）。另一幅《荆棘丛兰图》题云："满幅皆君子，其后以荆棘终之何也？盖君子能容纳小人，无小人亦不能成君子，故棘中之兰，其花更硕茂矣。"郑板桥匠心独运，兰花中穿插几枝荆棘，画兰花与

图 8-21　柱石图

荆棘共存，表达了遇有小人，虚怀若谷、和睦共处的宽宏大量之胸怀，读画者亦受益匪浅。

3．画石

郑板桥画石别具风格。自然界再无情的石头在他笔下也活了，如《柱石图》中的石头。郑板桥在画幅中央别具一格地画了一块孤立的峰石，却有直冲云霄的气概，四周皆空没有背景。画上四句七言诗："谁与荒斋伴寂寥，一枝柱石上云霄，挺然直是陶元亮，五斗何能折我腰"（图 8-21）。诗点破了画题，一下子将石头与人品结合到一块儿。郑板桥借挺然坚劲的石头，赞美陶渊明，赞美他刚直不阿、品格高尚的人格，同时似乎也有吐露他自己同样遭遇及气度的意思。

在画石方面，郑板桥借鉴元代倪珊的侧锋用笔，以白描的手法创作出坚硬的瘦石轮廓。另外，他非常推崇苏轼的丑石之说，他经常画独立成幅之石，并善于创作顶天立地的柱石，以彰显其雄浑的气势。

纵观郑板桥笔下所画的兰竹石，细品题画诗，不难看出，他喜画兰竹石的缘由，正如他所云："四时不谢之兰，百节长青之竹，万古不败之石，千秋不变之人"，而"为四美也"。在他眼中，兰竹石，能代表人坚贞不屈、正直无私、坚韧不拔、心地光明、品格高洁等品格，因而其题画诗的字字句句，托物言志，意境深远。

（二）郑板桥绘画对山东绘画的影响

在山东书画史上，郑板桥具有经久不衰的影响力。只要谈到字画、兰竹、怪才、清官，谈到"难得糊涂"，都离不开他。郑板桥在山东期间，所作书画颇多，为山东书画史增添了浓墨重彩之笔，不少作品已成为中华民族文学艺术宝库中的精华。他的作品，充满着思想性、创造性和战斗性。他的绘画艺术在山东，特别是在潍坊一带影响很深。这一带后来的国画家，大多都吸取了郑板桥的艺术特点。

郑板桥在山东艺术方面的成就，一个最突出的特点是把画诗书印巧妙地结合了起来，把健康的思想内容和完美的艺术形式较好地结合了起来，使之成为一种新颖不俗、优美多姿的综合性艺术，构成了统一的诗情画意，给人以综合的完美的艺术享受。这是郑板桥对山东传统的书画艺术的大胆革新，也是对我国书画艺术的突出贡献。

郑板桥绘画对山东绘画的影响还表现在艺术创作为天下之劳人的观点。他曾说："凡吾画兰画竹画石，用以慰天下之劳人，非以供天下之安享人也。"郑板桥绘画创作的核心，就是要为劳苦大众的，具有浓烈的人道主义情怀。这不但在当时率先冲破传统的封建宗法等级观念，提出全新的观点，自树鲜明旗帜，而且对山东艺术创作的历史发展乃至今天，都具有非同寻常的意义。

名言警句 8-1

板桥先生为中国近三百年最卓绝的人物之一。其思想奇，文奇，书画尤奇。观其诗文及书画，不但想见高致，而其寓仁悲于奇妙，尤为古今天才之难得者。

——徐悲鸿

郑板桥人品与艺品双馨，启迪山东书画爱好者不懈追求德艺双馨的境界。郑板桥对后世的影响深厚，不仅因为他画画怪，更因为他的"狂傲"，他是一个清廉脱俗、不媚权贵的人。他善于以绘画作品表达情感,以画表意。在山东官场的十二年,造就了郑板桥刚直不阿的品质,也使得他画的竹兰石别有风骨,终成后人争相崇拜、模仿的范本。

郑板桥富有现实主义艺术观。他追求艺术的真谛,一切从生活中来,绘画题材也多为普通老百姓所常见。他以一个地方官员的身份去关注社会现实,不仅深切同情并救助穷困的百姓,而且揭露并抵制黑恶势力的嚣张气焰。因此他的作品关注现实生活,有着深刻的思想内容。郑板桥的人生观来源于现实生活,并且深深地影响了其现实主义艺术观的定位,随之成熟起来的观察、表现方法也与现实主义艺术相适应,成为现实主义绘画艺术实际的基本规范,至今仍有很大的启发作用。

另外他的造物为师、删繁就简以少胜多、画竹三阶段、书画互通等实践和理论,为后来者不断铺设成功之路,鼓舞后来者勇于自树其帜,不断创新,推进文人画的改革发展。郑板桥推动了山东文人画的发展,影响了山东近现代的画风,为山东乃至中国绘画史的发展作出了杰出贡献。

清代是潍县书画发展史上的高峰,这与身为县令的郑板桥的提倡、身体力行以及他的艺术造诣影响密切相关。直到今天,不是山东人的郑板桥却与山东人有着不解之缘,深得山东人民喜爱和推崇,成为所有山东人和书画爱好者的骄傲。

景点指南 8-1

景点	景色	地点	简介
武氏祠		山东嘉祥	始建于东汉桓、灵时期,全石结构,石刻画像,内容丰富,雕制精巧,取材广泛,从各个不同的角度反映了东汉时期的社会状况、风土人情、典章制度、宗教信仰等。
郑板桥纪念馆		山东潍坊	位于潍坊市中心城区,十笏园文化街区中段,展示了郑板桥一生中诗书画的成就,是一座集板桥文化、廉政文化、衙署文化为一体的廉政教育基地。
郑板桥纪念馆		江苏兴化	1983年11月为纪念清代书画家、文学家郑板桥而建立。1993年11月新建馆舍为古典式建筑,迎门为大型花岗岩郑板桥全身塑像、郑板桥兰竹石大理石壁雕。

第3节 音 乐

导学8-3

音乐像是一条永无止境的河流，它源自人类的心灵，飞溅的浪花上跳动着七彩音符，粼粼的波光里闪烁着不朽乐章。根据史籍记载、考古发掘和民间传说，我们能了解到，从远古时期以来，齐鲁大地的先民们创造了神奇的音乐文化，留下了光辉的印记，诸如大汶口文化遗址和洛庄汉墓等音乐考古遗存；涌现出了舜、孔子、孟子等一批具有重要影响的著名音乐人物，以及他们创作或整理的音乐作品。下面让我们一起来认识和了解他们。

问题：1．洛庄汉墓音乐考古的重大意义是什么？

2．舜和《箫韶》在中国音乐发展史上的意义是什么？

3．孔子的音乐文化贡献都有哪些？

齐鲁音乐文化源远流长，从远古的"北辛文化""大汶口文化"到"龙山文化"，随着山东古人类的发展，齐鲁音乐文化的曙光一步一步初现；到先秦时期，齐鲁大地初步形成了中华文明的音乐文化中心。齐鲁音乐文化从宫廷到民间，从教育实践到乐律理论、从音乐表演到音乐思想、从乐器种类到制作工艺都获得了长足的发展。这些都对后世产生了深远的影响，为传统音乐的进一步繁荣奠定了深厚的基础。

一、山东音乐考古遗存

在山东各地发现了众多古代遗址，出土了大量的音乐文物，包括陶埙、编钟、编磬，骨哨、琴、瑟等乐器。这些文物无论从质量、种类，还是从集中程度来看，说明当时的音乐发展已处在相当高的水平。在这些音乐考古遗存中，比较有代表性的是大汶口文化遗址和洛庄汉墓。

（一）大汶口文化时期

图8-22 大汶口出土
陶器上的刻文

大汶口文化时期，古老的土著东夷人，已经创造出了具有东方特色的以鸟为图腾的原始文化，据已有资料显示，在大汶口文化的陶器上发现了可能是文字的刻文（图8-22），这表明东夷人已经开始使用文字，著名的德国艺术史家格罗塞指出"艺术的起源，就在文化起源的地方"，社会发展和生产劳动与音乐起源有着密切的关系，从历史上看，齐鲁先民们的舞雩礼俗当是北辛人求雨祈年之农耕巫术歌舞的继承和演化。

基于对大汶口音乐文化概貌发展的了解，我们可以从出土的石、陶工具，人体饰物，陶文符号及原始乐器等推断，其大体形式是以农耕巫术歌舞为基础，兼及图腾、战争巫术歌舞为主体，并以此进一步奠定了齐鲁音乐文化的早期雏形。通过考古和史籍记载相互印证，东夷部族已经是我国古代礼乐文化尤其是音乐文化相当发达的族群。

笛柄杯的发现，便是一个极好的例证。1979 年在山东莒县陵阳河大汶口文化晚期墓葬中，出土了一件泥质黑陶高柄杯，杯柄形似原始之横吹笛类乐器，能吹出四个乐音。经考古专业认证，这一高杯为一件具有深远文化内涵的远古吹奏乐器。省考古研究所王树明先生为它取名笛柄杯（图 8-23）。经山东艺术学院曲广义教授的测音研究，当时大汶口人的音乐审美能力至少已经能掌握较为完整的三声音阶，也就是说鲁大地的先民们已基本确立三音音列。

图 8-23　大汶口文化的笛柄杯

这一珍贵考古物证，一方面说明大汶口人不管是鸟图腾巫歌还是战争巫术歌舞，已经是在音乐上逐渐成熟起来，正在向着艺术的审美方向发展；另一方面就其性质来讲，它是迄今发现的中华民族最早和唯一的陶制横吹管乐器，作为一个令人信服的原始形态的物证，充分证明了齐鲁先民们的音乐已经达到了足够高的水准，进入了文明的时代。

（二）洛庄汉墓编钟

洛庄汉墓编钟于 1999 年在济南章丘区洛庄村附近出土。这次考古从汉墓中出土各类珍贵文物 3000 多件，该考古发现被列为 2000 年度十大考古发现之一。

洛庄汉墓之所以引起关注，最为珍贵的就是大型乐器坑的发现。洛庄汉墓乐器是音乐考古学继曾侯乙墓乐器群出土之后，又一震撼国内音乐界的重大事件。

洛庄汉墓乐器全部出土于专门独立的乐器陪葬坑，汇集了七大类的乐器，有编钟、编磬、镈于、铙、串铃、瑟、建鼓、小扁鼓、悬鼓等十余种，共计 149 件，数量超过了曾侯乙墓，仅编磬就有 6 套 107 件，这比我国以往汉代墓葬出土的编磬数量的总和还要多，其出土的乐器件数之多是目前我国考古史上乐器出土绝无仅有的。这些乐器是按类别摆放的，分成三组，分别是管弦乐器、敲击乐器和金石乐器，宛如一支庞大的汉代宫廷乐队。整个乐器坑就像一座庞大的"地下音乐厅"。

洛庄汉墓编钟在众多出土乐器中，其学术价值最引人关注。一共出土了 19 件保存完好的编钟，其中包括 14 个甬钟（形体大，发中低音）和 5 个纽钟（形体小，发中高音），编钟雕刻的花纹非常精美。因为这些编钟的合金比例成分较好，使其在地下埋藏了 2000 多年后，出土时稍加擦拭仍然闪亮如新（图 8-24）。

图 8-24　洛庄汉墓编钟出土现场

洛庄编钟从造型、纹饰、楔形的音梁结构及调音手法都与先秦编钟有很大的差异，专家鉴定它为西汉初期制造，而不是先秦的传世品。并且，洛庄编钟不是为了殉葬而专门制作的礼器，是一套实用的编钟，这些编钟当年是调过音的，现在仍然可以用来演奏，而且是双音钟，用特质的木棰轻轻敲击钟的不同部位，可以听到两种不同的声音。经过初步测试，洛庄编钟是调试得很好的双音编钟，音程很准确，双音的独立性也很好，编钟的音阶也很准确，完全符合今天人们的音准观念，音节齐全，音域较宽，可以演奏今天大多数乐曲。编钟的音色也很优美，清脆悦耳，余音袅袅而久久不息。适合演奏音符进行速度较慢的乐曲，体现了传统的"中正平和"的特色。

洛庄编钟因其外观漂亮，且保留了很好的音质和音色，被著名考古学家俞伟超先生誉为"汉代第一钟"。

知 识 链 接 8-5

曾侯乙编钟：1978 年湖北随州出土。是迄今发现的最完整最大的一套青铜编钟。曾侯乙编钟共 65 枚。整套编钟数量之多，做工之精细，气魄之宏伟，令人惊叹不已，堪称战国时期青铜乐器的巅峰之作，曾侯乙墓编钟具有世界一流的铸造技术，它是中国古代科技与艺术完美结合的真实写照。被誉为"国之瑰宝"。

二、古代音乐人物与作品

齐鲁大地是先秦时期的音乐文化中心，一方面齐桓公、宣王等帝王偏爱音乐，推动了宫廷音乐的繁荣；另一方面，音乐在民间的普及，促进了音乐的发展和传播。音乐文化的大发展，产生了众多音乐人物和优秀音乐作品。我们来认识在这一时期对音乐贡献比较大，且对后世音乐产生深远影响的舜和孔子。

（一）舜和《箫韶》

图 8-25　舜

舜（约公元前 2277～约公元前 2178 年），也称虞舜，名重华，字都君，谥曰"舜"，生于姚墟（传为今山东菏泽）（图 8-25）。

相传，舜的音乐造诣很高，他善弹"五弦琴"，作《南风操》一曲，并且还能"歌《南风》之诗"。同时，他把传授普及音乐当做自己的天职，舜命夔为乐官，掌管音乐与教育。舜在音乐领域最大的贡献是创作了音乐作品《箫韶》。

《箫韶》为舜在东夷乐舞基础上所创作，凝结了东夷部族世代的音乐文化积累，并体现了东夷族在史前先进的礼乐文化，是一种集诗、乐、舞为一体的综合古典艺术形式。因用排箫为主奏乐器，乐曲又有多次变奏，故名《箫韶》，因有九章，又称《九韶》，也称《韶乐》。《箫韶》随着时间的推移，逐渐成为中国的一种传统宫廷音乐，成为历史上著名的六代乐舞之一。

《箫韶》的产生与东夷俗乐有一定的渊源关系。《箫韶》创作后，就显示出了强大的生命力，在夏、商、周三代，帝王均把《箫韶》作为国家大典用乐。当周武王定天下，封赏功臣时，姜太公以首功封营丘建齐国，于是《箫韶》传入齐国。

《箫韶》入齐后，在齐国"因俗简礼"的基本国策影响下，不断适应当地民情民风习惯，吸收当地艺术营养，从内容到表演形式都有所丰富、演变，从而更增强了表现力，更贴近了东夷传统乐舞，展现了新的风貌。《箫韶》在齐国不仅用于祭典，还用于迎宾、宴乐等。史料记载，屈原、孔子等都曾在齐国欣赏到了《箫韶》的表演。

·名言警句 8-2·

子在齐闻《韶》，三月不知肉味。曰："不图为乐之至于斯也！"

尽美矣，又尽善也。

行夏之时，乘殷之辂，服周之冕，乐则《韶》舞。

——《论语》

随着秦始皇统一全国，《箫韶》的作用也开始逐渐增大。据史书记载，秦汉均曾把《箫韶》定为庙乐，使《箫韶》在国乐中的位置达到了极致。及至曹魏到南朝梁武帝，《箫韶》虽然数次修改内容，并且变化名称，但仍居于帝王用乐之列。然而到了唐、宋，便再不见《箫韶》被使用或表演的记载了，逐渐为历史所湮没，没有流传下来。

《箫韶》是中国宫廷音乐中等级最高、运用最久的雅乐，由它所产生的思想道德典范和文化艺术形式，一直影响着中国的古代文明，韶乐因而被誉为"中华第一乐章"。

（二）孔子的音乐文化贡献

孔子不仅是教育家、思想家，而且是杰出的音乐家。他是中国古代音乐美学的创始人，是中国历史上第一位音乐教育家，开创了我国音乐教育的先河。

1. 孔子的音乐生涯

孔子自幼及长至老，酷爱音乐，音乐无时不伴随着他。其音乐生涯大体分为习乐、教乐、采乐、正乐四个时期。孔子少年生活在鲁国，鲁国丰富的传统礼乐和繁荣的民间俗乐，给予孔子以有利的熏陶和深刻的启蒙教育。及至中年，孔子主要从事教育工作，其中包括音乐教育。他积极创办私人教育，把音乐教育明确规定为六艺中的第二位，把《诗经》作为主要教材。在教学中强调音乐的教化作用。他在乐教中，不只教授歌词，同时教授声乐和器乐。孔子晚年出于礼乐治国的要求，开始搜集、采访、核对、整理音乐。在这一时期，他最大的贡献就是将3000多首古代歌曲精选出305篇，分别编排为"风""雅""颂"三类。孔子晚年除了继续从事教育之外，主要是整理、研究我国古代的音乐文化遗产。他认真考察了上起尧舜之间，下至秦穆公，跨越夏、商、周三代的礼乐，对历代音乐史料进行了编排。这是孔子在音乐整理上贡献最大的时期，为中国文化尤其是音乐文化的传播做出了巨大的贡献。

2. 孔子的音乐实践

孔子是一位有相当丰富的音乐实践的音乐家。他既善演奏乐器，又善歌唱，既会作歌谱曲，又精通音律，多才多艺。

（1）通晓"八音"：从经书上看，孔子能鼓瑟、弹琴、吹笙、击磬。孔子对古琴很有研究，因而后世把古琴誉为"孔子琴""夫子琴"。

（2）作乐谱曲：孔子会作乐谱，大都是根据现实中的事件而创作的。

（3）善歌善舞：孔子同时也是一位善歌善舞的音乐家。孔子所创作的声乐和器乐作品，自己都能演奏或演唱。

（4）知音知律：孔子还是位知音知律的音乐家。鲁国有不少乐师为此常去请教孔子。据记载，孔子给鲁国的乐官——太师，讲述春秋以前音乐曲式结构和演奏的一般规律。

3. 孔子的音乐理论

孔子不仅是位有丰富音乐实践知识的音乐家，更是位有卓越见解的音乐理论家。孔子在长期的音乐实践中总结出了一套相对完整的音乐理论体系。

（1）孔子把"可知论"首次用在音乐上，突破了音乐神秘不可知论，这是我国音乐发展史上的重大创新，也对以后音乐的发展产生巨大的影响。

（2）"尽善尽美"的审美理想。孔子要求尽善尽美，这一观点在美学史上具有重要意义。对音乐的本质，他有自己独到的见解。他认为，最好的音乐应该是"尽善尽美"的。孔子的美学基本思想是主张美与善的统一，但当美善无法达到高度统一时，他更强调善的重要性，即强调内在的美。

（3）"思无邪""乐而不淫，哀而不伤"的审美准则：孔子意识到音乐是随着情感运动而发展，因而主张人对任何事情应该是有节制、有理性的自律。

（4）礼乐治国，强调音乐的社会功能：孔子认为音乐有着极大的社会政治功能，肯定音乐对于建立正常秩序、改造社会风气的作用。孔子视音乐为一种艺术手段，以礼乐为手段来贯彻以"仁"为核心的学说，这是孔子音乐思想的核心和灵魂。

孔子的音乐实践活动，音乐理论建树，在我国古代音乐史上具有重要的艺术价值和深远的历史意义。

景点指南 8-2

景点	景色	地点	简介
大汶口遗址		山东泰安	大汶口文化是新石器时代文化。因山东省泰安市大汶口遗址而得名。分布地区东至黄海之滨，西至鲁西平原东部，北达渤海南岸，南到江苏淮北一带，基本处于古籍中记载的少昊氏东夷文化地区，为龙山文化的源头。大汶口文化以特点鲜明的陶器为主要特征。
莒县博物馆		山东莒县	莒县历史悠久，文化底蕴深厚，是春秋时期莒国都城所在，莒文化与齐文化、鲁文化并称山东三大文化，是华夏文化的重要发源地之一，留下了丰富的古代历史文明遗存。始建于 1976 年的莒县博物馆馆藏文物达 12000 余件，其中国家级文物 200 余件，不少是举世罕见的一级文物。尤其是馆内收藏了许多珍贵的新石器时代大汶口文化中晚期文化遗存。

续表

景点	景色	地点	简介
洛庄汉墓遗址		山东章丘	济南章丘洛庄汉墓遗址公园主要项目包括：文物展示区。编钟、编磬演奏区等。 公园是在汉墓考古发掘遗址的基础上建设的。自1999年开始发掘至今共发现33座陪葬坑，出土各类珍贵文物3000多件，特别是19件编钟、107件编磬和三辆大型马车的发现，更是轰动全国。 公园通过全方位、多功能地展示洛庄汉墓所拥有的深厚文化内涵和极高的历史文化价值。
大舜苑		山东诸城	省级景区，位于山东省诸城经济开发区境内。舜文化道德教育基地。清乾隆《诸城县志》载："诸冯有舜庙，未知为何时创立。"1937年重修，后毁于洪水。2004年建大舜苑文化旅游区，于原址重修舜庙，面积4335平方米。 主要景点有大舜殿、舜帝广场、舜裔祠、舜字壁廊、舜庙等。舜庙坐落在古庙遗址处，仿明清建筑风格。自2005年以来，大舜苑成功举办多次公祭舜帝大典，吸引了众多游览祭拜者。

第4节　戏　曲

导学 8-4

　　山东古为齐、鲁之地，齐、鲁在文化上既有差别又相互交融，产生了儒家文化；纵贯南北的大运河流经山东，为山东文化带来了既符合主流又具有创新性的发展态势。同时，山东戏剧的发展是整个中国戏剧发展的一部分，在具有中国戏剧共有特征的同时，也有其独特的地方个性。在中国戏剧繁荣发展的宋元杂剧时期和明清传奇时代，古代山东戏剧繁荣发展，涌现出众多具有山东地域个性的剧作家和优秀作品。

问题： 1. 山东地方戏曲是如何发端的？主要包括哪些剧种？

　　　　2. 柳子戏和吕剧的艺术特点是什么？

　　　　3. 山东快书、山东评书和山东琴书等齐鲁传统曲艺有何特征？

一、山东地方戏曲

　　山东地方戏曲艺术发端于民间，历史悠久，种类繁多，先后曾有30多个种类流行。这些剧种根据演唱声腔、表演形式以及伴奏乐器的不同大体分为四个大系统，每一个系统内因流传地域不同，受到不同地方人文习俗的影响又分支出多个小剧种，每个小剧种都有自己极具代表性的剧目。

　　（一）吕剧

　　吕剧，又名"化装扬琴""琴戏"，由山东琴书演变而来，迄今已有100多年的历

图8-26　吕剧《泪洒相思地》

史（图8-26）。据《黄河志》记载，在1884年以前，黄河入海口处的广饶（当时为乐安县）北部和利津东部并无防洪大堤。于是，每逢洪水季节，黄河常常泛滥成灾，穷苦农民不得不背井离乡，逃荒要饭谋生。久而久之，以演唱当时民间流行"小曲"形式进行乞讨的难民逐渐增多，借以养家糊口。在众多的民间艺人中，时家村艺人时殿元（外号时丫兰）、油郭乡东寨村艺人张兰田、张志田兄弟和油郭乡西商村四平调艺人商秀岭颖脱而出，成为当地群众所说的"大角"。"村村听扬琴、妇孺皆会唱"。山东琴书流传至乐安北部地区后，在广饶一带得到迅速广泛传播，学唱山东琴书者不计其数。每逢农闲节日，或三五搭档，或结帮成伙，就地拉摊演唱琴书者处处可见。

吕剧的演唱方法，男女腔均用真声为主，个别高音之处则采用真假声结合的方法处理，听起来自然流畅。吕剧的唱腔讲究以字设腔，以情带声，吐字清晰、口语自然。润腔时常用滑音、颤音、装饰音，与主要伴奏乐器坠琴的柔音、颤音、打音、泛音相结合，以及上下倒把所自然带出的过渡音、装饰音浑然一体，使整个唱腔优美顺畅。吕剧使用的语言属北方语系的济南官话。其重字规律和读音咬字方法都与普通话多有近似之处。吕剧传统剧目的舞台道白，是以济南官话为标准的基础上偏重于上韵；而现代戏的道白则直接使用济南官话，具有鲜明的地方特色。在表演中，吕剧善于运用通俗易懂、形象生动的群众语言作为剧词，并以此来塑造人物形象。

（二）柳子戏

柳子戏，又称"弦子戏"，是流行在山东的古老剧种之一，也是目前尚在流行的中国戏曲古老声腔之一。它是从元、明以来的弦索系统演变下来的，演唱用俗曲编成的剧目为主。它的曲调是由当时中原民间流行的俗曲小令所组成。后来又吸收了高腔、青阳、乱弹、昆曲、罗罗、皮黄等剧种的唱腔、表演与剧目。它和大弦子戏、罗子戏、卷戏等，同出一源，都以三弦作主奏乐器，笙笛辅之。由于它吸纳了通俗的七字句说唱曲调——柳子，便以"柳子戏"命名（图8-27）。历史上曾有"东柳、西梆、南昆、北弋"之说，其中的"东柳"即指山东柳子戏。可见，它在徽调兴起之前，就已形成且具有相当势力了。柳子戏活跃地域甚广，跨山东、河南、江苏、

图8-27　柳子戏《八大锤》

河北、安徽交界处约30多个县的面积。柳子戏主要由三部分组成，即俗曲、柳子、高腔、乱弹、青阳、昆曲和皮黄诸腔。

柳子戏具有"音似弋腔，而尾音不用人和，以弦索和之，其声悠然以长"的特色，"柳子调"也是民间流行的曲调，用它演唱的剧目也为数不少。它是由七字句或十字句组成的上下句式，唱词更为通俗易懂，朴实无华，有浓郁的地方特色。现存的"柳子"剧目有《打登州》《打时辰》《憨郎观灯》等。除去用俗曲和"柳子"演唱的剧目，柳子戏还吸收了高腔、青阳、乱弹、罗罗—娃娃、昆曲、皮黄的一部

分剧目和唱腔，曲调有越调、平调、下调、二八调四种。有人曾用"九腔十八调、七十二咳咳"来形容柳子戏腔调的丰富多彩和曲折委婉，确不过分。它所用曲牌共有300种之多，常用的二三十种。柳子戏的形成与发展，容纳了明清以来盛行的各种古老声腔，经过充分吸收融化而成的一个丰富多彩、独具风格的古老剧种。

（三）山东梆子戏

山东梆子，又名"高调梆子"，简称"高梆"，是一个历史悠久、比较古老的剧种（图8-28）。它是山陕梆子经由河南开封一带传入山东境内，受到山东当地方言的影响，尔后逐渐演变发展起来的，至今至少已有300多年的历史。山东梆子戏主要流行在菏泽、济宁、泰安一带广大地区。其中，以曹州府为中心的叫"曹州梆子"，以济宁、汶上为中心的叫"汶上梆子"（或称"下路调"），总称"高梆"或"高调"。

图8-28 山东梆子《贵妃醉酒》

山东梆子跟河南的"豫东调""祥符调"有极为密切的关系，跟省内的平调、莱芜梆子也有一定的亲缘联系。山东梆子的音乐结构是板腔体，板式齐全而有自己的特点和较严的程式规范，曾用的有慢板、破字慢板、一句正板、流水板、一鼓二锣、二八板、起板、栽板、飞板、羊黄、倒板等。所用唢呐和弦乐曲牌，亦十分丰富。根据不同的剧情、人物，使用不同的曲牌，如皇帝上朝用"出天子"，百官朝拜用"朝天子"，下朝用"下朝歌"，驾崩用"晏驾会"，元帅发兵用"五马"，番王兴兵用"二犯"，安营扎寨用"落马会"，反派人物出游用"王八令"等。

知识链接8-6　　　　　　　**山东其他主要戏曲种类**

柳琴戏，传统戏曲剧种之一。流行民间小演唱"拉魂腔"和"肘鼓子"相结合而形成。在没有被称为柳琴戏之前，通常称作"拉魂腔"。它形成于清代中叶以后，主要分布在山东、江苏、安徽、河南四省接壤交界地区。

五音戏，原名肘鼓子（或周姑子）戏，以唱腔优美动听、语言生动风趣、表演朴实细腻而著称，地方特色浓郁。源于山东省的章丘、历城一带，传于济南、淄博、滨州、潍坊等地。

茂腔，早期茂腔的唱词完全口语化，唱腔单纯易学，伴奏乐器简单，易被市民、农民所接受。茂腔共有140多个剧目，较完整的有108个，代表剧目有"四大京""八大记"等。特别是《东京》《西京》《南京》《北京》《罗衫记》等传统剧目，久演不衰，深受群众喜爱。

一勾勾（河西柳），由山东省高唐一带的鼓子秧歌演化而成的传统戏曲剧种。其唱腔在每个上、下句结束时，总要以假声颤一下，通常出现七度、八度的大跳，因而被称为"一勾勾"。或因它的主弦四弦胡琴而称为"四根弦"或"四音"。流行地区以临邑、齐河、禹城、夏津、高唐、临清为中心，传播至德州、惠民、济南、泰安、潍坊以及河南省东部和河北省南部。

锣鼓铳子，一种汉族戏曲剧种。化妆只用胡子和包头，不穿蟒靠。用大锣、小钹、鼓伴奏，不用弦乐。清末流行于今山东滕州、临沂一带，也偶尔到邹城、徐州一带演唱。

二、山东传统曲艺

曲艺是说唱艺术的总称。山东曲艺有着悠久的历史和众多的曲种，各种流行的曲艺形式，具有各自不同的艺术表现手法、音乐曲调和表演方式，因而构成了品种繁多、艺术特征各不相同的山东曲艺曲种。

（一）山东快书

山东快书是起源于山东省的汉族传统曲艺形式，具有一百多年的历史。它最早流行于山东、华北、东北各地，中华人民共和国成立后发展遍及全国。演唱者手执竹板或鸳鸯板，以快节奏击板叙唱，故又名竹板快书。

山东快书以说唱为主，语言节奏性强，基本句式为"二、二、三"的七字句，为保证演唱的明快，一般句子最后为三个字。左手击打两块相同的铜板（鸳鸯板）作为伴奏乐器。

山东快书都是站唱形式，表演上讲究"手、眼、身、步"及"包袱""扣子"的运用（图8-29）。唱词基本上为七字句，演员吟诵唱词，间以说白。曲目有"单段""长书""书帽"等形式。传统曲目《武松传》，包括《东岳庙》《景阳冈》《狮子楼》《十字坡》等12个回目，可以分回独立演唱，也可以连贯起来表演。此外，还有《大闹马家店》《鲁达除霸》《李逵夺鱼》等。小段书帽则有《小两口抬水》等。现代书目，抗日战争期间有《智取袁家城子》《大战岱崮山》等；中华人民共和国成立后又有《一车高粱》《抓俘虏》《三只鸡》《侦察兵》等。

图8-29　山东快书表演艺术家的表演

由于山东快书具有灵活简便、易演易编的特点，通常是一个或几个演员，用极简单的道具进行演唱，在瞬间就能收到较好的艺术效果。又由于它不受场地的限制，无论田头工地、车站码头、街头巷尾，均可随时演出，迅速地反映现实生活，为经济建设服务，所以长久不衰，有着极其广泛的群众基础，许多经典段子在群众中广为流传，深受喜爱。

（二）山东评书

山东评书是指用山东话、讲山东的故事、说山东的人、歌颂山东的评书艺术形式。山东是文化大省，是出圣人的地方，文圣孔子、武圣孙子都出在山东。济南又是名人辈出的一方文化宝地，被称为"中国的耶路撒冷"。唐朝著名诗人杜甫游历下亭时，感叹道："海右此亭古，济南名士多"，这样一个文化大省、名人辈出之地，涌现出了著名的文化艺人，在评书界涌现出的艺术名人有利津的商五、济南的傅泰臣、济宁的张善仰等。

山东评书源于古代讲故事，相对唱词、鼓词而言，又称"山东评词"。演唱者只用折扇一把，醒木一块，手帕一方，讲今论古，敷衍故事，夹评夹议，情趣横生，演出形式极为方便。传统书目有《说唐》《说岳》《杨家将》《呼家将》等袍带书；《大红袍》《包公案》《刘公案》等公案书；《三侠五义》《大小八义》等侠义书；也有说三国、水浒、聊斋等古典名著的。新书有《林海雪原》《平原枪声》《敌后特工队》等。

刘延广是山东评书的创始人和代表人，是我国著名评书表演艺术家，他把济南的曲艺、把山东评书推向了全国，被国家级新闻传媒誉为中国曲坛"评书八大家"之一。听他的评书常常让人感受到心灵的震颤（图8-30）。

图 8-30 刘延广

（三）山东琴书

山东琴书又名唱扬琴、山东扬琴等，早期称作"小曲子"。约在清雍正年间，发源于鲁西南菏泽地区，它是在明清俗曲的基础上形成的以联曲体为主的曲艺形式，迄今已有250年左右的历史。早期山东琴书为自娱自乐的民间演唱形式，有广泛的群众基础。以24回《白蛇传》为主要曲目，连缀使用的曲牌多达300余支。光绪末因灾荒，一部分玩友下海成为艺人，多人演唱变为二三人操坠琴、扬琴等乐器，自拉自唱的演出形式。丰富了数十部中篇书目和数百段短篇曲目。音乐结构发展为以老六门主曲为主的主插体形式。中华人民共和国成立后，琴书诸多名艺人演出活跃，新文艺工作者的参与更为山东琴书增添了新鲜活力（图8-31）。

图 8-31 表演艺术家姚忠贤在表演山东琴书

山东琴书是曲牌体曲种中发展最为成熟完备的曲艺形式之一。其音乐形式多样，兼有联曲、主插、板式变化等形式，三路流派风格色彩差异很大，各具特色。其曲牌蕴藏丰富，乐器演奏技艺高超。山东琴书曲目数量多、造诣高，富有地方特色，具有文学、审美、社会学、民俗学等多种价值。山东琴书还是山东吕剧的直接母体，对吕剧的发生发展产生过重大影响。

小 结

本章内容围绕齐鲁艺术之书法、美术、音乐和戏曲一一展开。首先，介绍了汉碑和摩崖石刻作品中呈现的书法特点和历史地位，介绍了王羲之、王献之、颜真卿等山东古代书法家及其作品特点；其次，讲述了武氏祠汉画像石及其呈现的艺术特色和美学价值、郑板桥绘画及其对山东绘画的影响；然后，概述了大汶口文化音乐遗存、洛庄汉墓编钟、舜和《箫韶》、孔子的音乐文化贡献等内容；最后，简要说明了山东柳子戏、吕剧、梆子戏等地方戏曲和山东快书、评书、琴书等传统曲艺。通过本章学习，大家会对齐鲁艺术有感性体悟和理性认知，感受艺术熏陶，提高审美境界。

自 测 题

一、填空题

1.《乙瑛碑》《礼器碑》_____是孔庙珍品，它们并称为山东曲阜孔庙三大名碑。

2.《兰亭序》被宋代米芾称之为"天下第一行书"，其作者是_____。

3. 郑板桥绘画最喜爱的三种题材是_____、_____、_____。

4.《箫韶》为舜在东夷乐舞基础上所创作的，是一种集诗、乐、舞为一体的综合古典艺术形式，表演时的主奏乐器是_____。

5. 大汶口文化晚期出土的_____，是一件具有深远文化内涵的远古吹奏乐器，充分证明了齐鲁先民们的音乐已经达到了足够高的水准。

6. _____是指用山东话、讲山东的故事、说山东的人、歌颂山东的评书艺术形式。

二、选择题

1. 王羲之的《乐毅论》《黄庭经》《东方朔画像赞》是（ ）的造诣。

A. 楷书　　　　B. 行书
C. 草书　　　　D. 隶书

2. 由于在书法方面成就突出，被后世尊为"书圣"的是书法家（ ）

A. 王羲之　　　B. 颜真卿

C. 王献之　　　D. 柳公权

3. 有"天下第二行书"之誉的《祭侄文稿》是（ ）所书。

A. 王羲之　　　B. 颜真卿
C. 王献之　　　D. 柳公权

4. 郑板桥通过观察和艺术创作的实践，指出了画竹的三个境界，其中不包括（ ）

A. 眼中之竹　　B. 胸中之竹
C. 手中之竹　　D. 脑中之竹

5. 洛庄汉墓出土了众多乐器，其学术价值最引人关注的，是出土的保存完好的编钟，这些编钟是（ ）

A. 三音钟　　　B. 多音钟
C. 双音钟　　　D. 单音钟

6. 孔子不仅是教育家、思想家，而且是杰出的（ ），在多个方面做出了突出贡献。

A. 军事家　　　B. 音乐家
C. 政治家　　　D. 农学家

三、简答题

1. 简述摩崖石刻的地位和价值。

2. 简述武氏祠汉画像石的艺术特色和美学价值。

3. 山东快书、山东评书和山东琴书等齐鲁传统曲艺有何特征？

实践教学设计（一）

【实践题目】

山东传统戏曲片段欣赏

【实践类型】

赏析

【实践目标】

通过欣赏山东地区传统的戏曲（包括吕剧、山东梆子、山东快书、山东琴书）片段，认识不同戏曲种类的特色，提高学生对戏曲艺术的欣赏水平，增强审美趣味。

【实践方案】

时间：90 分钟

地点：本班教室

流程：

一、准备材料。课前根据班级学生人数分成 4 个小组，每个小组设组长一名，从吕剧、山东梆子、山东快书、山东琴书中确定一个主题，搜集相关曲目。

二、欣赏片段。按小组顺序欣赏戏曲片段。要求：各小组选派一人将本小组戏曲种类特点及曲目作简要介绍，然后再播放欣赏片段。每个小组时间为 20 分钟。

三、学生课后提交观后感，教师进行评价。

【实践结果】

观后感

【实践评价】

教师根据学生观后感的撰写情况给予评价。

得分表

（每 5 分一个档次）

项目	标准	满分	得分
结构	结构合理，层次清晰	30	
内容	内容丰富，述评结合	50	
语言	语言得体，修辞得当	20	
总分	以上分数相加	100	

🔺 实践教学设计（二）

【实践题目】

参观位于山东济南市章丘区的洛庄汉墓

【实践类型】

参观

【实践目标】

通过参观洛庄汉墓出土的各类珍贵文物，尤其是 19 件编钟、107 件编磬，深入了解古齐国在音乐方面的卓越成就，领悟隐藏在乐器背后的音乐制度和礼仪制度，激发学生了解中国礼乐文化的兴趣。

【实践方案】

时间：一天

地点：洛庄汉墓

流程：

  一、预热。正式参观之前教师引导同学们网上查阅洛庄汉墓相关资料，了解洛庄汉墓出土乐器的概况。

  二、参观。提醒学生记录重点信息，在允许的情况下，拍照或摄像。

  三、要求学生撰写观后感，按规定时间提交。

  四、教师点评。课上讨论交流后，做总结。

【实践结果】

观后感

【实践评价】

教师根据学生的参观表现及观后感的撰写情况给予评价。

得分表

（每5分一个档次）

项目	标准	满分	得分
参观情况	态度认真，遵守秩序	40	
观后感撰写情况	结构完整，感情饱满，内容丰富，夹叙夹议，图文并茂	60	
总分	以上分数相加	100	

第9章　海　河　文　化

齐鲁大地海河文化源远流长，丰富多彩，在我国海河文化历史中占据着独特的重要地位。你知道徐福东渡和蓬莱仙境的传说吗？你了解妈祖文化及妈祖的故乡吗？你知道世界上最长的运河——京杭大运河吗？下面就让我们一起来领略齐鲁大地上海河文化的精彩。

山东一直是中原王朝的"滨海京畿地区"，山东居民世世代代临海而居，在实践中创造了丰富的海洋物质文明和精神文明，对促进海内外的政治、经济、文化、军事的交流、融合及合作发挥了重要的作用。得天独厚的地理位置使得山东省沿海地区成为早期的航海文化中心。加之京杭大运河贯穿山东南北，使得东西文化、南北文化得以在齐鲁大地上传播、交流、融合，从而形成了独特的山东海河文化。

第1节　蓝色海洋

导学 9-1

人类的生命来自于海洋，人类的文化起源于海洋。山东近海海域面积多达17万平方千米，海岸线长达3345千米，占全国大陆海岸线的六分之一。山东省拥有全国最大的半岛——山东半岛，被黄海、渤海三面环绕；庙岛群岛纵贯渤海海峡，位于黄海、渤海的交界处，自古就是连通辽东半岛、朝鲜半岛、日本列岛的主要海上桥梁。

得天独厚的海洋优势繁衍了丰富的海洋文化。山东沿海居民不仅创造了丰富的物质文明，为人类的生存和发展做出了重要的贡献，而且创造了历史悠久的精神文明。山东基于其独特的地理优势，一直起着无可替代的历史文化作用。考古证明，早在新石器时代，山东沿海居民就已经能够制造和利用舟楫开始海上航行，并把自己的文化传播到他们所及之处。自此以后，山东沿海居民就在这块辽阔的海域上挥洒着自己的汗水和智慧，创造出一个又一个的历史文化奇迹。

问题：1.你知道徐福东渡的故事吗？
2.你知道烟台开埠对中国的影响吗？

一、徐福东渡和"蓬莱仙境"

（一）徐福东渡

公元前221年，秦国灭六国，一统天下，建立秦王朝。秦始皇取得了至高无上的权力，想成就万世之帝业，妄想得到长生不老之仙药。《史记·秦始皇本纪》记载：秦始皇二十八年（公元前219年），"齐人徐福等上书，言海中有三神山，名曰蓬莱、方丈、瀛洲，仙人居之。请得斋戒，与童男女求之，于是遣徐福发童男女数千人，入海求仙人。"秦始皇根据徐福的要求，派童男、童女数千人随他出海求取仙药。这支多达三千人的庞大船队浩浩荡荡去探求"三神山"。

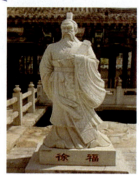

徐福，即徐市，字君房，齐地琅邪人，一说法在今山东龙口徐福镇（古称徐乡县），秦著名方士。他博学多才，通晓医学、天文、航海等知识，在沿海一带民众中名望颇高（图9-1）。

图9-1 徐福

徐福先后在渤海、黄海一带寻觅"仙山"，而未得。回来后，他说自己见到了神仙，但是神仙嫌礼薄，需要美好的童男女和各种工匠用具作为献礼，才能得到仙药。对此，秦始皇深信不疑，增派童男童女三千人及工匠、技师、谷物种子，令徐福再度出海。徐福于是率"童男童女三千人"和"百工"，携带"五谷子种"，乘船泛海东渡，成为迄今有史记载的东渡第一人（图9-2）。秦始皇这位一心想传位万世的皇帝"南登琅邪""留三月"，满怀希望地在琅邪一直等候三个月，不见徐福消息，才失望而归。

图9-2 徐福东渡

公元前210年，秦始皇第五次出巡，再次来琅邪。这次，被派遣出海求仙未得的徐福又来上奏，说："蓬莱药可得，然常为大蛟鱼所苦，故不得至，愿请善射与俱，见则以连弩射之"（《史记·秦始皇本纪》），请求配备弓箭手再次出海。海船由琅邪起程，航行数十里，果然见到大蛟鱼，当即连弩齐射，大蛟鱼中箭而死，沉入海底。秦始皇想这下好了，又命徐福入海求仙药。于是，徐福带着浩浩荡荡的求仙团队漂洋过海，寻找虚无缥缈的三神山和灵丹妙药。这次，秦始皇再也等不到徐福音讯了。当年秦始皇病死于沙丘（今河北邢台），即死在了回咸阳的路上，而徐福"得平原广泽，止王不来"，这次出海再也没有回来。徐福到底去了哪里？两千多年来，依然争论不休。因为无论是日本、韩国还是其他地方，他们都怀念徐福，感激徐福给当地带来的变化。在这些地方，世代传说着徐福教当地人种水稻、凿水井、制造农具、传播医药、纺织等知识的故事。尤其在日本，徐福集团的到来，给日本带去了翻天覆地的变化，将日本从一直徘徊其中的原始社会推向了奴隶社会。于是，两千多年前徐福那次复杂的东渡，虽然让他如履薄冰，但是今天却让人们永远记住了他。"那次东渡成了中、日、韩友好交往的开端，徐福也成为三国人民友好的化身。"

如今日本民间遍立庙堂朝拜徐福，很多日本人甚至公开声称自己就是徐福后代，并留有家传徐氏族谱可供阅览。至今在日本仍有大量徐福登陆、繁衍的文化遗迹。

景点指南 9-1

景点	景色	地点	简介
徐福东渡起航处		山东青岛琅邪镇琅邪台	国家 AAAA 级景区。自然景观奇特秀美，历史文化久远深厚。
徐福故里		山东龙口徐福镇	龙口徐福镇，古称徐乡县，为秦朝方士徐福故里。现存部分徐福遗迹，如黄河营古港遗址、屺木洞、徐母坟等。
徐福公园		浙江宁波达蓬山麓	由徐福纪念馆、徐福宾馆和公园三部分组成。文化胜景与自然美景相合。
龙口徐公祠		山东龙口徐福镇	整个建筑由祠门、东西配殿、大殿四部分组成，力求体现秦代建筑特点和风格。

（二）蓬莱仙境

图 9-3　蓬莱仙境

蓬莱素有"仙境"之称，它依山傍海，景色秀丽，独具虚无缥缈的海市蜃楼奇观，被认为是传说中的"蓬莱、瀛洲、方丈"三座仙山之一，是历代帝王寻仙访药，文人墨客走笔放歌之地。翰墨流传为山海增色，遂使蓬莱仙境名扬天下（图 9-3）。

蓬莱阁是中国古代四大名楼之一，其雄伟峻拔而又精致庄严，也被誉为中国沿海的"天下第一阁"。蓬莱阁始建于北宋嘉祐六年（1061 年），虎踞丹崖、云拥浪托，由蓬莱阁、天后宫、龙王宫、吕祖殿、三清殿、弥陀寺等 6 个单体和附属建筑组成规模宏大的古建筑群，面积 18500 平方米，是凝聚着古代汉族劳动人民智慧和艺术结晶的古代建筑群。远远望去，楼厅殿阁掩映在绿树丛中，高居山崖之上，恍如神话中的仙宫。每当云雾缭绕之际，登上高阁，如飘摇云表，但见有天无地，确有超尘出世之感，可谓高阁凌空，人间仙境。其"八仙过海"传说和"海市蜃楼"奇观享誉海内外。

知识链接9-2

中国古代四大名楼：黄鹤楼、岳阳楼、滕王阁、蓬莱阁。

蓬莱仙境历经风雨沧桑，如今已发展成为以蓬莱为底蕴，山（丹崖山）、海（黄渤二海）、阁古建筑群为中轴，蓬莱水城和田横山为两翼，四种文化（神仙文化、精武文化、港口文化、海洋文化）、城（蓬莱水城）、阁（蓬莱阁）为格局，登州博物馆、古船博物馆、田横山、合海亭及黄渤海分界坐标等 20 余处景点为点缀，融自然风光、历史名胜、人文景观、休闲娱乐于一体的风景名胜区和休闲度假胜地。

每当春夏之交，蓬莱阁以北辽阔海面常会出现如下景观：森森海波倏忽隐迹，长山列岛瞬间面目全非，扑入眼帘的是一幅幅如神笔勾勒的中国水墨画，显现的景物时大时小，时断时连，忽隐忽现，千姿百态，变幻莫测……无尽美景瞬息万变，令人目不暇接，美不胜收。这就是神秘的海市蜃楼奇观——登州海市（图 9-4）。

图 9-4　海市蜃楼

海市蜃楼的奇特景象，古人是无法理解的，因而流传下许多神话传说，衍生了独特的神仙文化。文人墨客对登州海市的记述和吟咏作品很多，历代典籍中俯拾皆是。最有名的是苏轼的《登州海市》和袁可立的《观海市》。

知识链接9-3

蓬莱阁建成未久，即宋神宗元丰八年（1085年），曾在此做过五日知州的一代文豪苏轼，以一首《登州海市》诗，将蓬莱海市描述得声名远扬，该诗成为海市之绝唱，遂使蓬莱阁得登龙门，成为天下绝胜之地。

登州海市
苏轼

东方云海空复空，群仙出没空明中。
荡摇浮世生万象，岂有贝阙藏珠宫。
心知所见皆幻影，敢以耳目烦神工。
岁寒水冷天地闭，为我起蛰鞭鱼龙。
重楼翠阜出霜晓，异事惊倒百岁翁。
人间所得容力取，世外无物谁为雄。
率然有请不我拒，信我人厄非天穷。
潮阳太守南迁归，喜见石廪堆祝融。
自言正直动山鬼，岂知造物哀龙钟。
伸眉一笑岂易得，神之报汝亦已丰。
斜阳万里孤鸟没，但见碧海磨青铜。
新诗绮语亦安用，相与变灭随东风。

诗人描绘了登州海市出现时那种群仙出没于虚无缥缈云霞之中若隐若现的美景，感慨其为世间之少见。诗作一出，即传为佳作。后人遂于蓬莱阁上建苏公祠，将苏轼诗真迹摹刻上石，永为纪念。

景点指南9-2

景点	景色	地点	简介
蓬莱阁		山东蓬莱	国家AAAA级旅游景区。"中国四大名楼"之一。由蓬莱阁、天后宫、龙王宫、吕祖殿、三清殿、弥陀寺六个单体和附属建筑组成规模宏大的古建筑群。
蓬莱水城		山东蓬莱	为我国迄今保存最完整的古代军事港口之一，它气势雄伟，是全国重点文物保护单位。
田横山文化公园		山东蓬莱	整个园区自然风光优美，以富有文化内涵的雕塑小品使游客在园内游览、娱乐、参与，精神得到升华。

续表

景点	景色	地点	简介
八仙渡海口		山东蓬莱	是根据八仙过海神话传说填海造地新建的景区，建有大型八仙过海汉白玉照壁、八仙祠等民族风格古典式建筑。
八仙幻宫		山东蓬莱	系大型现代游乐项目，以《东游记》中八仙结伴东游的故事为背景创作而成。
仙人望海楼		蓬莱海滨公园	坐南面北，设计为民族古典式风格。主体建筑为二层木石结构楼阁，木质窗棂，南北两侧各有20米明廊。

二、古代山东的出海航线

山东有漫长的海岸线——3345千米，它们绵延在渤海、黄海的辽阔海域并与世界第一大洋——太平洋紧紧相连，而且大小海湾、港口众多，海面上散布着大小589个岛屿，这就为山东居民进行海上活动、发展海上交通提供了极为便利的条件。几千年来，居住在沿海的山东人除了开发近海资源以外，还经常驾船出海。他们远涉重洋，为自己也为后代开辟出山东的海上通道，使那一苇舟帆得以北达辽东，南下江淮，东抵朝日。两千年来，山东航海者踏遍中国近海以及海外大洋的诸多海域，留下了许多航海文明的足迹。

（一）古代山东北通辽东的航线

很久以前，山东半岛与辽东半岛之间就开辟了海上通道，两地人民能够亲密交往。随着造船技术和航海技术的发展，海路交往越来越密切。

考古证明，早在大汶口文化和龙山文化时期，胶东半岛和辽东半岛的原始文化就开始了接触。当时辽东半岛使用的陶器，已明显带有山东沿海的式样和风格。

从夏朝就开始航海活动，经证明隅夷（现在的辽宁省北镇市）与山东半岛之间设有一条定点的往返航线。

魏晋南北朝时，由于战乱，众多的山东沿海居民通过海路而落户辽东，山东与辽东之间的海上往来有增多的趋势。

唐朝时，山东与辽东之间的航海运载能力也超越前代。

宋朝时，与北宋王朝为敌的辽朝占据着辽东半岛，北宋开始人为地阻断宋辽之间的海上通道，仁宗时，正式封闭登州港口。山东与辽东之间的海上交往完全断绝。

金朝统治山东以后，山东与辽东之间的敌对形式化解，两岸居民自由往来，商业贸易恢复正常。

元代从江浙向大都海路运输粮食，要走深水洋北上过山东半岛抵达直沽（今天津南北运河交会处）。

明朝时，山东至辽东的航线担负着许多使命。

清朝松弛海禁以后，山东半岛许多港口都可与辽东直航。

（二）古代山东北上南下的沿海航线

春秋战国时期是我国古代航海事业的形成时期。这一时期，在海上探险、大规模海上运输、海外贸易及频繁的海战中先后出现了海上强国——齐国、吴国和越国；出现了一些固定的诸侯国之间的航线。以渤海湾口的芝罘（烟台）为中转点，北到辽东半岛，南到琅邪已有了一条南北航线。

秦始皇统一中国后，统一的国力促进了航海的进一步发展。他派人出海，将内陆驰道与江、河、湖、海的航路互相衔接，构成全国一体的水陆交通网，推进航海事业的发展。最为人熟知的就是秦始皇的四次海巡。

汉武帝时期，为进一步加强中央集权，统一沿海地区，发展近海与远洋的交通与贸易，汉武帝积极致力于航海事业，组建了一支强大的水师，亲自七次巡海航行，并以军事实力扫清发展航海事业的阻力，畅通了沿海全线的海上航路。

1088 年，北宋政府在密州设立市舶司（相当于今天的港务局）。密州起航至朝鲜仁川、木浦、釜山及日本列岛的航线的开辟，使中原地区的粮食、烟草、煤炭等物品从内河水陆集中在密州出口。朝鲜的土特产如水果、人参等由仁川、木浦输入山东密州，由山东人购买销售。密州港作为海上交通枢纽，成了北方航海南下，经江浙沿海，过福建泉州，抵广州去南洋各国的起始点和集散地。南方向朝廷的上贡物品，就是走沿海航线北上去山东半岛的密州，在此卸货陆路运往京城的，不必再绕成山角去登、莱二州。

（三）古代山东与朝鲜、日本往来的航线

据考，春秋战国后，中国北方的燕国就把航海的触角伸到了朝鲜半岛。山东青岛胶州沿海的琅邪是中国北方最早的航海港口。秦始皇建立了中央集权后，于公元前 210 年，派徐福带领规模宏大的远航船队东航海外，据研究，徐福就是借道朝鲜半岛抵达日本的。汉代，山东成了主要的海上出口地域，由海路赴朝鲜的航线基本确立。公元前 100 年，汉武帝派军队进攻朝鲜，陆路走辽宁，海路则从山东半岛出发，五万海军渡黄海抵朝鲜。魏晋南北朝，中国北方海路沿海岸线去朝鲜最为安全。从山东半岛起航，越黄海抵百济（今朝鲜西海岸中部地区）、壹岐岛至博多（今北九州），最后到达难波（今大阪）。山东半岛已与朝鲜半岛建立了稳固的海上通路，经贸和文化的交流始终处于良好状态。

唐宋是我国古代航海事业最繁荣的阶段，此时中国同日本经济文化交流全面展开，日本的大量留学生来唐学习。676 年，新罗崛起，统一了朝鲜半岛，开始同中国、日本正式海上通商。

唐《海内华夷图》记录了几条主要的对外交通路线，其中的一条是：登州（今山东蓬莱）海行入高丽渤海道。宋代的高丽航线比唐代的便捷：从山东莱州出发，横渡黄海，用两天可到朝鲜半岛西南海岸的瓮津。到了元代，山东半岛登州、莱州、密州是东亚各国海运航线上的中间站和供给基地，在远东国际经济活动中占有重要的地位。明朝时代，倭寇横行，中国北方的主要海港也变成了军港，驻守重兵，抵御入侵的日本海盗集团。清朝，中日甲午战争前后，山东半岛和朝鲜半岛沿海许多通商口岸关闭，海上商贸和文化交往活动冷清下来。

（四）古代山东是海上丝绸之路的始点

中国古代丝绸之路主要有两条。陆路交通线，从中国中南部工农业贸易发达地区出发，走中国西部地区达中亚、西亚抵至欧洲大陆。海上交通线，从中国山东半岛的东部起航，经朝鲜半岛沿海地区，再去日本或俄国；或是经山东半岛南下宁波、上海、厦门、泉州、广州，一直去东南亚和非洲各国。山东半岛东部自古就是对朝鲜对日对俄的海上交通要道和主要口岸基地。山东人民凭借得天独厚的自然条件，很早就向海洋挑战，成为中国最早的航海者。

总之，自古以来，山东与海内外的海路交往十分频繁，这种交往不仅提高了古人的航海能力，还使得多地的经济文化得以相互交流、沟通，促进了经济的繁荣、发展。

三、妈祖文化

图 9-5　妈祖

妈祖是流传于中国沿海地区的传统民间信仰。妈祖，又称天后圣母、天后、天后娘娘、天妃、天妃娘娘、湄洲娘妈等。妈祖作为汉族民间的一个渔家女，善良正直，见义勇为，扶贫济困，解救危难，造福民众，保护中外商船平安航行，身上聚集了中华民族的传统美德和崇高的精神境界，所以才会深受百姓的崇敬（图 9-5）。

妈祖文化是劳动人民千百年来尊崇、信仰妈祖过程中遗留和传承下来的物质及精神财富的总称，是中华民族重要文化瑰宝之一。作为中国海洋文化的代表，妈祖文化近千年来一直与我国诸多和平外交活动、海上交通贸易有着密切关联。随着 2009 年"妈祖信俗"被联合国教科文组织列入《人类非物质文化遗产代表作名录》，妈祖文化更是成为全人类尤其是 21 世纪海上丝绸之路沿线国家共有的精神财富。

妈祖文化肇于宋、成于元、兴于明、盛于清、繁荣于近现代，妈祖文化体现了中国海洋文化的一种特质。历史上宋代出使高丽、元代海运漕粮、明代郑和下西洋、清代复台定台，这一切都体现海洋文化的特征。中国民间海上航行，要先在船舶启航前祭妈祖，祈求保佑顺风和安全，并在船舶上立妈祖神位供奉。这就是"有海水处有华人，华人到处有妈祖"的真实写照。

全世界五千多座妈祖庙，庙宇楹联数量十分可观，各有特色，且具有较高的艺术水平。首先是楹联文字精湛，言简意赅，小巧玲珑，寓意无穷。如山东烟台天后宫楹联："地近蓬莱，海市仙山瀛客话；神来湄渚，绿榕丹荔故乡心"，寥寥两句生动形象地描绘了庙宇所在的绮丽景象：宫庙似海市蜃楼、琼宇仙山，而妈祖故乡湄洲的榕树葱绿、荔枝丹红，却胜似蓬莱仙境，令人陶醉，令人向往。

妈祖的宫庙有很多，山东主要有庙岛显应宫、青岛天后宫和蓬莱天后宫等。

第2节　京杭大运河

导学 9-2

京杭大运河肇始于春秋时期，形成于隋代，发展于唐宋，最终在元代成为沟通五大水系、纵贯南北的水上交通要道，全长约1800千米。它是世界上里程最长、工程最大的古代运河，也是最古老的运河之一，与长城、坎儿井并称为中国古代的三项伟大工程，并且使用至今，显示了中国古代水利航运工程技术领先于世界的卓越成就，是中国文化地位的象征之一。京杭大运河是中国仅次于长江的第二条"黄金水道"，它的长度是苏伊士运河的16倍，巴拿马运河的33倍，对中国南北地区之间的经济、文化发展与交流，特别是对沿线地区工农业经济的发展起了巨大作用。

运河从初始开凿到现在已有2500多年的历史。2002年，大运河被纳入了"南水北调"东线工程。2014年6月22日，第38届世界遗产大会宣布，中国大运河项目成功入选世界文化遗产名录，成为中国第46个世界遗产项目。

问题：1.京杭大运河主要的修建历史集中在哪三个时期？
2.南旺分水闸在水利史上的地位怎样？

一、京杭运河的修建历史

京杭大运河全长约1800千米，最早是在公元前486年建造，至1293年全线通航，前后共持续了1700年。在漫长的岁月里，主要的修建历史集中在三个时期。

春秋末期。当时统治长江下游一带的吴王夫差，为了北伐齐国，争夺中原霸主地位，他调集民夫开挖自今扬州向东北，经射阳湖到淮安入淮河的运河（即今里运河），因途经邗城，故得名"邗沟"，全长170千米，把长江水引入淮河，成为大运河最早修建的一段。

隋唐时期。隋朝统一全国后，建都大兴城和洛阳，为了控制江南广大地区，使长江三角洲地区的丰富物资运往洛阳，隋炀帝于603年下令开凿从洛阳经山东临清至河北涿郡（今北京西南）长约1000千米的"永济渠"；又于605年下令开凿洛阳到江苏清江（今淮安市）约1000千米长的"通济渠"，直接沟通黄河与淮河的交通；再于610年开凿江苏镇江至浙江杭州（当时的对外贸易港）长约400千米的"江南运河"；同时对邗沟进行了改造。这样，洛阳与杭州之间全长1700多千米的河道，可以直通船舶。隋炀帝时在扬州城内开凿运河，从此扬州成为南北交通枢纽，借漕运之利，富甲江南，为中国最繁荣的地区之一。"隋唐大运河"，分为四段：永济渠、通济渠、邗沟、江南运河。

元明清时期。元朝定都北京后，为了使南北相连，不再绕道洛阳，元朝花了10

年时间，先后开挖了"洛州河"和"会通河"，把天津至江苏清江之间的天然河道和湖泊连接起来，清江以南接邗沟和江南运河，直达杭州。而北京与天津之间，原有运河已废，又新修"通惠河"。这样，新的京杭大运河比绕道洛阳的大运河缩短了九百多千米。至元三十年（1293 年）元代大运河全线通航，漕船可由杭州直达大都。明清两代又有不同规模的改造和整修。

京杭大运河是由人工河道和部分河流、湖泊共同组成的，全程可分为七段。①通惠河：北京到通州区，长 82 千米；②北运河：通州区到天津，长 186 千米；③南运河：天津到临清，长 400 千米；④鲁运河：临清到台儿庄，长约 500 千米；⑤中运河：台儿庄到淮安，长 186 千米；⑥里运河：清江到扬州，长约 180 千米；⑦江南运河：镇江到杭州，长约 330 千米。

大运河北起北京，南达杭州，经过海河、黄河、淮河、长江和钱塘江，将这五大水系连接起来，流经北京、河北、天津、山东、江苏、浙江六个省市，是世界上开凿最早、工程最大、航线最长的人工河。京杭大运河作为南北的交通大动脉，历史上曾起过"半天下之财赋，悉由此路而进"的巨大作用。运河的通航，促进了沿岸城市的迅速发展。

知识链接9-1

大汶河，古汶水。大汶河发源于山东旋崮山北麓沂源县境内，汇泰山山脉、蒙山支脉诸水，自东向西流经莱芜、新泰、泰安、肥城、宁阳、汶上、东平等县、市，汇注东平湖，出陈山口后入黄河。干流河道长 239 千米，流域面积 9098 平方千米。习惯上东平县马口以上称大汶河，干流长 209 千米，流域面积 8633 平方千米。泰安大汶口以上为上游，大汶口至东平县戴村坝为中游，戴村坝以下为下游，为大清河。东平县马口以下称东平湖区，流域面积（不包括新湖区）465 平方千米。

二、南旺分水闸在水利史上的地位

京杭运河之上，位于济宁城北的南旺是大运河全线地势最高的地方，是运河的"水脊"，影响了大运河南北畅通，成了运河畅通的难题。永乐九年工部尚书宋礼采用汶上老人白英的建议，修建了南旺分水闸工程。在大汶河上建戴村坝截流河水，并开挖小汶河将水引至南旺，还在河水入运处南岸修建鱼嘴形分水石堤，使河水自然南北分流，七分向北流，进入漳、卫；三分向南流，进入黄、淮。充分利用运河两岸南旺湖、蜀山湖和马踏湖等"水柜"储水；后来又在南旺南北修建水闸、斗门，以调节水量、水流。白英抓住了"引、蓄、分、排"四个环节，实现了蓄泄得宜，运用方便。南旺分水闸的修建，成功解决了京杭大运河"水脊"缺水的难题。

南旺分水闸是我国劳动人民利用自然、改造自然，借自然为人类造福的伟大创举。它科学地解决了引汶、分流、蓄水等重大复杂的技术和实践问题，从而保证了大运河畅通无阻，为千里运河南北分水之咽喉。南旺分水闸创造了中外水利工程史上的奇迹，影响深远，为世代所称誉。乾隆六次南巡，每次都为该建筑群留诗驻词。毛泽东在了解南旺分水工程时，也曾发出由衷的赞叹。即使在今日，这一工程也仍不失为妙手之作，堪称世界水利史上的一大范例，具有永恒的研究和借鉴价值。因此，许多运河文化、水利史专家学者称其为京杭大运河全线科技含量最高的"心脏工程"，赞其为"北方都江堰"。

名言警句 9-1

> 汶河分流南北，北汇黄河，南入江苏，七分朝天子，三分下江南。
>
> ——毛泽东

三、京杭运河对文化交流的作用

全长约 1800 千米的京杭大运河，是中国古代一项伟大的水利工程。它不仅是古代唯一贯通南北的交通大动脉，也是中国南北文化、东西文化融合及中外文化交流的最重要的桥梁。

（一）对中国南北文化、东西文化的交流起到了重大的促进作用

大运河北起北京，南达杭州，纵贯海河、黄河、淮河、长江和钱塘江，连接五大水系，流经北京、河北、天津、山东、江苏、浙江六省市。各个区域间由于地理、气候、环境等自然条件的差异，政治、历史背景的不同，形成了各个区域间文化的差异。大运河在沟通物质交换的同时，促进并带动大半个中国南北文化与东西文化的交流，促进了流域文明的交汇和融合，促进了国家的繁荣和统一，促成了文化文明的交流和共兴。同时，也形成了独特的大运河文化，留下了丰富的历史文化遗存，孕育了一座座璀璨明珠般的名城古镇，积淀了深厚悠久的文化底蕴，凝聚了中国政治、经济、文化、社会诸多领域的庞大信息。大运河是中华民族文化身份的象征。运河的畅通，促进了山东的发展。"船舶往来，商旅辐辏"，使运河沿线的德州、临清、东昌、张秋、济宁、台儿庄成为交通转输和贸易的重镇。德州因建造漕仓而选址运河东岸兴建的卫城，清代已成为商贾往来、帆樯云集、百货荟萃的商品交换集散地。临清"东控齐青，北临燕赵"，是举足轻重的战略要地，也是繁盛的商业中心。东昌府因运而兴，成为"漕挽之咽喉，天都之肘腋"，是运河九大商埠之一；济宁南达徐沛，北接汶泗，直通京畿，为南北运输要地，是大运河中段的交通枢纽、水旱码头，有"江北小苏州"之称，清代济宁已是"丰物聚处，客商往来，南北通衢，不分昼夜"的全国著名的商业城市。因河兴商，因河兴市，运河的畅通使德州、聊城、泰安、济宁、枣庄等地达到了文化空前发达、市场繁荣的鼎盛时期，从而留给后人丰富的历史文化遗产。

（二）在中外文化交流中起到了重要作用

大运河文化，是中国古代文化向外传播的窗口，扩大了中国对世界的影响。

京杭大运河贴近大海，有多处便捷的出海口。历史上，大运河直通洛阳，恰是陆上"丝绸之路"的起点。大运河连接天津、山东半岛、扬州、杭州、宁波等海上口岸，连接"海上丝绸之路"，远通亚欧。通过大运河输出了大量丝绸、纸张、瓷器、茶叶、中药和手工艺品等；也从陆路、海路引进波斯、东非、东南亚的宝石、珊瑚、玛瑙、香料、药品及动植物等。京杭大运河是南北交通的大动脉，不仅促进了南北物资的交流和沿线城镇聚落的兴起，也便利了人员的往来，在中外文化交流中发挥着重要的作用，中国邻近国家和地区以及西亚、欧洲、东非各国遣使团、商队来中国。运河沿线的水利工程、城镇乡村和风土民情，给外国人留下了深刻的印象，在他们的作品中多有体现。同时，国外文化也传播到中国，丰富了运河区域文化的内容。

总之，京杭大运河的开通，一方面加速了国内经济与文化的融合与交流，另一方面也促进了中外文化的国际交流。

知识链接 9-5

《马可波罗游记》中记载，他沿大运河南行，辗转于苏杭，最终抵达刺桐港（福建泉州）。运河每一个城镇都能从他的游记中找到赞美：将陵（德州）运河上南北运输商品极多，最多的是丝、香料。济宁商业、手工业很发达，"船只多得令人难以相信"。徐州、邳州、清口、淮安商工农业都极发达，淮安的货运可以通到 40 多个城市。宝应、高邮、扬州都是商业、手工业为主的城市，很繁华。真州（仪征）是运河通江口岸之一。长江上每年有 20 万艘船航行，每船载重 50 万～150 万斤。真州是盐、木料、麻等商品集散地。瓜州以工商业为主，产丝织品和农产品。苏州是最大的工商业城市，杭州最繁华，"商人如此之多和如此之富，难以言语形容"。

景点指南 9-3

景点	景色	地点	简介
聊城山陕会馆		山东聊城	会馆始建于清乾隆八年（1743 年），是山西、陕西的商人为"祀神明而联桑梓"集资兴建的。共有亭台楼阁 160 多间，为全国重点文物保护单位。
南阳古镇		山东济宁	第六批中国历史文化名镇，运河四大名镇之一。在微山湖这个北方水乡里，京杭运河穿湖而过。
枣庄运河博物馆		山东枣庄	展示了京杭运河的历史、文化、经济和发展前景，成为了解运河、研究运河的交流展示中心。

小 结

本章主要概述了历史悠久、底蕴丰厚的山东海河文化。海市蜃楼的奇观,徐福东渡的美丽传说,千古憧憬的海上仙山,沟通东西方的海上丝绸之路,京杭大运河,"北方都江堰"。凝聚着民族血脉精神的博大精深的海河文化,是我们民族生生不息的外在表现。通过对本章内容的学习,可以了解山东的传统文化,推动文化传承创新,从历史走向未来,从延续山东文化血脉中开拓前进,为推动人类文明进步和世界和平发展贡献更大的智慧和力量。

自测题

一、填空题

1. 我国传说中的三座仙山是指_____、_____、_____。

2. 文人墨客对登州海市的记述和吟咏作品很多。最有名的是苏轼的_____和袁可立的《观海市》。

3. 大运河北起北京,南达_____,连接五大水系,流经六个省市。

4. 中国民间在海上航行在船舶启航前要先祭_____,祈求保佑顺风和安全,在船舶上立其神位供奉。

5. 中国古代四大名楼是_____、_____、_____、_____。

6. 我国古代航海事业最繁荣的时期是_____。

二、选择题

1. 下列不属于京杭大运河流经的省市是(　　)
A. 山东　　　　　　B. 江苏
C. 浙江　　　　　　D. 河南

2. 大运河中段的交通枢纽是(　　)
A. 济南　　　　　　B. 烟台
C. 济宁　　　　　　D. 青岛

3. 下列不属于"隋唐大运河"的一项是(　　)
A. 永济渠　　　　　B. 通济渠
C. 邗沟　　　　　　D. 通惠河

4. 下列水利工程被誉为"北方都江堰"的一项是(　　)
A. 京杭大运河　　　B. 南旺分水闸
C. 会通河　　　　　D. 洛州河

5. 京杭大运河的长度约(　　)
A. 1800 千米　　　B. 1700 千米
C. 1600 千米　　　D. 1500 千米

三、简述题

1. 简述京杭大运河的修建历史。

2. 简述南旺分水闸在水利史上的地位。

实践教学设计

【实践题目】
讲述蓬莱仙境的故事

【实践类型】
讲故事

【实践目标】
通过讲述蓬莱仙境的故事,了解中华民族的传统文化,增强学生对祖国大好河山的热爱。

【实践方案】

时间：半天

地点：教室

流程：

一、预热。搜集相关内容、资料、图片，加强对蓬莱仙境的了解。

二、讲故事。

三、撰写心得，提交。

四、教师点评。课上讨论交流后，做总结。

【实践结果】

讲故事心得

【实践评价】

教师根据学生的讲故事的表现和心得的撰写情况给予评价。

得分表

（每5分一个档次）

项目	标准	满分	得分
讲故事	态度认真，准备充分	40	
心得撰写情况	叙议结合，实事求是，具有真情实感	60	
总分	以上各项得分相加	100	

第 10 章

民 俗 文 化

民俗文化，是对民间民众的风俗生活文化的统称。齐鲁大地，历史悠久，文化积淀丰富而久远。那么，山东有哪些民俗文化呢？各地的风俗习惯又有哪些不同呢？本文为你盘点了山东的嫁娶文化、传统节日习俗、饮食文化及传统技艺及生活习俗等，带你了解不一样的山东民俗文化。

山东历史悠久，文化源远流长，生存在这一方热土上的先辈们在千百年的历史长河中，以其独具特色的地方文化为内涵，形成了特色鲜明的民俗风情，俗话说"十里不同风，百里不同俗"，山东民俗表现出自身的多样性、地域性，内容丰富，异彩纷呈。传统的生产风俗、节日风俗、饮食文化风俗、婚嫁丧葬风俗等，无不与我们的生活息息相关。挖掘当地民俗文化，吸取精华，弘扬优秀传统文化是我们的责任。

第 1 节　鲁菜、节庆、婚丧和武术

导学 10-1

山东是中国古文化的发祥地之一，悠久的历史、丰厚的文化、多样的民俗风情决定了山东与其他地域有一些不同。中国四大菜系中的鲁菜，就是这些不同中的一种。鲁菜历史悠久，文化内涵丰厚。它深受儒家文化土壤之滋养，尽得齐鲁山水灵气之浸润，运用得天独厚之食材，施以精妙之烹调技艺，颇具堂正中和、高贵典雅之美食风尚。此外，山东民俗节日风情、各地婚丧礼俗也多姿多彩，具有鲜明的地方色彩。

问题：　1. 鲁菜有哪些风味特色？
　　　　　2. 山东的传统节日风俗有哪些？

一、鲁菜与小吃

（一）鲁菜的起源和发展

山东菜，又叫鲁菜。历史悠久，影响广泛。是中国饮食文化的重要组成部分，成为中国四大菜系之首，以其味鲜咸脆嫩、风味独特、制作精细享誉海内外。

鲁菜发端于春秋战国时的齐国和鲁国，形成于秦汉。宋代后，鲁菜就成为"北食"的代表之一。从齐鲁而京畿，从关内到关外，影响已达黄河流域、东北地带，有着广阔的饮食群众基础。

（二）鲁菜的风味特色

鲁菜讲究调味纯正，口味偏于咸鲜，具有鲜、嫩、香、脆的特色。十分讲究清汤和奶汤的调制，清汤色清而鲜，奶汤色白而醇。鲁菜常用的烹调技法有 30 种以上，尤以爆、扒技法独特而专长。爆法讲究急火快炒；扒技法为鲁菜独创，原料腌渍粘粉，油煎黄两面，慢火尽收汁；扒法成品整齐成型，味浓质烂，汁紧稠浓。

1. 咸鲜为主

鲁菜讲究原料质地优良，以盐提鲜，以汤壮鲜，调味讲求咸鲜纯正，突出本味。大葱为山东特产，多数菜肴要用葱姜蒜来增香提味，炒、熘、爆、扒、烧等方法都要用葱，尤其是葱烧类的菜肴，更是以拥有浓郁的葱香为佳，如葱烧海参、葱烧蹄筋；喂馅、爆锅、凉拌都少不了葱姜蒜。山东海鲜类量多质优，异腥味较轻，鲜活者讲究原汁原味，虾、蟹、贝、蛤，多用姜醋佐食；鱼翅、海参、干鲍、鱼皮、鱼骨等高档原料，质优味寡，必用高汤提鲜。

2. 火候精湛

鲁菜的突出烹调方法为爆、扒、拔丝，尤其是爆、扒素为世人所称道。爆，分为油爆、酱爆、芫爆、葱爆、汤爆、火爆等，"烹饪之道，如火中取宝。不及则生，稍过则老，争之于俄顷，失之于须臾"。爆的技法充分体现了鲁菜在用火上的功夫。因此，世人称之为"食在中国，火在山东"。

3. 精于制汤

鲁菜以汤为百鲜之源，讲究"清汤""奶汤"的调制，清浊分明，取其清鲜。清汤的制法，早在《齐民要术》中已有记载。用"清汤"和"奶汤"制作的菜品繁多，名菜就有"清汤全家福""清汤银耳""清汤燕窝""氽芙蓉黄管""奶汤蒲菜""奶汤八宝布袋鸡""汤爆双脆"等，多被列为高档宴席的珍馐美味。

4. 善烹海味

鲁菜对海珍品和小海味的烹制堪称一绝。山东的海产品，不论参、翅、燕、贝，还是鳞、蚧、虾、蟹，经当地厨师的妙手烹制，都可成为精鲜味美之佳肴。

5. 注重礼仪

山东民风朴实，待客豪爽，在饮食上大盘大碗丰盛实惠，注重质量，受孔子礼食思想的影响，讲究排场和饮食礼仪。正规筵席有所谓的"十全十美席""大件席""鱼翅席""翅鲍席""海参席""燕翅席""四四席"等，都能体现出鲁菜典雅大气的一面。

知识链接 10-1　　　　　　　　　　　孔子与鲁菜

　　儒家学派创始人孔子不仅是伟大的思想家、教育家，还是一位伟大的美食家。《论语·乡党篇》中系统全面地阐述了孔子饮食卫生、养生、火候、刀工、调味、礼仪等方面的观点。正如张岱《老饕集序》所说："中古之世，知味推孔子，食不厌精，脍不厌细。精细二字已得饮食之微。至熟食，则概之失饪不食；蔬食，则概之不时不食。四言者，食经也，亦即养生论也。"孔子的饮食观奠定了未来两千多年中华饮食最核心的审美观念，是我国重要的文化瑰宝。历史学者钱穆指出，"若把代表中国正统文化的，譬之于西方的希腊般，则在中国首先要推山东人"，饮食也不例外。

（三）鲁菜的三大体系

鲁菜是我国覆盖面最广的地方风味菜系之一，遍及京津及东北三省。山东省内地理差异大，因而形成了沿海的胶东菜（以海鲜为主）和内陆的济南菜以及自成体系的孔府菜三大体系（表 10-1、图 10-1）。

表 10-1 鲁菜三大体系

体系	特点	代表菜品
胶东菜	以烹制各种海产品见长,以保持主料原味为特色	溜黄菜、虾籽海参、红烧天花、汤爆肚、熘腰花、糖醋排骨、四喜丸子等。
济南菜	吸收湖菜特长,形成独特风味。济南菜以汤菜为一大特色。	糖醋鲤鱼、汤爆双脆、葱烧海参、棒子鱼、油爆鱼芹、九转大肠、黄焖鸡米饭、清烧元鱼等。
孔府菜	讲究造型完整,不伤皮折骨,在掌握火候调味、成型等方面,难度很大。	烤花篮鳜鱼、烤鸭、烤乳猪、一品豆腐、寿字鸭羹等。

糖醋鲤鱼 芙蓉鸡片 葱烧海参

九转大肠 汤爆双脆 蝴蝶海参

图 10-1 山东传统名菜

(四) 山东各地特色小吃

人们每到一个城市,一定少不了去尝一尝当地那些最出名的小吃,山东小吃那么多,哪一个才是你的最爱?山东各地小吃品种繁多,各具特色,举不胜举,在此列举部分小吃供大家欣赏(表 10-2、图 10-2)。

表 10-2 山东各地特色小吃

地域	特色小吃
济南	把子肉、草包包子、孟家扒蹄、油旋、济南米粉、福山拉面(押面)
青岛	大包、辣炒蛤蜊、流亭猪蹄、青岛锅贴
烟台	鲅鱼水饺、焖子、蓬莱小面
德州	扒鸡、签子馒头、傻小二棒仔鸭、椒盐肘子
枣庄	菜煎饼、道口羊肉汤、薛城掺汤、黄花牛肉面
潍坊	肉火烧、朝天锅、景芝金丝面、鸡鸭和乐、高密炉包、寿光虎头鸡
济宁	甏肉干饭、孔府豆腐、济宁鲫鱼抹锅饼、济宁糊粥
沂蒙	光棍鸡、郯城马头烤牌、沂水红烧兔子头
莱芜	烧饼、炒鸡、汶阳狗肉
日照	渔家饼饼乐、八大碗、五莲山菜宴
荷泽	单县羊肉汤、木瓜黄豆猪脚汤、菏泽糟鱼、曹县烤牛肉

续表

地域	特色小吃
泰安	煎饼、豆腐、海棠酥、香远溢清宴
聊城	魏氏熏鸡、聊城呱嗒、临清进京腐乳、阳谷五更炉熏鸡、高唐老豆腐
东营	黄河刀鱼、薄老五烧鸡肴兔、黄河口大闸蟹、利津水煎包
淄博	周村烧饼
滨州	芝麻酥糖、锅子饼、博兴千张粉皮、无棣梭子蟹
威海	乳山喜饼、发糕、春卷、大枣饽饽、脉田瓜糖

济南把子肉　　青岛大包　　烟台鲅鱼水饺　　德州扒鸡

沂蒙光棍鸡　　济宁甏肉干饭　　荷泽单县羊肉汤　　聊城魏氏熏鸡

淄博周村烧饼　　东营黄河刀鱼　　日照渔家饼饼乐　　泰安煎饼

图 10-2　山东部分特色小吃

二、节日风俗与丧葬礼俗

（一）山东的传统节日风俗

1. 春节

春节是中国最隆重的传统节日，山东也不例外，只是各地风俗不同。除夕和春节密不可分。除夕俗称"年三十"，是农历一年的最后一天，古有"一夜连双岁，三更分二年"之说。此日，人们无论身处天涯海角还是异国他乡，尽力回家团聚。在农村，各家收拾正中堂屋，安放祖先牌位、摆设祭品，贴窗花、春联、年画；早上或中午以家族为单位，带着高香、鞭炮去村外焚香点炮"请家堂"；晚上全家吃饺子，有在饺子中包硬币（古称"钱龙"）、红枣（古称"红运"）、花生米（古称"长生果"）的，各有寓意；入夜，阖家团聚守岁，说话忌不吉利的字眼。

如今新时代新风尚，全家一起看春晚成为一种习俗，或者准备一顿丰盛的年夜饭，一家人推杯换盏，相互交流，尤其是一年或多年没有回家的游子感慨万千，这时最高兴的莫过于父母老人，享受天伦之乐。子夜时分，新年来到，即为春节。

初一早晨一般吃水饺（各地亦有不同），饭后开始拜年，晚辈给长辈拜年，先给家长拜年，之后再互相拜年。各家各户先拜亲族，后拜街邻，大街小巷拜年者络绎不绝。旧时，拜年的均为男性，晚辈给长辈行跪拜礼，平辈或邻里之间互相拱手，共道"过年好"或"恭喜发财"。自初二起，走亲访友，娱乐游玩，直至上班或元宵节。有"初二、初四拜姥家，七拜姑、八拜姨、三六九拜丈人"之说。

2. 元宵节

农历正月十五日是元宵节，又称灯节。元宵节前后，从城市到农村，街头巷尾到处是踩高跷的，跑旱船的，舞龙灯的，舞狮子的。人们把一些神话传说，历史故事以及强烈的爱憎和美好的愿望融入这种富有民族传统的民间艺术中，增加了节日的欢快气氛。

3. 春龙节

农历二月二日，俗称"二月二""龙抬头"。有打灰囤、熏虫、炒豆、剪小龙、做"龙尾"等习俗。此日黎明，户户早起，撒草木灰于庭院墙基处，屋内所有角落均燃香熏照，俗称"熏虫"，驱毒蛇、害虫出宅。在院内用草木灰打灰囤，中置少许粮米，象征五谷丰登。妇女用各色花布剪成小方块，做成"龙尾"，挂于屋下和小孩肩上，寓意"避邪"和"望子成龙"。男孩多在此日理发，称"剃龙头"。

4. 清明节

清明节为农时节气，也是祭祀节日。时在农历三月，公历 4 月 5 日前后。此日有上新坟之俗。久而久之，人们把清明节、寒食节连在一起，形成清明节旧坟、新坟一起祭扫的风俗。

5. 端午节

农历五月初五是端午节，为民间传统大节。每年此日，人们黎明即起。大门（街门）、屋门均插桃枝、艾子、野生燕麦（俗名瞌睡草）、整棵小麦和布猴。儿童手脚系五色"禄束"线、戴彩色苘麻扎的小笤帚，意为精神饱满、避邪除秽。家家包粽子、煮鸡蛋。南方则有划龙舟习俗，以纪念古代爱国诗人屈原。

6. 中秋节

农历八月十五日是中秋节，为民间传统大节。亲友间相互赠送月饼、月糕。此时农业年景大局已定，过"中秋节"有庆贺一年丰收之意。晚上，一家人围坐月下，宴饮赏月，品食月饼，欢庆圆满幸福，故人们又把此节称为"团圆节"。中秋节自古便有祭月、赏月、拜月、吃月饼、赏桂花、饮桂花酒等习俗，流传至今，经久不息。中秋节与春节、清明节、端午节并称为中国四大传统节日。

7. 七夕节

七夕节，农历七月初七，又名乞巧节、七巧节或七姐诞，发源于中国，是华人地区以及东亚各国的传统节日，该节日来自于牛郎与织女的传说，在农历七月初七庆祝（日本在明治维新后改为阳历 7 月 7 日）。因为此日活动的主要参与者是少女，而节日活动的内容又是以乞巧为主，所以人们称这天为"乞巧节"或"少女节""女儿节"。2006 年 5 月 20 日，七夕被中国国务院列入第一批国家非物质文化遗产名录。七夕节有穿针乞巧、喜蛛应巧、投针验巧、种生求子、为牛庆生、晒书晒衣等习俗。

8. 中元节

农历七月十五日，俗称鬼节、施孤、七月半，佛教称为盂兰盆节。与除夕、清明节、重阳节三节同为中国传统的祭祖大节。山东各地有不同的习俗。长岛渔民以木板秫秸制成小船，上贴一纸条"供××使用"，或供溺海者的牌位，再装上食物、衣帽、鞋袜等用具，然后点燃蜡烛，由已婚的男子将小船放入海中。沾化各家采麻柯及新鲜草叶搭棚子，称为"麻屋"，请祖先牌位于其中祭祀。独陵县称中元节为掐嘴节，家家吃粗茶淡饭。

9. 重阳节

农历九月九日是重阳节，又称老人节。重阳节是杂糅多种民俗为一体而形成的汉族传统节日。庆祝重阳节一般会包括出游赏景、登高远眺、观赏菊花、遍插茱萸、吃重阳糕、饮菊花酒等活动。九九重阳，因为与"久久"同音，九在数字中又是最大数，有长久长寿的含意。况且秋季也是一年收获的黄金季节，重阳佳节，寓意深远，人们对此节历来有着特殊的感情，唐诗宋词中有不少贺重阳、咏菊花的诗词佳作。

10. 寒衣节

农历十月初一，又称冥阴节，传统的祭祀节日，也是冬天的第一天，此后天气渐渐寒冷，人们怕在冥间的祖先灵魂缺衣少穿，因此，祭祀时除了食物、香烛、纸钱等一般供物外，还有一种不可缺少的供物——冥衣。在祭祀时，人们把冥衣焚化给祖先，叫作"送寒衣"。

11. 腊八节

农历十二月初八，俗称"腊八日"，有喝"腊八粥"的习俗。在山东"孔府食制"中，规定"腊八粥"分两种，一种是用薏米仁、桂圆、莲子、百合、栗子、红枣、粳米等熬成的，盛入碗里还要加些"粥果"，主要是雕刻成各种形状的水果，是为点缀。这种粥专供孔府主人及十二府主人食用。另一种是用大米、肉片、白菜、豆腐等煮成的，是给孔府里当差们喝的。

12. 小年

农历腊月二十三，俗称小年，也称祭灶节。这一天山东有贴灶神画像、大扫除、祭灶等风俗。

（二）婚丧礼俗

1. 婚嫁习俗

山东一带的婚嫁，受儒家思想影响大，特别重视礼仪。随着时代的进步和变迁，烦琐的礼节逐渐简化。但是城市和农村差异较大，农村沿袭旧俗多。不同地方风俗不同，但大体上都包含这几个步骤：议婚、订婚、择日、迎娶等。

（1）议婚。古时婚姻由"父母之命，媒妁之言"所决定，今日已成为陋习，不再赘述。近代以来，年轻人到了婚姻年龄，父母便开始张罗着寻找合适的对象，然后托媒人到对方家问寻、提亲。如果双方有联姻意向，就相亲。若双方满意，会交往一段时间，以了解对方，培养感情。现在青年人独立性强，多为自由恋爱，但一般来讲，父母的意见也很重要。

（2）订婚。从男女相亲交往或者自由恋爱发展到谈婚论嫁时，先告之父母，由双方父母出面订婚，正式确定关系，渐成为一种习俗。一般由男方组织安排，双方父母、介绍人和部分亲友在酒店聚餐或举行一简短仪式，男方沿旧俗下聘礼，算是订婚。旧时聘礼有四色礼或八色礼，均要雇人用抬盒抬着，由媒人带领送往女家，比较隆重。

（3）择吉日。结婚要选择吉日，一般都是由男方选择，然后两家商定。有的还要占卜，图个吉利。同时商量结婚的具体步骤、彩礼、嫁妆等具体问题。双方领取结婚证，成为法律上的合法夫妻；各自向亲友公布婚礼时间，发送喜帖，筹办结婚典礼。男方一般邀请本单位或者本村红白理事会负责迎娶的具体事项。

（4）迎娶及结婚典礼。这是婚礼中最重要、最出彩的环节，也是最热闹，最有特色的环节。新郎迎亲的时间也是找人占卜指定的好时辰。旧时的迎娶，新郎骑马或坐"官轿"，在吹鼓手欢快的音乐声中带着迎亲队伍浩浩荡荡奔向新娘家；现代的迎娶一般换上了清一色的小轿车车队，车的数量依据个人情况而定，至少六辆，多者不限，一般是双数，摄像机镜头一路相随。

迎娶的程序各地不同，具体项目多种多样。一般是经历简单的仪式之后，新郎开始到新娘的闺房门前，这时热闹开始了，新娘的姐妹好友等出面"刁难"新郎，要红包、藏新娘的红鞋，现在还有更新的玩法，扫码支付红包。热闹之后，新郎方可抱得美人归，上轿或者上车回家。路上，新郎的小伙伴开始登场，不闹新娘闹新郎，将新郎从车上拉下来，闹至吉时到，在主管催促下，迎亲车队才回到家，新郎重新换装，准备举行典礼。

结婚典礼一般在酒店或者新郎所在村庄、小区举行，邻里亲友围观，由专业司仪主持，环节周全，气氛活跃，大同小异。典礼之后，男方设宴款待亲友和女方送亲之人。

其他结婚习俗还有很多，如回门、上拜、送大饭、闹洞房，在农村仍然保留。有的已成陋习或者违法，已被取缔，如招赘、童养媳、冥婚等。

2. 丧事礼俗

我国古代的丧葬习俗是极其复杂烦琐的，俗有"入土为安""逝者为大"之说。近代以来，全国提倡社会新风气，旧的封建传统逐渐被摒弃，许多仪式变得简单而有意义。

（1）初丧。亲人死后，一般要为其沐浴更衣，穿戴好准备好的新衣服，称为"小殓"。小殓前，有的地方要求给死者的口中放入一定的物品，如制钱、硬币、五色线等，称为"噙口"、"压口"，然后移至堂屋的灵床上，儿女、亲戚在旁守护；亡后三天，一般是遗体火化，给亡者烧纸马、纸钱等纸扎，要发盘缠等；死者入棺（遗体火化后骨灰入殓），谓之"入殓"，要"净面""撒垫背钱""罩头""镇钉"等。现在，由于火化制度的推行，入殓的程序简化。

（2）吊丧。吊丧环节中有三项内容：报丧、开吊、守灵。报丧，是告知亲友和周围的街坊邻居。按传统仪式，报丧者要给报丧对象磕头，然后报告关于死者的情况。现在，除了至亲好友需要报丧者上门报丧外，还可以通过发布或递送"讣告""讣闻"等方式告示。开吊，指布置灵堂、接受吊丧者哭拜等一系列活动。从大殓之后到出殡，儿女等人要日夜守护在灵柩旁，称为守灵，其间男不剃头、女不梳发，晨烧"鸡鸣纸"，晚焚"夜辰香"。有人来吊丧，要磕头谢孝。

（3）出殡。出殡是丧礼中最隆重的仪式。由于需要较多人手，所以朋友、乡邻会到亡者家中帮忙。出殡仪式从"点主"开始，即孝子将灵牌交给当地德高望重的文官或家族内有威望的老人，在"主"字的点上用朱砂笔点一下，孝子将灵牌捧回，就可以出殡了；"斩碗"，就是在灵前把倒扣在灵柩前的黑碗用刀砍碎；待众人"启灵""抬棺"后，孝子要"摔盆"，摔得越碎，被认为子孙越兴旺。梁山一带，称摔盆仪式为"路祭"，其他一些地方的"路祭"则指在出殡路上进行的祭祀活动。

（4）安葬。掘墓俗称"挖坟坑""开圹""打圹"等。在临朐等地，要在下葬之前举行"祭坟地""祭阴宅"等仪式，把陪葬品放入墓穴；棺木入穴时，鞭炮、鼓乐大作，孝子等人痛哭，大家帮忙铲土盖棺；安葬后的第二天或第三天，孝子和亲属要来圆坟，即为新坟添土、祈福。

（5）葬后祭礼。山东各地有为逝去的家人"烧七"和过周年的风习。每隔七天，死者的儿女亲戚应到坟前祭祀。俗话说，"五七三周年，不烧不周全"，到"五七"和三周年祭祀时要特别隆重。除了烧七，还要烧百日、烧周年。

旧式丧礼还有众多繁缛礼节，除了对亡者的追忆与祭奠之外，更多地藏纳了迷信思想，产生了铺张浪费现象。中华人民共和国成立后，党和政府倡导破除迷信和实行殡葬改革，礼仪逐渐简化。

三、武术与蹴鞠

（一）山东传统的武术流派

1. 梁山武术

一部《水浒传》，让水泊梁山名扬四海。梁山功夫，又叫子午门功夫，是山东省民间武术之一。与河南的少林、湖北的武当、四川的峨眉齐名。梁山武术是山东六工山荐

福寺方丈圆通禅师与宋江等众梁山英雄所创，种类繁多，技艺高超，它汲取当年梁山众好汉的功夫之长，形成了自己独特的技术风格特点和武术文化特色。如：武松拳、林冲枪、李逵斧、杨志刀、燕青拳、梅花拳等规范套路。子午门功夫第一代掌门人是梁山一百单八将的武松，现任第二十一代掌门人是当代人称"神腿大侠"的全国十佳武术教练宋义祥大师。2014年，梁山武术经国务院批准列入第四批国家非物质文化遗产名录（图10-3）。

图10-3　梁山武术

如今，武术依然是梁山当地广大人民群众喜闻乐见的传统体育项目。民间尚武、习武之风盛行，素有"喝梁山的水，都会伸伸胳膊踢踢腿"之说。当地民间有句俗话，称"拳打卧牛之地"，从场所、设备、器械方面要求不复杂，日常生活中的棍、棒之类，就可以拿来练武。练习梁山武术不仅可以强身健体，而且活跃了人民群众的文化生活。因此，每当农闲季节，当地便形成群众性的练武热潮。

2. 查拳

查拳是中华武术长拳五大流派之一，起源于山东，分冠县张氏查拳、杨氏查拳和

任城李氏查拳三支。三派的套路内容不同，练法也各有其妙，但其拳理相同，其要求也大体一致。查拳的风格特点是：姿势舒展挺拔，发力迅猛，动静有致，刚柔兼备，节奏鲜明，步法灵活多变，结构严谨，功架整齐。无论往返进退，上下起伏，力求协调配合，整个套路表现出一种潇洒剽悍矫捷的形态，是长拳类型中较为系统的拳种。2008年，查拳被列入第二批国家级非物质文化遗产名录。

关于查拳的起源，说法不一。比较流行的说法是在明朝中期，倭寇经常侵扰中国东南沿海，明帝命戚继光、俞大猷等为总兵官带兵抗倭。西域人士查密尔（尚义），出于爱国，应征东来抗倭。但是由于路途遥远，气候多变，长途跋涉中，经鲁西染病。后经当地回族百姓的精心照料，逐渐康复。为报答关照之情，查尚义将自己的武艺悉心传授给回族乡亲。他逝世后，人们便把他传授的武艺命名为查拳，以资纪念。而滑拳乃是他的师弟滑宗歧所传，故有"查滑不分"之说。另查拳谱上有武殿璋创腿拳和滑镗、滑钩的记载，武殿璋乃西域人。

清末山东冠县张其维武艺精湛，手指功夫如钢似铁，力穿牛腹，一指点在对方身上，莫不指到人倒，数人围攻休想得手。他还练就一支虎尾镖，如游龙飞凤，快如电掣，勇如猛虎，堪称绝技。张其维终生好武，授拳严格有方，培养出了一大批查拳名手（图10-4）。

图10-4　冠县查拳

大枪杨鸿修也是清末一代查拳名师，他身材高大却非常灵活，又以"快拳杨"名噪武林。他培养出了大批高足，如打败外国大力士的"神力王"王子平、"山东双马"马金标和马永奎以及于振声、何振江、米广亭、马格甫等。

济宁查拳流传较广，历史上有籍可查的代表人物以沙永民为最显著，被尊为济宁查拳的创始人，相传其自幼练习查拳，艺成后又游历天下遍访名师，习得少林、洪拳、串拳、炮拳、车拳等优秀拳法，晚年集众家之长于一身，因以查拳为练习和传承的主体，故形成了独具特色的济宁查拳。另有以济宁人李恩聚为代表的李式查拳，由于收徒甚严，授徒很少。其拳刚劲有力，式式连贯。

在北京地区有著名的查拳大师号称"大枪刘"的刘昆，回族，字世安，原籍山东临清。另一位查拳大师、著名武术家常振芳（1898～1979年）深得张其维老师的器重，是张氏查拳门下的佼佼者。

3. 螳螂拳

螳螂拳是中国著名的传统武术流派之一，象形拳的一种，也是首批被国家体育总局武术运动管理中心列入系统研究整理的传统武术九大流派之一。螳螂拳（莱阳市申报）2006年入选第一批省级非遗名录，2008年入选第二批国家非遗名录。

螳螂拳产生于明末清初，相传由明末清初王郎所创，关于王郎的家乡和身份有不同的说法，有说是栖霞人，有说是陕西淳化人；有说是抗清义士，有说是武术家。王郎"察螳螂捕蝉之动静，取其神态，赋其阴阳、刚柔、虚实之理，施以上下、左右、前后、进退之法，演古传十八家手法于一体而创螳螂拳法"。螳螂拳在三百多年的发展进程中，拳法别具特色，形成了规模较大的螳螂拳系统，逐步形成了太极、梅花、七星、六合三支四派。分别是：莱阳三山一脉的太极螳螂，烟台郝家的太极梅花螳螂，烟台林景山一系的七星螳螂，龙口、招远林世春一脉的六合螳螂等。1983年，

在国家体委主持进行的全国武术遗产抢救、挖掘、整理工作中，莱阳民间拳师刘希云先生把祖传的"螳螂拳谱"献给国家，并获"雄狮奖"。同时，名震天下的"三山"之一王玉山先生之子王元亮先生被确定为嫡派螳螂拳传人，并在莱阳收徒授拳。在全国各地乃至世界许多国家都有螳螂拳的拳法在流传，据考证均与莱阳螳螂拳有极深的渊源。螳螂拳声名越来越响，诸多衍生拳种也流传得越来越广，其声势远远超过了其他拳种，一跃成为胶东第一拳（图10-5）。

图 10-5　螳螂拳大师周振东

山东作为中国武术之乡，武术流派繁多，还有青岛的孙膑拳、四通捶、文圣拳（一说：以上三派与螳螂拳称为山东四大名拳），临清潭腿，东明的武术点穴法，平阴的太平拳等。

（二）蹴鞠的起源与发展

蹴鞠，又名"蹋鞠""蹴球""蹴圆""筑球""踢圆"等，"蹴"有用脚蹴、蹋、踢的含义，"鞠"最早系外包皮革、内实米糠的球，因而"蹴鞠"就是指古人以脚蹴、蹋、踢皮球的活动，类似今日的足球。2006年5月，蹴鞠被列入第一批国家级非物质文化遗产名录（图10-6）。

蹴鞠起源于战国时期的齐国，今山东淄博。《战国策·齐策》中记载齐国首都临淄人的生活时说："临淄之中七万户……甚富而实，其民无不吹竽、鼓瑟、击筑、弹琴、斗鸡、走犬、六博、蹋鞠者"，这段话后来也在《史记·苏秦列传》中出现过。这表明，战国时期的齐国都城临淄，蹴鞠已发展成一种在民间广为盛行的娱乐方式。

两汉三国时期，蹴鞠发展较快。娱乐性蹴鞠得以继承，出现了表演性的蹴鞠和竞赛性的蹴鞠，并且开始应用于军事练兵。竞赛性蹴鞠设有鞠场，称为"鞠城"。有具体的蹴鞠方法和规则。东汉李尤的《鞠城铭》中有所说明："圆鞠方墙，仿象阴阳。法月冲对，二六相当。建长立平，其例有常：不以亲疏，不有阿私；端心平意，莫怨其非。鞠政犹然，况乎执机"。蹴鞠除象征"兵势"、有训练武士的作用外，也用于丰富军中生活，使战士保持良好的体力和情绪。"今军无事，就使蹴鞠"。

如果说汉代是蹴鞠文化发展的第一个高潮的话，那么唐宋则是蹴鞠文化发展的第二个高潮。蹴鞠从最初使用塞满毛发的实心球，发展到唐代的充气球（一说南朝以后就出现了充气球）。其次球门的出现，对踢准球的技术要求更高，比赛更规范，竞争性、操作性更强。踢球时在球场中央竖立两根高三丈的球杆，上部的球门直径约一尺，叫"风流眼"，两队进球多者胜。这个时期，蹴鞠活动更为普及。宋代从皇宫内

院到平民家庭，都以蹴鞠为乐，花样更多，有一人场的"井轮""飞弄""滚弄"；二人到十人场的转花枝、流星赶月、小出尖、大出尖、落花流水、八仙过海、踢花心和全场，各有规定的踢球路线。《蹴鞠谱》上说"脚头十万踢，解数百千般"。为了维护自身利益和发扬互助，至少在南宋时期，宋代的蹴鞠艺人组织了自己的团体，叫做"齐云社"，又称"圆社"，这是专门的蹴鞠组织，专事负责蹴鞠活动的比赛组织和宣传推广。

辽金元时蹴鞠是朝廷节庆的节目之一，民间也更加普及，男女对踢在宋元时也屡见不鲜。明朝时，朱元璋为防止军队沉迷蹴鞠这种娱乐，曾传下圣旨，严厉禁止军人蹴鞠。但民间仍很盛行。明代手工业、商业的繁荣，也带来了民间会社的蓬勃发展，出现了专门制作鞠的手工业作坊，出售各式各样的鞠（时名为"健色"）。

到了清代，满人曾将其与滑冰结合起来，出现了"冰上蹴鞠"的运动形式。清代中叶以后，随着西方现代足球的传入，中国传统的蹴鞠活动基本上被欧洲的现代足球所取代，而踢毽子作为"蹴鞠之遗事"（宋高承《事物纪原》）得以继承与发展。

图 10-6 蹴鞠

第 2 节 传统技艺与生产生活习俗

导学 10-2

齐鲁大地，人杰地灵。勤劳智慧的山东人民自古就创造了高超的技艺，如鲁锦、琉璃瓦和潍坊风筝等，享誉天下，均被评为国家级非物质文化遗产，代表了山东传统技艺的发展水平。

生产生活民俗是在各种物质生产生活活动中产生和遵循的民俗。这类民俗伴随着物质生产生活的进行，多方面地反映着人们的民俗观念，在历史上对保证生产的顺利进行有一定的作用。俗话说"十里不同风，百里不同俗"，山东民俗表现出自身的多样性、地域性。

问题： 1. 山东有哪些传统技艺？

2. 山东有哪些生产习俗和生活习俗？

一、传 统 技 艺

（一）鲁锦

鲁锦诞生在鲁西南一带，当地民间俗称"老土布""老粗布"，也称其为"花格子布"。因色彩绚丽，美丽如锦，后被定名为"鲁锦"。它是山东独有的一种纯棉手工提花纺织品，具有悠久的织造历史、复杂的织造技艺和绚丽的艺术图案，是勤劳智慧

图 10-7　鲁锦

的山东人在漫长的人类文明发展进程中，精心创造的一种具有齐鲁文化特色的传统民间手工艺。2006 年被列入山东省第一批省级非物质文化遗产名录，2008 年被国务院列入国家级非物质文化遗产名录（图 10-7）。

历史渊源：元代，黄河流域开始种植棉花，使用棉花做原料纺线织布越来越普遍。鲁西南地区人民将传统的丝、麻纺织工艺糅于棉纺织工艺，织成的棉布就是通常所说的鲁锦。嘉祥元代曹元用墓出土的棉菱形花纹织锦，其精美的图案显现出织锦技艺已经十分精湛。明朝初期，棉花开始在鲁西南地区大面积种植，棉纺织技艺日趋成熟。随着明清两代织具的改进和纺织、印染技术的发展，鲁西南地区的棉纺织业进入了十分繁盛的时期，鲁锦织造技艺达到了炉火纯青的境界。清代鲁锦曾作为贡品进献朝廷，至今中央美院民间美术研究所还收藏着清代鲁锦数百个品种。清末，随着洋布的大量涌入以及民族纺织工业的发展，手工织造的鲁锦受到冲击，渐趋衰微。

技艺特点：鲁西南民间织锦的织造工艺极为复杂，从采棉纺线到上机织布要经过72 道工序，其中包括轧花、弹花、搓布绩、纺线、打线、浆线、染线、沌线、落线、经线、刷线、做综、闯杼、掏综、吊机子、栓布、织布、了机等十几种主工序。每道主工序里还有很多子工序，且都有很多技巧。

鲁锦的图案意境，是靠色线交织出各种各样的纹饰来体现的。通过抽象图纹的重复、平行、连续、间隔、对比等变化，形成特有的和谐美，极具艺术魅力。如今，鲁锦在最初的平纹、斜纹、缎纹、方格纹的基础上，又发展出枣花纹、水纹、狗牙纹、斗纹、芝麻花纹、合斗纹、鹅眼纹、猫蹄纹等 8 种基本纹样。

鲁锦用色通常是红绿搭配，黑白相间，蓝黄穿插。不同配色，不同纹样，艺术效果也全然不同。一团团洁白的棉花，经勤劳智慧的妇女灵巧的双手，能够纺、染成 22 种基本色线，织成 1990 多种绚丽图案。"黑镶边长流水"图案是自明清以来极为流行的传统纹样，纯黑的平纹镶边，红黄绿色彩鲜艳的流水纹，反映了人民大众期盼幸福生活细水长流的愿望。"迷魂阵""喜字锦"，从名称就可以看出妇女们从复杂工艺中领略到的乐趣。凭提花斗纹的技巧，可织出形象逼真的人物、动物和各种花卉图案，如"孔雀开屏""枣花竹节""十样景""外廓城、里廓城，当中坐着老朝廷""八砖、七砖、柳条花"等，真可谓巧夺天工，五彩斑斓。

传承价值：在现代社会崇尚环保和回归自然的潮流中，人们又喜欢起手工织的床单、被面、褥子等，认为手工制作的土布冬暖夏凉，用起来舒服。因此鲁锦所具备的纯手工制作和纯棉质地的特点受到群众的喜爱。在国际手工艺品博览会上，鲁锦受到青睐，送展的产品被抢购一空。由于对鲁锦进行市场开发前景看好，当地成立了专门的开发机构，与艺术院校和科研单位联手，对鲁锦文化进行保护性研究与整理，加强了对鲁锦产品的研发与创新。

（二）琉璃瓦制作技艺

知识链接 10-2

琉璃瓦材质坚固，釉色鲜艳，表面光润，是中国仿古建筑的重要材料，也是中国传统建筑的符号。制作琉璃瓦要经过选料、粉碎、炼泥、制坯、精雕、烘干、烧造、施釉、再烧造、检验等 20 多道工序（图 10-8）。

央视网 CCTV7（农广天地 2010 年第 230 期）

图 10-8　琉璃瓦的制作工艺

1. 琉璃和琉璃瓦

在中国老百姓中，将琉璃与琉璃瓦视为同一物的看法是很普遍的。但是，究竟为什么大家要把建筑用的釉陶瓦叫做琉璃呢？虽然陶瓷和琉璃同属硅酸盐类物质，但是它们毕竟差别太大了。关于这一点，《古今瓷器源流考》中说得就很清楚："古昔琉璃本属金石之类，今之琉璃则系熔化药石，制成釉彩，施于陶器。因其光华润泽，遂以是名之耳。"

琉璃瓦是中国传统的建筑物件，通常施以金黄、翠绿、碧蓝等彩色铅釉，因其材料坚固、色彩鲜艳、釉色光润，一直是建筑陶瓷材料中流芳百世的骄子。我国早在南北朝时期就在建筑上使用琉璃瓦件作为装饰物，到元代时皇宫建筑大规模使用琉璃瓦，明代十三陵与九龙壁都是琉璃瓦建筑史上的杰作。琉璃瓦经过历代发展，已形成品种丰富、形制讲究、装配性强的系列产品，常用的普通瓦件有：筒瓦、板瓦、勾头瓦、滴水瓦、罗锅瓦、折腰瓦、走兽、挑角、正吻、合角吻、垂兽、钱兽、宝顶等。2014年 8 月，曲阜市鲁城街道的大庄琉璃瓦制作技艺成功入选第四批国家级非物质文化遗产名录。

琉璃是一种中国古法材料，是流光溢彩、变幻瑰丽的高超艺术品。它已有 2400 多年的历史，被誉为中国五大名器之首（琉璃、玉翠、金银、陶瓷、青铜）、佛家七宝之一，古代多为皇室专用。除了中国古法琉璃，还有台湾琉璃和水琉璃，其中中国古法琉璃价值最高。山东淄博博山是中国琉璃之乡，其制作技艺入选第二批国家非物质遗产名录。

知识链接 10-3　　　　　　　　**裕盛公窑场**

据记载，1008 年，也即宋大中祥符年间，朝廷下令把山西朱氏窑户的长支迁至曲阜城西，设窑场烧制黄色琉璃瓦，以满足曲阜孔庙扩建之需，琉璃瓦制作技艺开始在曲阜传播。1512 年，明正德七年，明武宗特赐朱氏窑户为"裕盛公窑场"，朱氏制作技艺得以世代相传。1949 年，原"裕盛公窑场"改为"曲阜琉璃瓦厂"。朱氏第十二代孙朱玉良、朱玉海为琉璃瓦制作技艺的传承做出了积极贡献。该技艺比较完整地保持了传统的手工烧制工艺，对于古代建筑装饰材料的研究、利用具有较强的参考价值，为文物保护提供了可资借鉴的技术参数，具有较高的社会文化价值。

国内另一家著名的琉璃瓦制造基地是北京市门头沟区龙泉镇琉璃渠村，其源头是元朝时赵氏家族由山西迁至大都建立的琉璃窑厂。

2. 琉璃瓦的制作工艺

琉璃瓦的整个制作过程包括：选择坯料、塑型、釉料制备、烧成、检验等，每一道工序又有若干小工序。

曲阜大庄琉璃瓦制作技艺是用当地黏土塑型、挂釉，进而烧制的用于宫廷及庙堂装饰的多彩琉璃瓦制造工艺。该厂由明武宗为朱氏窑户特赐的"裕盛公窑场"演变而来，迄今已有600多年历史，采用朱氏传统工艺，其系列品种主要有宝顶、大吻、屋兽人物、方脊、沟头滴水、连砖。琉璃艺术品有望君归、菊花、荷花、水草、松竹等，集宫廷建筑和庙堂建筑的富丽堂皇、庄重威严为一体，成为宫廷建筑和庙堂建筑的标志性特征（图10-9）。

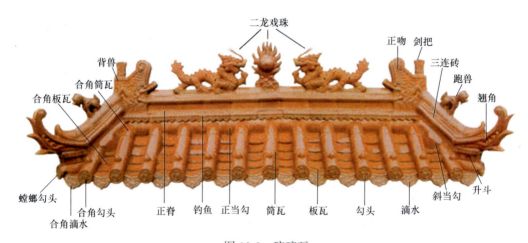

图 10-9　琉璃瓦

琉璃瓦明亮透底，关键是原料和制作工艺。坩子土是页岩的粉末，用它制作的瓦坯细腻光滑，呈月白色，可完全呈现釉彩本身的色泽；烧制琉璃瓦所用的釉彩是以石英和氧化铅为主的金属釉料。而要使琉璃瓦达到"成大形而不开裂，经百年而不掉釉"的完美品质，除了原料、配釉讲究外，最关键的是"两窑烧造法"，这是官窑与民窑的区别。每一件琉璃活件都要经过两次烧制，第一遍是在塑形完成后，技师们会将琉璃瓦的泥坯放入"素窑"烧造定型，待上釉晾干后，还要再放入"色窑"进行二次烧制。琉璃活件要经原料粉碎、淘洗、配料、炼泥、制坯、修整、烘干、素烧、施釉、出窑、晾晒等二十多道工序，每一件都需要约十多天的时间，十分讲究。

知识链接10-4　　　　　　　　　　琉璃瓦制作

凡埏泥造瓦，掘地二尺余，择取无沙黏土而为之。百里之内必产合用土色，供人居室之用。凡民居瓦型皆四合分片。先以圆桶为模骨，外画四条界。调践熟泥，叠成高长方条。然后用铁线弦弓，线上空三分，以尺限定，向泥不平戛一片，似揭纸而起，周包圆桶之上。待其稍干，脱模而出，自然裂为四片。凡瓦大小若无定式，大者纵横八、九寸，小者缩十之三。室宇合沟中，则必需其最大者，名曰沟瓦，能承受淫雨不溢漏也。

凡坯即成，干燥之后，则堆积窑中，燃薪举火。或一昼夜或二昼夜，视窑中多少为熄火久暂。浇水转釉与造砖同法。其垂于檐端者有"滴水"，下于脊沿者有"云瓦"，瓦掩覆脊者有"抱同"，镇脊两头者有鸟兽诸形象。皆人工逐一作成，载于窑内，受水火而成器则一也。——《天工开物》

（三）潍坊风筝

潍坊是世界风筝的发源地，潍坊又称潍都、鸢都，制作风筝历史悠久，工艺精湛。潍坊风筝是山东潍坊传统手工艺珍品，现在世界上70%以上的风筝都是出自潍坊。2006年5月，潍坊风筝被列入第一批国家级非物质文化遗产名录。"国际风筝联合会"的会议总部也设在了潍坊。现在潍坊成为世界风筝文化交流的中心，被世界各国人民称为风筝的故乡。

1. 历史渊源

潍坊风筝的源头可以追溯到鲁国大思想家墨翟制作第一只"木鸢"，至今已有两千多年的历史，但真正开始兴盛，走向民间却是在明代。到清朝中叶，潍坊开始出现专门从事风筝制作的民间艺人。"风筝"这个名字，大约始于五代（907～960年）据明代郎瑛《询匈录》记载，五代有位叫李邺的，在宫中作纸鸢，引线乘风为戏，在纸鸢头上系竹哨，放飞时，风入竹哨，发出像"筝"一样的声音，故名之为"风筝"。

风筝作为一种娱乐工具，大约从唐代开始。713年，唐玄宗李隆基曾在山东蓬莱宫宜春院观看"八仙过海"风筝的放飞。到了宋代，风筝的流传更为广泛。而到了明清时期，风筝的发展达到了鼎盛。由于年代距今不是太远，有不少的文献资料有关于风筝的记载。明清时期的风筝无论在大小、样式、扎制技术、装饰放飞技艺上都比从前有了很大的进步。明清风筝的装饰手法上也较过去丰富。风筝和各种民间工艺开始有机地结合起来。近代，特别是最近二十多年来，我国的风筝事业得到了长足的发展。风筝作为体育运动项目和健身休闲娱乐活动开始普及，越来越多的人们开始加入到这项活动中来。

2. 潍坊风筝工艺特点

经过长期的发展创新，潍坊风筝逐渐形成了独特的艺术特点和风格。它选材讲究、造型优美、扎糊精巧、形象生动、绘画精细、品种繁多、起飞灵活。潍坊风筝的题材非常广泛，包括人物、飞禽、鱼虾、文玩器物、神话传说等。风筝艺人将国画工笔绘画的传统技法，运用到风筝的绘制上，形成了造型优美、扎工精细、色彩艳丽的独特风格，成为中国风筝的一个重要流派。

图 10-10　潍坊风筝——鲁蝶

潍坊风筝具有浓郁的地方生活气息和生动的气韵，扎制博采众家之长，过去说潍坊的风筝，有"十个风筝九个蝶，九个蝴蝶九个新"的说法，人们用"鲁蝶"来概括潍坊风筝的特点（图 10-10）。在 2012 首届中国非物质文化遗产博览会上，全国共有 622 个非物质文化遗产保护项目参展。最终以"龙头蜈蚣"为代表的潍坊风筝制作技艺获得金奖。"龙头蜈蚣""仙鹤童子""雷震子""麻姑献寿"等已经成为潍坊城派风筝的代表作（图 10-11、图 10-12）。

图 10-11　潍坊风筝四大代表作之一
仙鹤童子

图 10-12　潍坊风筝四大代表作之一
雷震子

知识链接 10-5　　　　　　　　　潍坊国际风筝节

　　潍坊被各国推崇为"世界风筝之都"，国际风筝联合会的总部就设在潍坊风筝博物馆。潍坊也是中国的风筝之乡，属中国三大风筝派系之一，与京、津风筝齐名鼎立，享誉中外。潍坊风筝题材多样，具有独特的艺术特色和民间生活气息。每年 4 月 20～25 日举行的潍坊国际风筝节，都有来自世界各地 30 多个国家和地区的代表团参赛。

　　国际风筝节内容包括：举办开幕式，放飞仪式，国际风筝比赛，国内风筝大奖赛，评选风筝十绝，参观潍坊风筝博物馆，参观民俗旅游村，参观十笏园文化街区，参观潍坊工美历史风筝展览馆等。自 1984 年起至 2016 年已成功举办 33 届。其创立的"风筝牵线、文体搭台、经贸唱戏"的模式被全国各地广为借鉴。

　　国际风筝会的举办，让世界了解了潍坊，也使潍坊更快地走向了世界，极大地促进了潍坊经济和旅游业的发展。

二、生产生活习俗

（一）生产习俗

　　山东省的生产习俗比较广泛，大体分为农业习俗、牧业习俗、渔业习俗、林业习俗、养殖习俗、手工业习俗、服务业习俗等。

1．农业习俗

旧时，每逢正月初一，人们便用一棵高粱秸插在粪堆上，祭祀农神。把写有"五谷丰登""连年有余"等的红纸条贴在墙壁和门楣上，祈求丰收。正月初八、初九、初十三天被冠以"八谷、九籽、十成"，以求五谷丰登的好收成。正月十二是庄稼大会，正月十四为麦子生日。这两天，家家吃面条，期望全年粮食丰收。过年蒸饽饽时，必做一对面虫，形似蛇，名曰"剩虫"，放在粮仓或粮缸里，兆示年年有余。庄稼上场时，忌讳估产；粮食入仓时，忌说"了""完"等字眼。今大部分习俗在农村沿袭成规。

2．渔业习俗

出海的这天祭龙王，制作船体，祭祀船神、海神和潮神，水舱造好后，先汲龙潭水，再由夫妻双双祭拜床公床婆，做船眼，拜观音，新船造成祭众神。捕鱼按作业地点可以分为海洋捕鱼和内河湖泊捕鱼两大类，因为海洋捕鱼最富挑战性，渔民应付挑战的文化也最复杂，出海前的备战表现了丰富的民俗，主要有请神保佑和以火驱邪。沿海地区普遍信奉"天后圣母娘娘"（妈祖），城镇乡村到处建有天后宫，出海捕鱼通常按户按船按庄用红纸开列详细名单，放在天后圣母娘娘神像前，祈求天后圣母保佑每一个人的安全。以火驱邪是在装备渔具和物资时举行的仪式，称之为照财神路或照网，有一套严格的程序。渔民春节的节俗活动是与船联系在一起的，它的特色集中表现在大年三十祭神驱邪和春联的内容上。

3．手工业习俗

木匠、瓦匠、石匠尊鲁班为祖师爷；缝纫、纺织工尊缧祖为始祖；金、银、铜、铁、锡各匠尊李耳为"老祖"；鞋匠尊孙膑为制鞋之祖；染坊尊梅福、葛洪为"染布缸神"和"染色老师"。每逢年节，均有供奉。农村称各种工匠为"手艺人"或"耍手艺的"。瓦匠、石匠、木匠尊其领工者为"掌尺的"，掌尺的负责工程设计、进度、质量及人员安排。木匠称领头之人为"大木匠""把头"；排船、修船的木匠称为"海木匠"，工作场所称"木匠铺"。木匠的工具箱里，备有各种粗细活工具，最忌他人摆弄。匠人的锤头脱了柄，忌说"掉头了"，称作"出山了"。铁匠、皮匠（掌鞋的）、剃头匠（理发的）、锢炉匠、磨刀匠、白铁匠（打洋铁壶的）、纸匠、豆腐坊、油坊等，也都有自己的行规和禁忌。

4．商业习俗

中华人民共和国成立前，商店一般设在城镇。店主称"掌柜的"，店员称"伙计"或"站柜的"，出店办事称"跑外柜"。商店首次开业，择良辰吉日，放鞭炮、贴对联、悬挂字号，也有用实物当招牌的，也有用特殊标识当招牌的，如理发店门前挂红蓝布条相间的标识等，统称"商幌"。店内一般都供有文武财神。开张时亲朋好友赠匾、赠物，店主设宴招待。第一笔生意，不管赔赚都要做成，寓意开业大吉。禁忌也很多，如店铺的门槛不能坐，柜台不能坐。饺子煮碎了说"挣了"，平常忌说"赔""倒"等字。行商称"小商小贩""做小买卖的"，主要特点是不设店铺，20 世纪 60 年代以前，以肩挑、车推串街走巷销售货物。行商中卖布的，称"大货郎"，摇"大货郎鼓"招揽生意；卖针头线脑、顶针、脂粉、日用小杂品的，称"小货郎"，摇"小货郎鼓"招揽生意；卖糖果、糖葫芦的则敲打小手锣。60 年代后，走村串乡的商贩逐渐减少，大多数转为赶集摆摊。

　　农村人到市集上买卖货物称为"赶集""上集"，集市结束称为"散集"。集有定期，以农历日期为准，分大集、小集。大集人多货全、时间长，一般为一天；小集人少货简、时间短，一般为半天。集市上有粮食市、菜市、水果市、鸡蛋市、服装市、鱼市、肉市、牲口市、杂货市、家具市、盆碗市、花鸟市等，各有固定集中的营业地段。买卖双方本着"要价无多、还价无少"的原则，相互讨价还价。做大牲畜买卖的，有经纪人从中撮合，议价用行话，用袖口摸指头等法替人交易，通常称为"经纪"。

　　（二）生活习俗

　　1. 饮食

　　山东日常饮食风俗，整体说来属于北方类型，其鲜明的个性、独具特色的饮食方式和烹饪技艺，在中国饮食文化中占有重要位置，其中菜肴风味被誉为中国四大风味菜系之一，被冠名为"鲁菜"，享誉海内外。山东日常饮食、习俗有着深厚的文化底蕴。

　　面食。山东大部分地区民众的饭食，以面食为主，主要有馒头、包子、饺子、烧饼、面条、蒸饼等（图10-13）。馒头的形制、名称有种种细别。半球体且大个的叫饽饽、馍馍，长方体的叫卷子，作为年节、喜事以及祭祀的馒头叫饽饽。包子入屉蒸熟，是"蒸包"；用平底锅擦油，入锅后将少许水均匀洒下，半煎半烙，是"煎包"。山东有名的包子很多，如青岛对虾小笼包、大鸡包；济南什锦包、五仁包、猪肉灌汤包；惠民、泰安等地的油煎包（水煎包）；济宁、菏泽回民的羊肉煎包；宁津长官镇包子；临清烧麦、徐家煎包；聊城孟家灌汤包，等等。水饺是春节时家家必备节日食品，也是祭祀故人、供家堂族谱等仪式的必备供品，形成了不少"名饺"，如菏泽砂锅水饺、济南烫面饺、博山石蛤蟆水饺、东部沿海地区鲅鱼水饺。

| 馒头 | 包子 | 花卷 | 馅饼 | 馄饨 |

图10-13　山东传统面食

　　煎饼，山东境内以煎饼为主食的地区，集中在胶济铁路以南、津浦铁路以东。煎饼材料多为地瓜面、玉米面、小米面、黄豆面、高粱面、小麦面等。还有几种特别的煎饼，如柿子煎饼，流行于青州一带；著名的枣煎饼是孔府家厨所制；泰安有一种加入各种调料的五香煎饼，是为馈赠亲友而特制。

　　2. 居住

　　山东居民有散居、四合院、三合院、府第、庄园等多种居住形式。

　　散居院落不设院墙和大门，不与左邻右舍相连，但一户一台，户和户之间界限分明，每一个房台是一个单独的院子。这种散居院落多见于黄河滩区和鲁西北平原地区。

　　四合院以正房或北屋为中心，形成后院和前院格局，有些后院设后门，前院有东西厢房。胶东地区有的地方是在西厢房位置盖猪圈和厕所，在南侧临街地方盖南屋。临朐一带四合院有大四合、小四合、二进院、三进院等。

　　庄园式民居是早年间富裕家庭聚族而居的形式，多为数个四合院、平房与楼房相结合格局，俗称几进院落，或一进三院、一进四院等。著名的有栖霞牟氏庄园、惠民魏集镇魏氏庄院、龙口城北巷子丁百万庄园等（图 10-14）。府第型住房的代表是曲阜孔府和邹城孟府。园林式住宅保存不多，以济南万竹园和潍坊十笏园为代表。

图 10-14　魏氏庄院

　　由于生产、气候、民间俗信等因素影响，山东民间房屋形式多种多样。泥平顶房流行于鲁西北，当地人在屋顶晾物、晒物、乘凉、露宿。一面坡，不做屋脊，屋面斜向一边，多建在后院等处，作为磨房、草屋等。黄河三角洲垦荒农户院落宽大，往往建一排棚子为牛屋、车屋、草屋等。挎屋流行于鲁西北一带，多在正房两边山墙处附带建两个小屋，形状像两只篮子，多用于储粮、储草、储杂物等。网铺是建在海滩上，做渔民出海、登岸落脚时的房子。海青房是东平一带较讲究的一种平房，石基或砖基，上接土坯墙，厚实平顶。四角青是从前黄河滩上一种房屋，以青砖垒四角，搁梁架，以秫秸抹泥成墙，遇洪水墙倒而房不落架。

　　3. 服饰

　　服饰民俗主要指衣帽穿戴。服饰从最初保护人类安全，舒适度过春夏秋冬，并进行正常的生产和生活的功能，一直发展到融入审美的功能。在这个过程中，产生了不同的服装款式，赋予了不同的服饰内涵，并逐渐与社会、政治、礼仪等社会生活紧密联系，从传统服饰演变到现代服饰，从而使服饰民俗的信息量包罗万象。

　　山东传统服装的外衣包括衫（褂子）、裤子、夹袄、棉袄、棉裤，多为棉布制作而成，如用麻布或夏布制作成的也称麻布衫或夏布衫，有大襟和小襟之分，一般是用布扣。乡间流行宽裆、缅腰裤子，胶东一带男裤多为青腰、白腰；鲁西南一带常用花格土布为裤，黑、白布为腰。穿上后，自裤腰处竖打一折，以布带扎腰。

　　值得一提的是，由于传统服饰面料舒适保暖、绿色环保的特性，人们越来越多地回归自然，无论是城市或是农村，大人还是喜欢用新棉花为 3～4 岁以下孩子做带背带的棉衣棉服，还开裆，俗称开裆裤，又舒适，又环保。

　　传统的鞋类多是布鞋，有尖口、圆口及方口之分，用麻绳纳底，线纳布帮，外涂桐油，流行于临清一带。铲鞋，纳底，鞋面上有一钩状物，后面有"叶根"，鲁西南山区流行。沙鞋，紫花布帮，黑布包鞋头，流行于菏泽一带。孩子也有自己专门的鞋。比如老虎鞋，用花布料作鞋面，鞋头绣以虎头，一般男孩子过"百岁"穿虎头鞋，在虎眉间绣个"王"字（图 10-15）。猪头鞋，红底黑帮，齐头呈猪嘴状，后沿口做猪尾巴，为一两岁女孩穿着（图 10-16）。

图 10-15　虎头鞋

图 10-16　猪头鞋

小　结

　　本章主要介绍了山东民俗文化的渊源及其发展，概述了鲁菜的起源、发展、风味特色；山东的传统节日风俗及婚丧礼俗；山东传统的武术流派及蹴鞠的起源与发展；传统技艺与生产生活习俗等。通过对本章内容的学习，可以比较全面地了解山东的民俗文化，明确山东民俗文化在中国优秀传统文化构成中的重要地位及传承价值，增强民族自豪感和爱国情怀，提高个人的文化素养和思想品位。

自　测　题

一、填空题

　　1. 鲁菜讲究调味纯正，口味偏于咸鲜，具有_____、_____、_____、_____的特色。

　　2. 鲁菜的三大体系是_____、_____、_____。

　　3. 山东一带的婚嫁，不同地方风俗不同，但大体上都包含这几个步骤：_____、_____、_____、_____等。

　　4. 端午节南方则有划龙舟习俗，以纪念古代爱国诗人_____。

　　5. _____诞生在鲁西南一带，当地民间俗称"老土布""老粗布"，也称其为"花格子布"。

　　6. 蹴鞠起源于战国时期的_____，今山东淄博。

二、选择题

　　1. 下列不属于山东传统节日的是（　　）

　　A. 国庆节　　　　　B. 七夕节

　　C. 端午节　　　　　D. 重阳节

　　2. 下列不属于中国四大传统节日的是（　　）

　　A. 中秋节　　　　　B. 春节

　　C. 清明节　　　　　D. 元宵节

　　3. 胶东第一拳是（　　）

　　A. 孙膑拳　　　　　B. 螳螂拳

　　C. 文圣拳　　　　　D. 太平拳

　　4. 中国五大名器之首是（　　）

　　A. 金银　　　　　　B. 琉璃

　　C. 玉翠　　　　　　D. 青铜

　　5. 琉璃瓦的整个制作过程不包括（　　）

　　A. 塑型　　　　　　B. 烧成

　　C. 检验　　　　　　D. 打磨

　　6. 蹴鞠在民间更加普及的是（　　）

　　A. 辽金元时　　　　B. 汉朝

　　C. 唐朝　　　　　　D. 南北朝时

三、简答题

　　1. 简述鲁菜的风味特色。

　　2. 简述鲁锦的传承价值。

实践教学设计（一）

【实践题目】

艺人进课堂传授传统技艺

【实践类型】

观摩、制造工艺品

【实践目标】

了解本土传统技艺，学习借鉴人类文明优秀成果，培育工匠精神，传承工匠文化。

【实践方案】

时间：一天

地点：教室

流程：

一、预热。由老师或者学校邀请当地知名艺人，做好准备工作。

二、观摩。艺人分步骤向学生讲解、传授传统的手工艺制作过程，现场与学生互动。

三、制作。学生在艺人的指导下制作工艺品。

四、教师点评。课上讨论交流后，做总结。

【实践结果】

工艺品

【实践评价】

教师根据学生的观看表现及手工艺品的制作情况给予评价。

得分表

（每 5 分一个档次）

项目	标准	满分	得分
观摩情况	态度认真，遵守秩序	40	
制作情况	构思新颖，外表美观，有一定实用性	60	
总分	以上各项得分相加	100	

实践教学设计（二）

【实践题目】

讨论各自家乡民俗特点

【实践类型】

讨论、交流

【实践目标】

了解当地不同的民俗文化风情，与教材所学形成互补，加深对山东传统民俗文化的理解。

【实践方案】

时间：半天

地点：教室

流程：

一、预热。学生根据提纲和范围，首先调查走访，查阅资料，广泛搜集材料，做好记录。

二、讨论。由各团队分别发言讨论，其他同学补充，最后归纳为全面系统的民俗文化。

三、撰写心得，提交。

四、教师点评。课上讨论交流后，做总结。

【实践结果】

讨论心得

【实践评价】

教师根据学生讨论的表现和心得的撰写情况给予评价。

得分表

（每5分一个档次）

项目	标准	满分	得分
讨论情况	态度认真，遵守秩序	40	
心得撰写情况	叙议结合，实事求是，具有真情实感	60	
总分	以上各项得分相加	100	

参 考 文 献

安作璋，王志民，2004. 齐鲁文化通史. 北京：中华书局

褚斌杰，1986. 中国文学史纲要（一）. 北京：北京大学出版社

杜石然，范楚玉，陈美东，等，2012. 中国科学技术史稿. 修订版. 北京：北京大学出版社

范时勇，2015. 传统节日. 重庆：重庆大学出版社

方鸣，2017. 中国书法一本通. 北京：中国华侨出版社

高文麒，2013. 山东齐鲁文化. 北京：经济科学出版社

郭墨兰，1997. 齐鲁文化. 北京：华艺出版社

海默，尚论聪，2010. 中国历代军事通览. 北京：外文出版社

胡发贵，周群，2009. 孔孟儒学. 南京：南京大学出版社

胡家聪，1981. 稷下学宫史钩沉. 文史哲，4：25-33

黄易宇，2017. 中华文化. 北京：学习出版社

姜正成，2014. 霸业之基：管仲. 北京：中央编译出版社

李伯齐，2005. 山东分体文学史丛书：诗歌卷. 济南：齐鲁书社

李山，2016. 管子. 北京：中华书局

李树志，张宇平，2015. 齐鲁文化概论. 北京：中央广播电视大学出版社

李修生，1990. 中国文学史纲要（三）. 北京：北京大学出版社

李永，2014. 鲁西南传统音乐史. 苏州：苏州大学出版社

林济庄，1995. 齐鲁音乐文化源流. 济南：齐鲁书社

陆万胜，1995. 李白在山东的行踪考辨. 昌潍师专学报，2：42-45

马新，杨朝明，刘德增，等，2014. 中国传统文化读本. 济南：山东大学出版社

牛志高，2014. 中国历代名家作品精选——郑板桥. 合肥：安徽美术出版社

孙光祈，2005. 中国古代航海史. 北京：海洋出版社

孙开泰，1987. 稷下学宫的百家争鸣与相互影响. 管子学刊，1：53-58

谭苏，2012. 论春秋战国时期的百家争鸣. 兰台世界，30：67-68

汪建平，闻人军，2012. 中国科学技术史纲. 修订版. 武汉：武汉大学出版社

王恒展，2005. 山东分体文学史丛书：小说卷. 济南：齐鲁书社

王俊，2015. 中国古代科技. 北京：中国商业出版社

王琳，2005. 山东分体文学史丛书：散文卷. 济南：齐鲁书社

王修智，2008. 齐鲁文化与山东人. 济南：山东人民出版社

王志民，2004. 齐鲁文化概说. 济南：山东文艺出版社

王志民，2016. 稷下学公开课. 北京：商务印书馆

徐从法，2013. 京杭大运河史略. 扬州：江苏广陵书社

徐长玉，2012. 济南文化通览. 济南：山东人民出版社

许金榜，2005. 山东分体文学史丛书：戏曲卷. 济南：齐鲁书社

杨飞，任思源，2016. 中国绘画一本通. 北京：中国华侨出版社

姚海扬，2010. 经典鲁菜. 济南：山东科学技术出版社

于孔宝，2002. 简论稷下诸子学派. 燕山大学学报，4：30-36

袁行霈，1986. 中国文学史纲要（二）. 北京：北京大学出版社

臧一冰，2011. 中国音乐史. 3 版. 武汉：武汉大学出版社

张秉楠，1990. 稷下学宫与百家争鸣. 历史研究，5：79-94

张宏图，宋永利，姚洪运，2017. 中国传统文化. 北京：高等教育出版社

张铮，2008. 荀况与"百家争鸣"时代之终结. 长春：吉林大学古籍研究所

赵承凤，2012. 齐鲁兵学. 济南：济南出版社

赵树国，李善奎，2012. 山东区域文化：济宁文化通览. 济南：山东人民出版社

周瀚光，2017. 科学史与科技古籍研究. 上海：上海社会科学院出版社

教学基本要求

一、课程性质和课程任务

齐鲁传统文化是职业教育公共基础课程中的一门选修课程。课程旨在引导学生了解齐鲁优秀传统文化的基本理念，理解齐鲁优秀传统文化的丰富内涵及现代价值；继承发扬民族优秀文化传统，提高民族文化认同感和自豪感，增强民族凝聚力和创造力，丰富知识、拓展视野、陶冶性情。

课程任务是通过学习齐鲁传统文化的基本内容，培养学生的文化素养，提升学生的阅读鉴赏能力、思考领悟能力、积累整合能力、应用拓展能力和发展创新能力，促进学生的专业学习和专业发展，为未来人生发展作好准备。

二、课程教学目标

（一）总体目标

围绕全面发展的高素质技术技能型人才的培养目标，通过齐鲁传统文化课程学习，培养能够适应山东乃至中国社会需要，具有良好的人文素养和职业道德的高素质技术技能型人才。让学生了解齐鲁优秀传统文化的灵魂和山东的省情，全面认识山东省物质文明和精神文明共同进步、交相推引的历程，使学生对齐鲁优秀传统文化的产生、发展脉络、文化成果和特征有所理解。学习并思考齐鲁优秀传统文化所提供的智慧资源和精神资源，加强阅读鉴赏能力、思考领悟能力的培养，加强生活、工作和学习中的文化实践能力培养；提高自信心，增强忧患意识，以理性态度和务实精神去继承传统，为家乡建设做出贡献。

（二）具体目标

1. 知识目标

引导学生了解和认识齐鲁优秀传统文化。让学生了解齐鲁传统文化的产生背景、发展历程、基本特征，明确齐鲁传统文化观念形态；理解齐鲁优秀传统文化的核心精神及其在中国优秀传统文化构成中的重要地位；了解齐鲁传统文学、艺术、科技、民俗的基本知识。

2. 能力目标

以提高学生对齐鲁优秀传统文化的自主学习和探究能力为重点。使学生具备自己探究优秀传统文化的能力；掌握分析一般文化现象的基本方法，培养反思传统文化以及继承与扬弃的能力；培养较好的审美情趣和审美能力；培养生活、工作和学习中的文化实践能力；培养豁达乐观的人生态度和抵抗困难挫折的能力。

3. 情感目标

唤起学生对齐鲁优秀传统文化的热爱之情，培育学生传承和弘扬优秀传统文化的热情。树立正确的世界观、人生观、价值观，激发学生作为山东人的自豪感。使学生能够继承齐鲁儿女儒雅文明、忠厚正直、豁达淳朴、崇礼尚义、勇敢坚韧、勤劳智慧的优良品格。使学生具有积极弘扬仁义礼智信等传统道德品格的自觉性。

三、教学内容和要求

教学内容	教学要求			教学活动参考	教学内容	教学要求			教学活动参考
	了解	熟悉	掌握			了解	熟悉	掌握	
一、中华文明的东方源点				理论讲授多媒体演示实践活动	六、科技				
（一）人文发祥	√				（一）巧圣鲁班	√			理论讲授多媒体演示实践活动
（二）东方源点			√		（二）神医扁鹊	√			
二、齐鲁文化的发展与传播				理论讲授多媒体演示实践活动	（三）贾思勰和《齐民要术》		√		
（一）齐鲁文化的发轫与高峰	√				（四）刘徽和《九章算术注》		√		
（二）文化圣地的形成	√				七、文学				
（三）齐鲁文化的传播		√			（一）诗词		√		理论讲授多媒体演示实践活动
三、孔孟儒学				理论讲授多媒体演示实践活动	（二）刘勰与《文心雕龙》		√		
（一）孔子与儒学的创立		√			（三）戏剧	√			
（二）孔孟思想的核心			√		（四）小说		√		
（三）儒学的发展与影响		√			八、艺术				
四、齐鲁兵学				理论讲授多媒体演示实践活动	（一）书法		√		理论讲授多媒体演示实践活动
（一）孙武与《孙子兵法》	√				（二）美术		√		
（二）诸葛亮军事谋略			√		（三）音乐		√		
（三）檀道济与《三十六计》	√				（四）戏曲	√			
五、稷下争鸣				理论讲授多媒体演示实践活动	九、海河文化				理论讲授多媒体演示实践活动
（一）荀子与稷下学宫		√			（一）蓝色海洋		√		
（二）墨子与墨家学说			√		（二）京杭大运河		√		
（三）管子与齐法学派		√			十、民俗文化				理论讲授多媒体演示实践活动
（四）邹衍与阴阳学派	√				（一）鲁菜、节庆、婚丧和武术	√			
					（二）传统技艺与生产生活习俗	√			

四、学时分配建议（72学时）

教学内容	学时数		
	理论	实践	小计
一、中华文明的东方源点	4	2	6
二、齐鲁文化的发展与传播	6	2	8
三、孔孟儒学	8	2	10
四、齐鲁兵学	6		6
五、稷下争鸣	6	2	8
六、科技	6	2	8
七、文学	6	2	8
八、艺术	6	2	8
九、海河文化	2	2	4
十、民俗文化	4	2	6
合计	54	18	72

五、教学实施建议

（一）适用对象与参考学时

本教学大纲可供职业院校各专业使用，建议总课时为 72 学时，其中理论课时为 54 学时，3 学分；实践课时为 18 学时，1 学分。

（二）教学要求

1. 本课程对理论教学部分要求有了解、熟悉、掌握三个层次。教师引导学生了解熟悉丰富多彩的齐鲁传统文化，增进对传统文化价值的理解和认识，激发学习传统文化的浓厚兴趣，提升文化素养和思想品德。掌握是指对齐鲁传统文化的基本特征及当代意义、对作为几千年优秀传统文化的主干和精髓的儒家思想有深刻的认识，对齐鲁传统文化中的科技、文学、艺术成就有深刻的理解。

2. 本课程的教学理念分为三部分。一是注重理论和实践相结合。既系统介绍优秀传统文化的精神和基本知识，又引导学生从文化的视野分析、解读当代社会的种种现象。在教学过程中，采取多种教学形式，充分开发学习资源，给学生多种自主学习、合作学习和探究学习的机会，课程教学评价采取过程性评价和结果性评价相结合，发展性评价和终结性评价相结合，通过理论和实践相结合，重点评价学生的实践能力和文化认同感。二是注重人文熏陶和价值引导。充分发挥山东传统文化的课程特色，重视文化的熏陶感染作用，挖掘课程丰富的人文内涵，注重课程内容的价值取向，尊重学生在学习过程中的独特人生体验。突出教学过程的开放性，体现教学内容的灵活性和针对性，突出人文性、适用性和独创性，体现出文化的传承性和发展性。三是注重资源建设与课程创新。植根于齐鲁传统文化，面向现实，努力建设开放而有活力的课程教学。要拓宽学习领域，注重现代科技手段的运用，使学生在不同内容和方法的相互交叉、渗透和整合中开阔视野。

（三）教学建议

1. 重视情感、态度、价值观的正确导向

通过传统文化课程内容的熏陶感染，潜移默化，培养学生高尚的道德情操和健康的审美情趣，形成正确的价值观和积极的人生态度，受到传统文化的熏陶和滋养，获得文化积累，从而提升学生的文化素养和文化品格。重视学生学习过程中的情感体验，力求以情动人、以情启智、以情养德，激发学生情感共鸣。

2. 要不断改进教学方法

根据教学内容和教学条件建议主要采取的方法有：案例教学法、情景导入教学法、模拟教学法、任务驱动式教学法、实践式教学法、现场教学法等。同时要改进教学手段，积极利用多媒体等现代教学手段。

3. 建设利用多元立体的文化资源

利用"教育＋互联网"现代信息技术，建立多元开放的课程资源网络；充分利用当地文化名人和文化古迹，利用当地博物馆或民俗馆，利用当地丰富多彩的文化活动等资源，发挥校外指导教师作用，选择不同的教育活动方式和类型，对学生进行生动形象、切实有效的传统文化教育。

4. 学习传统文化与学习专业的结合

把学习传统文化与学生所学专业进行有机的结合，引导学习吸取传统文化的艺术魅力并能继承和创新。

自测题参考答案

第1章

一、填空题

1. 夷　　2. 东夷人　　3. 龙　鸟类　　4. 大汶口文化　　5. 岳石文化城址
6. 东夷　夏　商　周

二、选择题

1. A　　2. B　　3. A　　4. C　　5. B　　6. AD

三、简答题

略

第2章

一、填空题

1. 营丘　曲阜　　2. 齐桓公　　3. 稷下　　4. 天神地祇　　5. 罢黜百家，独尊儒术　　6. 圣人、圣地、圣裔

二、选择题

1. C　　2. A　　3. A　　4. A　　5. B　　6. C

三、简答题

略

第3章

一、填空题

1. 曲阜　　2. 罢黜百家，独尊儒术　　3. 儒家　　4.《孟子》　　5. "仁""礼"
6. 孔子　孟子

二、选择题

1. D　　2. D　　3. B　　4. B　　5. A

三、简答题

1. 道德理性、人文性、整体性、实用性和开放性。（学生可根据学习理解，加入五种特性的具体内容和解释，言之有理即可）

2. 孔子"礼"的思想包含三个方面，一是"克己复礼"，"克己"就是要用"礼"战胜自己的欲求，能"克己"自然就复礼了。二是"正名"理论，正名是为了确定各人与其名分相符的思想和行为，正名就是使名实相符。三是"中"的理论，就是要保持动态中的平衡点，不使发生极端化。

3. 儒学的当代意义主要有三个层面：一是儒学治国理政的思想资源对当代政治的启示意义，"以德治国"是历代儒家所提倡的政治理想，当今时代虽然是提倡民主、法治的新时代，但传统儒学的"德治"思想并没有过时。二是儒学的廉政文化资源可以作为当代反腐倡廉的借鉴。三是儒家生态观对当代生态文明建设的借鉴意义。（学生可根据个人理解加入解释，言之有理即可。）

第 4 章

一、填空题

1. 13　　2.《孙子兵法》　　3. 诸葛亮　　4. 孙武　　5. 檀道济　　6. 胜战计、敌战计

二、选择题

1. D　　2. A　　3. B　　4. A　　5. B　　6. C

三、简答题

1. 一是对战争的基本看法：重战、慎战、备战；二是孙武认为战争的胜负受多种因素的影响，比如说政治、天时、地利、将帅、法制，同时认为战争胜负受经济因素的制约；三是战略战术思想："全胜"的战略思想、避实击虚的原则、致人而不致于人的原则、先胜而后求战的原则、知彼知己，百战不殆的原则、出奇制胜的原则；四是"文""武"结合的治军思想。

2. 一是察形观势，联吴抗曹；二是深谋远虑，用兵谨慎；三是心战为上，目光远大；四是以法治军，严明军纪；五是改进阵法，科技兴军。

3. 学生可根据实际情况自由发挥。如二十七计假痴不癫，曹操和刘备青梅煮酒论英雄这段故事中刘备的行为就体现了假痴不癫之计。这个计谋的意思是宁可假装糊涂而不采取行动，也绝不假冒聪明而轻举妄动。要沉着冷静，深藏不露，就像雷电在冬季蓄力待发一样。假痴不癫是一种麻痹对手，待机而动的计谋，多在蓄而待发之际和面对难关时使用。这是一种大智若愚的智慧。在军事环境不利于我的情况下，为了避敌锋芒，保护自己，可以采取装疯卖傻、装聋作哑的办法蒙混过关。表面上看好像与世无争，给人留下懦弱无能的印象，实际上却精明至极。可见，假痴不癫属于"韬晦之术"。

第 5 章

一、填空题

1. 田齐桓公田午　　2. "礼"　　3. "科圣"　　4. 光线直射、小孔成像

5. 邹衍

二、选择题

1. D　　2. A　　3. C　　4. B　　5. A　　6. C

三、简答题

1. 战国中晚期的齐国稷下，学术风气浓厚，大量的学者聚集在一起，百家争鸣最活跃的就是这段时间，荀子生活的时代儒学成为"显学"，荀子更是三度担任稷下学宫的祭酒，对稷下学宫的发展以及思想的传播具有推动作用。

（1）扬弃以往儒家遵循的天人合一的传统观念，吸收春秋以来具有自然主义倾向的天道观和宋钘、尹文学派的气本体的合理成分，提出"天人相分"和"制天命而用之"的理论。

（2）改造孔子的礼仁互补的思想，突出强调"礼以定伦"，而且把"贵贱有等"也说成仁，以顺应新的等级制度的需要，进而把礼同法结合起来，提出隆礼崇法的治国主张。

（3）扬弃孟子的性善论，吸收告子"生之谓性"和慎到"人莫不自为"的思想，提

出性恶论，以此作为隆礼崇法的理论基础。荀子对儒学的上述改造具有鲜明的援法入儒的特征，从而推动了儒学进步。

2. 所谓兼爱，包含平等与博爱的意思。墨子要求君臣、父子、兄弟都要在平等的基础上相互友爱，"爱人若爱其身"，并认为社会上出现强执弱、富侮贫、贵傲贱的现象，是因天下人不相爱所致。认为"官无常贵，民无终贱"，要求"饥者得食，寒者得衣，劳者得息"，其思想具有朴素唯物主义思想。

所谓非攻，指的是他反对战争，要求和平。"非攻"反映了墨家学派反对发动不义之战的和平愿望。"兼爱"主张天下人互爱互利，不要互相攻击，这就必然要主张"非攻"。当时兼并战争剧烈，农、工、商、士等庶人阶层和下层贵族都希望社会安定，墨家代表了他们要求停止战争的愿望。攻战之害，"春则废民耕稼树艺，秋则废民获敛"，"百姓饥寒冻馁而死者，不可胜数"。不仅被攻的国家受害，攻人的国家也要受害；由于兼并战争，将会导致"兼国覆军，贼虐万民"。"非攻"，但并不反对防御战，墨家的守御是有名的，被称为"墨守"。

兼爱和非攻是体和用的关系。兼爱是大到国家之间要兼相爱交相利，小到人与人之间也要兼相爱交相利。而非攻则主要表现在国与国之间。只有兼爱才能做到非攻，也只有非攻才能保证兼爱。

3. 第一，法家强调人生观和人生态度；第二，法家强调依法治国和富国强兵；第三，法家讲究政治角色与政治操作；第四，法家主张利弊得失。

第6章

一、填空题

1.《考工记》《齐民要术》 2. 鲁氏榫卯结构 3. "六不治" 4. 兽医药学 5. 极限思想 6. "析理以辞" "解体用图"

二、选择题

1. B 2. A 3. A 4. C 5. A 6. A

三、简答题

1. 扁鹊医术高超全面，精通内、外、妇、儿、五官各科；扁鹊奠定了中医学的切脉诊断方法，开启了中医学的先河；扁鹊创造了望、闻、问、切的中医四诊方法；创立了脉学理论，奠定了中医临床诊断和治疗方法的基础，是中医理论的奠基人；扁鹊在医学思想方面，十分重视疾病的预防，提出"六不治"原则，为医学科学健康发展做出了贡献。

2.《齐民要术》是一部规模宏大，内容丰富的农业科学专著，几乎所有农业生产活动都作了比较详细的论述；《齐民要术》在编著的过程中，认真吸收前人的典籍和农书中的精华，搜罗了大量农谚歌谣。书中有相当分量的前代文献引述，为后世农书树立了范例；《齐民要术》在编写过程中，非常注重考察和汇集同时代人的生产经验，注重调研和实地体验；《齐民要术》强调遵从事物发展规律，强调因时因地制宜；《齐民要术》儒家"经世致用"思想在书中得到了很好的体现。

3. 为《九章算术》做了注释，撰成了《九章算术注》。是中国传统数学理论研究的奠基之作；在对《九章算术》进行全面解说的过程中，提出一些卓越的新理论、新思想，开辟了数学发展的新途径。例如在几何方面，提出了"割圆术"。在自撰《海岛算经》中，提出了重差术测高测远方法；刘徽完善而丰富的数思想，如程序思想、推广思想、演绎思想和探赜思想是他在数学上的一大成就。

第7章

一、填空题

1. 《诗经》西周初年 春秋中叶 305　　2. 李白 杜甫 李清照 辛弃疾

3. 李香君 侯方域　　4. 《聊斋志异》蒲松龄《水浒传》

5. 《文心雕龙》　　6. 尚能饭否

二、选择题

1. B　2. D　3. C　4. A　5. D　6. A

三、简答题

1. 一是把人物置身于特定的社会现实环境中，紧紧扣住人物从复杂的社会关系的各个方面多层次地刻画人物性格，塑造出典型环境中众多个性鲜明的典型人物；二是善于通过人物的言行来刻画人物形象，善于处理人物共性与个性的辩证关系，不仅写出他们性格的异中之同，更注意以同中之异来表现性格相近的人物之间的细微差别；三是性格刻画方面，作者把英雄人物的传奇性和现实性、超常性与平凡性结合起来刻画。

2. 第一类，是反映社会黑暗，揭露和抨击封建统治阶级压迫、残害人民罪行的作品。第二类，是反对封建婚姻，批判封建礼教，歌颂青年男女纯真的爱情和争取自由幸福而斗争的作品第三类，是揭露和批判科举考试制度的腐败和种种弊端的作品。第四类，总结生活中的经验教训，教育人要诚实、乐于助人、吃苦耐劳、知过能改，等等，带有道德训诫意义的作品。

3. 作品以侯方域、李香君悲欢离合的爱情故事为中心线索，展示了从1643年明朝灭亡前夕到弘光小朝廷覆亡的1645年期间，发生在以南明王朝都城南京为中心的政治舞台上的诸多重大事件。最终达到"借离合之情，写兴亡之感"的创作目的。

第8章

一、填空题

1. 史晨碑　2. 王羲之　3. 竹、兰、石　4. 排箫　5. 笛柄杯　6. 山东评书

二、选择题

1. A　2. A　3. B　4. D　5. C　6. B

三、简答题

1. 摩崖石刻有丰富的历史内涵和史料价值，是研究我国宗教文化极为珍贵的第一手资料。许多摩崖石刻书法精美，在书法史上占有重要位置，具有珍贵的艺术价值。同时，这些不同年代、不同民族文字的摩崖石刻，或富于天然之意趣，或体量巨大、气势恢弘，或为名家手笔，为秀美的自然风景增加了深厚的人文内涵，留给了后人可以触摸的人文脉络。

2. 在画像内容上，武氏祠汉画像石具有艺术的教育性。在构图方法上，武氏祠汉画像采用分层分格的构图方法。在雕刻方法上，武氏祠画像石的雕刻方法主要为凸面线刻。在造型特点上，人物造型夸张简练、高度概括，通过突出人物形象动态和故

事情节的连续状态来强化画像主题，极具视觉张力。武氏祠画像石以其不事细节修饰的粗犷外形和夸张姿态造就了力量与动感，从而形成一种气势之美。总体来讲，武氏祠汉画像石画面工整朴实，呈现出严谨、朴素、古拙的写实特色，具有高度的艺术价值和美学意义。

3. 略

第 9 章

一、填空题

1. 蓬莱、方丈、瀛洲　　2.《登州海市》　　3. 杭州　　4. 妈祖　　5. 黄鹤楼、兵阳楼、腾王阁、蓬莱阁　　6. 唐宋

二、选择题

1. D　　2. C　　3. D　　4. B　　5. A

三、简答题
略

第 10 章

一、填空题

1. 鲜、嫩、香、脆　　2. 胶东菜、济南菜、孔府菜　　3. 议婚、订婚、择日、迎娶　　4. 屈原　　5. 鲁锦　　6. 齐国

二、选择题

1. A　　2. D　　3. B　　4. B　　5. D　　6. A

三、简答题
略